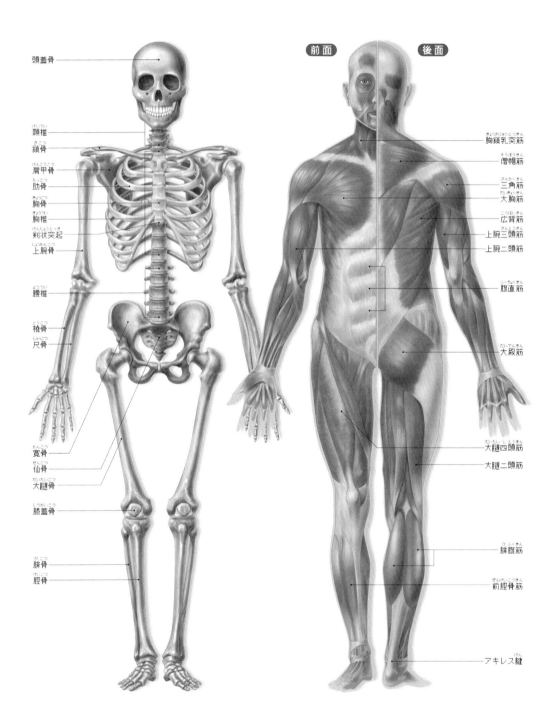

Sports
and healthy life
for university students

大学生の
スポーツと健康生活

福岡大学スポーツ科学部●編

大修館書店

■ 執筆者

[福岡大学スポーツ科学部教員，氏名は五十音順，肩書は2018年3月現在]

● 教 授

青柳　　領（1章4，受講記録）

乾　　真寛（2章7）

岩本　英明（1章3，1章11）

上原　吉就（1章12，3章3）

柿本　真弓（1章9，2章17）

柿山　哲治（2章12，4章1）

片峯　　隆（1章7，2章3）

川中健太郎（3章4，3章コラム）

小牟礼育夫（2章5）

下園　博信（2章8，4章コラム）

田口　晴康（1章9，2章1，2章21）

田中　宏暁（1章8）

田中　　守（1章2，2章6）

築山　泰典（1章9，2章18，4章2）

中原　　一（2章14）

布目　寛幸（2章20，4章4，4章6）

檜垣　靖樹（1章1，1章5，受講記録）

藤井　雅人（2章21，4章3，4章5）

村上　　純（1章6，2章8）

森口　哲史（3章5，3章6）

山口　幸生（2章10，3章2，3章8）

米沢　利広（2章9）

● 准教授

今村　律子（1章10，1章コラム，2章11）

坂本　道人（2章14）

田場昭一郎（1章10，2章4，2章19）

野口　安忠（1章7，2章3）

● 講 師

長島　和幸（2章16，4章7，4章8）

信岡沙希重（2章2）

渡邊　正和（2章13）

● 助 教

中原麻衣子（3章5，3章6）

● 助 手

大山　芽衣（2章15）

森本百合香（2章17）

山崎　郁美（受講記録）

● 名誉教授

瀧田　伸吾（2章15）

向野　義人（3章1，3章7）

● 元助教

池永　昌弘（1章5，受講記録）

森井　大樹（2章1）

編集委員長　田口晴康

編 集 幹 事　森口哲史，今村律子

編 集 委 員　檜垣靖樹（1章），柿山哲治（2章），川中健太郎（3章），藤井雅人（4章）

はじめに

　唐突ですが，自分が今まで経験し，習得してきた動きを振り返ってみてください．

　ある運動を習得しようとする時に，自分の手足が思い通りに動かないことにいらいらしながらも，何とかできるようになる"コツ"を必死になって探しながら練習した経験があると思います．そこでは，やがてその"コツ"が見つかると今までできなかったことが嘘のような「新たな運動感覚」が発生します．

　日常生活でも何か新しい動きを身に付けようとすると，自分の身体が思い通りに動かない「反逆身体」に出会うことがあります．スポーツ運動や日常運動において難しい動きや出来ている動きの質を高めようとする時，このような反逆身体と闘いながら，自分の身体に向かい自問自答を繰り返す「身体知」を形成していくことになります．このことは，様々な動きを習得していく形成過程の中で，人間形成教育にも役立つとともに，健康体力づくりにも貢献し，将来多くのスポーツ種目を楽しめる生涯体育の基盤ともなります．

　このように，運動学習で獲得される経験が他の教科では代替できない独自の教育内容を含んでいるだけに，スポーツにおける運動技能習得は大きな教育的意義を持つことになります．

　福岡大学の保健体育科目は，1年次に全学部必修授業の「生涯スポーツ演習Ⅰ・Ⅱ」を行っています．

　本書は本学で行われている，「生涯スポーツ演習」及び「生涯スポーツ論」の学習内容に沿って構成されています．

　第1章では「体を動かそう」と題し，演習Ⅰで扱われる自分の体力をあらためて知ることの意義，生涯にわたる健康，体力の維持増進に役立てる運動方法や各種トレーニング方法の提示，日常生活の中で生かせる運動処方の理論や応急・救命知識の習得などを目指した内容になっています．第2章では「スポーツをやってみよう」と題し，演習Ⅱで行われるスポーツ種目はもとより，各種スポーツの歴史的背景，ルール，技能習得や練習方法について記述され，授業時や自分で行う際，または将来的にも大いに活用できる内容となっています．第3章では「生活を整えよう」と題し，現在あるいは将来生活の中で健康的で活力ある生活を送る上で注意すべき事柄や運動の大切さなどが記されています．第4章では「スポーツを知ろう」と題し，生涯スポーツと競技スポーツを視野に入れ，スポーツを「行う」「観る」「支える」「調べる」という視点からそれぞれの考え方について言及するとともに，2020年に開催される東京オリンピックを機にオリンピック関連の話も盛り込まれています．

　福岡大学は今，建学の精神にある「積極進取」に則った，活力と魅力あふれる大学「アクティブ福岡大学」を提唱し前進しています．福大生一人ひとりが運動する習慣を身に付け，自分の体力づくりを生活の中で継続的に実践し，動ける身体を持つことの内的衝動からくる体を動かすことの楽しさを実感し，日本一活力ある健康的なキャンパスライフを目指して頑張っていこうではありませんか．

平成29年3月　編集委員会

目次

はじめに…………………………3

第1章 からだを動かそう ……………………………… 7

1 ●なぜ，フィットネス？…………………………8
　　──生涯スポーツ演習は"フィットネスを高め，活動力を涵養する"

2 ●体力とは…………………………10
　　──からだとこころの力を育む

3 ●運動を始める前に…………………………12
　　──本当に怖い熱中症，だから知っておきたい適切な水分補給の仕方

4 ●体力の測定と評価…………………………14
　　──自分のからだとこころの力を知るために

5 ●健康体力を知ろう…………………………16
　　──自分のからだとこころを知り，活力ある大学生活を送ろう！

6 ●トレーニングの原則…………………………18
　　──効果的なトレーニングの方法を知ろう！

7 ●筋力トレーニング…………………………22
　　──効果的な筋力トレーニング方法について知ろう！

8 ●エアロビックエクササイズ…………………………26
　　──スロージョギングで，からだとこころの健康づくり！

9 ●フィットネスと運動…………………………28
　　──ストレッチ体操と心地よいエクササイズで，からだとこころの健康づくり！

10●アクアエクササイズ…………………………34
　　──アクアエクササイズで，からだとこころの健康づくり！

11●ケガの応急処置…………………………38
　　──いざという時のために，知っておきたい応急処置！

12●救命処置（心肺蘇生）…………………………42
　　──いざという時のために，知っておきたい緊急時の対応！

第2章 スポーツをやってみよう………………45

1 ● 器械運動………………………46
2 ● 陸上競技：トラック………………50
3 ● 陸上競技：フィールド………………54
4 ● 水泳………………………60
5 ● バスケットボール………………64
6 ● ハンドボール………………68
7 ● サッカー………………72
8 ● ラグビー………………76
9 ● バレーボール………………80
10 ● テニス………………84
11 ● 卓球………………88
12 ● バドミントン………………92
13 ● ソフトボール………………96
14 ● 柔道………………100
15 ● 剣道………………104
16 ● レスリング………………108
17 ● ダンス………………112
18 ● キャンプ………………116
19 ● ダイビング………………120
20 ● スキー………………122
21 ● スケート………………126

第3章 生活を整えよう………………129

1 ● 健康とは………………130
　　──健康とは何だろう？
2 ● メンタルヘルスと運動・スポーツ………………132
　　──運動が心の健康に及ぼす影響
3 ● 生活習慣と健康………………134
　　──生活習慣の改善は病気を防ぐ
4 ● 食事と健康………………136
　　──健康的な食事とは？
5 ● 喫煙・飲酒・薬物乱用………………138
　　──身体的影響と社会的影響

6 ● 感染症の理解と予防法······················140
　　──病原性微生物による健康トラブルを予防しよう

7 ● リラクセーション······················142
　　──筋肉疲労を改善して体調を整えよう

8 ● 自転車と健康······················144
　　──楽しく自転車に乗って健康づくり

第4章 スポーツを知ろう ····································· 147

1 ● スポーツとは······················148
　　──スポーツの本質を知ろう

2 ● 生涯スポーツとは······················150
　　──広がるスポーツとの関わり

3 ● スポーツを「行う」······················152
　　──我が国の運動・スポーツ実施の状況

4 ● スポーツを「観る」······················154
　　──スポーツ観戦の変遷と現状

5 ● スポーツを「支える」······················156
　　──「スポーツボランティア」について

6 ● スポーツを「調べる」······················158
　　──スポーツパフォーマンスのバイオメカニクス

7 ● オリンピック······················160
　　──古代から現代へ

8 ● ドーピング······················162
　　──現状と課題，そしてこれから

受講記録······················165

第1章

からだを
動かそう

第1章 からだを動かそう

1 — なぜ, フィットネス?

生涯スポーツ演習は"フィットネスを高め, 活動力を涵養する"

1 ● 体力の低下問題

体力・運動能力調査結果(文部科学省発表)によると, 青少年の体力は, 昭和60年頃をピークに低下し続けてきた. 最近になってようやく下げ止まり, いくつかの体力項目においては回復の兆しがみえているが, 依然として体力レベルは, 低い状態にある.

まず, 健康指標と関係が深い持久力に着目して, 18歳男子1500m走, 18歳女子1000m走の結果について, 昭和58年度と平成26年度を比較した. 昭和58年度の1500m走の記録は平均6分9秒, 1000mは平均5分46秒という結果であった. 一方, 平成26年度の1500mの記録は平均6分20秒, 1000mは平均5分59秒と発表されている. つまり, 約30年の間に, 男子は11秒, 女子では13秒も記録が低下している(図1). 昭和58年当時18歳の人は, 平成28年には50歳を過ぎており, 現在の大学生の両親の年代に近い. したがって, 昭和58年度と平成26年度の比較は, まさに親子の体力を同年代時期で比べていることになり, 両親が今の学生より優れた体力レベルを有していたと言える.

その他の項目においても同様な結果が報告されているため, 若い世代の体力低下問題は大きな社会問題へと発展しているのが現状である.

持久力の低下は, 高血圧, 糖尿病, 心臓病などのいわゆる生活習慣病と呼ばれる疾患の発症リスクを高めるため, 現在の健康問題は, 数十年後, さらに深刻になることを暗示している. したがって, 身体を動かし, 持久力をつけることは, 将来の疾病予防の点からも重要である.

2 ● 大学一年次生の体力と生活習慣の現状

一般的に, 中学校から高等学校へ, 高等学校から大学入学にかけて, 試験勉強などの影響を受け, 体力・運動能力の結果は低下すること, また肥満者の割合は増えることが報告されている. 福岡大学では, 一年次生を対象に, 生涯スポーツ演習Iにおいて生活習慣などに関するアンケート調査と体力・運動能力テストを実施してきた. 単年度の結果では, 偶然の可能性も考えられるため, 平成22年度と平成23年度の結果の両方を併せて評価した. 生活習慣等のアンケート調査では, 一年次生の約1割の学生が「あまり健康でない」と回答し, 体力に不安を抱える人は, 男子学生の3人に1人, 女子学生の5人に2人にも上っていた. 朝食の有無においては, 男子学生の2人に1人, 女子学生では3人に1人の学生が欠食しているという極めて深刻な状況になっている(図2).

体力・運動能力テストの結果は, 男女ともに上体

図1 親の世代と子の世代の比較〜持久走の結果より〜

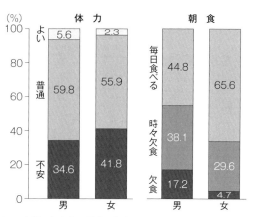

図2 大学一年次生の体力と朝食

起こし，長座位体前屈，反復横跳び，及び立ち幅跳びにおいて，全国平均に比べ有意に低値を示している．身長，体重，握力については，全国とほぼ同水準を示した．福岡大学の入学生の約6割は福岡県内出身者であることより，福岡県の児童及び生徒の体力・運動能力テストの全国比較において，これまで低い水準が続いていることが今の大学生の低体力に影響している可能性も考えられる．

最近，児童の体力レベルに低出生体重が関係していることもわかってきた．出生時の体重2500g未満の児を低出生体重児といい，昭和51年以降は低出生体重児の割合が上昇傾向にある．先に述べたように，我が国の体力レベルは，昭和60年頃にピークを迎え，その後下降しているが，この10年ほどのタイムラグは体力低下に出生体重が関係していることを示唆しているのかもしれない．

3 ● 現代人の身体活動量は昔に比べ低下してきた

我々は，自分の脚や手を使わないで，多くの日常生活活動を機械に頼ることができるようになった．移動には便利な交通機関の発達や整備された道路・歩道，洗濯や食事の後片付けには自動洗濯・乾燥機や自動食器洗浄・乾燥機，電話を取ったり，かけたりするにも，携帯電話の普及により動かないでその場で対応できるなど，人が生活活動で消費してきたエネルギーは省力化されて，動かない生活が当たり前のようになった．以前の日常生活の一部を再現して，現代の日常生活で消費するエネルギー消費量と比較したところ，1日あたり111kcalも省力化されていることが報告されている．仮に，食事などで摂取するエネルギー量が，以前と現代で同じと仮定すると，1年間で体重は6kgほど増加することになる．

人間は，身体を動かさなくなると体力が低下することは誰もが想像できる．身体不活動の時間が長くなれば，骨格筋は萎縮し，骨は脆くなる．特に骨格筋は，脂質や糖質を材料としてエネルギーを作り出す工場のようなもので，使わないでいると工場のエネルギー生産ラインはストップしてしまい，さびついてしまう．いざ，運動しようとした時，つまり骨格筋が収縮する時，生産ラインがさびついたままではエネルギーを効率よく作り出すことができず，すぐに疲労することになる．1日にわずか10分間でも，元気にからだを動かすことで様々な効果を得られることがわかってきた(コラム参照)．地下鉄利用時は，エスカレーターを使わないで，階段を利用したり，駅のホームは階段を降りて遠くへ移動したりするなど，ちょっとした工夫で少しでも身体を動かす機会を見つけることが重要である．

4 ● スポーツは，活動力を涵養する

スポーツは，ラテン語の「その場から離れる」が語源とされている．「不快な状態や仕事からの解放」「気晴らしをする，遊ぶ」といったものへと変化していき，今では，「するスポーツ」から「みるスポーツ」まで多様な捉え方がされている．時代背景とともに解釈は変化しても，自由な時間や心地よい空間への移動は，私たちの日々の生活を生き生きさせてくれることは誰もが経験していることである．

今後，地域に貢献する人材となる大学生には，専門的な知識や技術を修得するだけでなく，心身ともに健康・健全な生活ができる「活動力」を涵養することが重要となる．生涯スポーツ演習を通じて心身の健康スイッチをオンにして，健康づくりの知恵と術を持った人間形成こそ，健康長寿社会に求められていると言える．

c　o　l　u　m　n

■アクティブガイド

2013年に厚生労働省が発表した「健康づくりのための身体活動指針」では，「プラス・テン（＋10）で健康寿命をのばしましょう」をキャッチフレーズに様々な取組が展開されています．ふだんから元気に今より10分多く，からだを動かすことで，糖尿病，心臓病，脳卒中，がん，ロコモ，うつ，認知症などになるリスクを下げることができます．健康寿命とは，健康上の問題で日常生活が制限されることなく生活できる期間をいい，平均寿命との差は，男性で9.13年，女性で12.68年と言われています．

第1章 からだを動かそう

2 — 体力とは
からだとこころの力を育む

　体力という用語は日常よく使われる用語であるが，スタミナがあるとか筋力がある，あるいは環境等に対する抵抗力があるとか病気からの回復が早いなどその使われ方は様々である．

　体力とは，生命活動や日常の身体活動を行うための身体的能力をいう．すなわち，生命活動のため，様々なストレスに適応して健康を保持していくための防衛体力と運動や身体作業等を行うための行動体力に分けられる（猪飼，1963）．猪飼は，防衛体力と行動体力に精神的能力も加えて広義の体力とし，狭義の体力と区別している．確かに，筋力の数値も気合で高まったり意欲なしでは低下もする．気分も持ちようで，QOL（Quality of Life；生活の質）を高め積極的に生活することにより病気が改善されることもあり，からだとこころは不可分である．しかし，本稿では体力を文字通り身体的能力としての狭義の体力として捉え，大学生の保健体育科目の中で自らの体力や生涯にわたる体力を理解していく上で，行動体力を中心に進めていく．

1）行動体力の捉え方

　体力の中身（構成要素）を理解する上でわかりやすいのが，金原の分類を一部改変した図1である．

　行動体力は，日常の生活活動や運動（総じて，身体活動全般）に使うエネルギーを出す能力（エネルギー出力系体力）とエネルギーを効果的に使う能力（エネルギー調整系体力）に分けられる．エネルギー出力系体力は，時系列的にみて，一時的・集中的にエネルギーを出す筋力や瞬発力（パワー＝スピード×筋力）と，持続的にエネルギーを出す無酸素性持久力（1分程度の激しい活動）及び有酸素性持久力（長時間活動）に分けられる．エネルギー調整系体力は，様々な身体活動を行う際の平衡性（身体バランス），巧緻性（上手さや巧みさ），敏捷性（すばしっこさ）の要素を持つ調整力と身体的柔軟性からなる．

　日常の生活活動は，掃除や庭仕事，散歩，子どもとの公園での遊び，様々な労働作業など有酸素性持久力を必要とする活動がほとんどで，その動きの中に調整力や柔軟性が必要となる．瞬間的に重い荷物を持つ時の筋力やその調整力もよく経験する事象である．運動も同様に考えると理解しやすい．多くの運動は，持続的に行うものと瞬間的な動作（筋力，スピード，パワー）を間欠的に繰り返すもので，それぞれの技術発揮能力（技能）に調整力や柔軟性を必要とする．

2）健康関連体力

　健康水準を評価する尺度には，臨床検査などによる疾病や異常の有無や程度が用いられる．健康と運動・身体活動量との関係については1950年代から研究され，1961年の運動不足病（現在の生活習慣病）の命名は有名である．

　一方，健康と体力との関係についての研究は1970年以降である．体力要素別の研究成果から，図2のように1983年にPateが全体力要素（Performance Related Physical Fitness）の中で心肺持久力，筋力・筋持久力，身体組成，柔軟性の4要素を健康関連体力（Health Related Physical Fitness）として取り上げた．現在のメタボリックシ

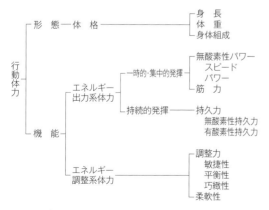

図1 スポーツにおける体力の捉え方（金原，1976を改変）

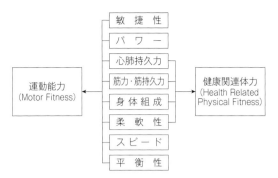

図2 運動能力と健康に関連する体力要素(Pate, 1983)

ンドローム(代謝性疾患症候群)との関係の深い要素が心肺(有酸素性)持久力と身体組成であり、ロコモティブシンドローム(運動器症候群)との関係の深い要素が筋力・筋持久力である。ここで興味深いのが、身体組成という形態特性を体力要素に含めている点である。身体組成とは、身体を構成する成分としての体脂肪率増加や加齢性筋減弱による筋力低下などが上記シンドロームをもたらすと言われる。

3) 年齢に応じた体力・体力づくりのポイント

大学生の体力は、男性においては年齢的ピークになり、女性においては高校期にほぼピークに達するため大学生では停滞かすでに低下傾向にあると言われる。もちろん、アスリートの体力はまだまだ上昇し、競技種目によって年齢的ピークは異なる。

① 発育期

幼少期から小学校期にかけては、運動・スポーツに仲間と関わりながら取り組むことにより、運動・スポーツに親しみ好きになることが大切である。体力的には、様々な動きを体得しながらより正確に、より効率的に、上手に行う能力(調整力)が身に付く時期である。いろいろな種目を体験しよう。

第二次性徴を迎える中学校期には、調整力と併せてスピード・パワー、持久力が伸びる時期である。種目を選んで思いきり取り組んでみよう。

身長の伸び(cm/年)がかなり低下する高校期からは筋力・筋パワーを身につけていって良い。小・中学校期に重量物を用いた筋力トレーニングを避けるのは、骨の成長を妨げないためである。

② 大学期

大学の生涯スポーツ演習では、基礎的な体力づくり法やこれからの健康づくりに必要な体力づくり法を学習するとともに、様々な運動・スポーツを体験し、楽しみ、できれば習慣化していくことが大切である。

③ 中年期

高血圧症や糖尿病などの疾患が増え、肥満体型になる人も増える時期であり、有酸素性持久力をある程度身に付けることが必要になる。ある程度とは、安全性や有効性、継続性を踏まえた適度な運動強度によるトレーニングで身に付く程度である。ジョギングや水泳、サイクリングなどの持久的運動だけでなく、テニスや卓球、バドミントンなど適度な強度の動きを反復する間欠的運動でも有酸素性持久力は身に付いていく。もちろん、日常の生活活動の中に階段の利用や犬の散歩などの身体活動量を増やすことも大切である。

④ 高齢期

筋力やバランス(平衡性)の低下が目立ってくる時期である。中年期と同様の運動で筋力やバランスを維持することもできる。また、屋外で活動することで様々な障害物を回避でき、ゴルフやテニスのように末梢の指先で強く握るような動作は、脳への刺激となることから認知症の予防にも適している。

---

column

■体育の日は、10月10日がはじまり。体育の日の体力測定は、十分に気をつけて実施しよう

もともと「体育の日」は、1964年東京オリンピックの開会式の日にちなんだ記念日です。雨の降る確率が低い日を、過去の記録から統計的に調べて決定した記念すべき日なのです。10月第2週の月曜日を体育の日とすることは、本来の始まりとは異なりますので、やはり体育の日は、10月10日がふさわしいと思いませんか？また、体育の日のイベントで行う体力測定には、50m走や反復横跳びなど、中高年者にとっては、大きな負担になる種目があり、最大でのスピードや瞬発力のテストには、十分に気をつけて実施してください。

第1章 からだを動かそう

3 ─ 運動を始める前に
本当に怖い熱中症，だから知っておきたい適切な水分補給の仕方

1 ● 熱中症とは

人は身体を動かさない状態，すなわち安静臥床でもエネルギーが消費され，またそれによって熱が産生されている．その産生される熱量は1時間に60〜70kcalといわれている．これに対して激しい運動を行うと1時間に1000kcalもの膨大な熱が産生される．この熱を体外へ放出させ体温の上昇を防ぐ必要がある．これを行う身体の機構としては，輻射，伝導，対流，蒸散の4つの機構が働く．この中で最も有効なのは蒸散である．蒸散は発汗によって出た汗が蒸発する時に熱を奪うことで熱を放散させるのである．しかし汗1リットルが蒸発する時に奪われる熱量は589kcalと確認されている．1000kcalもの熱を放散するにはかなり大量の汗が必要となってくる．これらの機構が対応しきれなくなると熱中症が発症する．熱中症には軽症から①熱けいれん，②熱疲労，③熱射病に分かれる．

1）熱けいれん

熱けいれんが発症するメカニズムは，高温下で運動を行うと，大量の発汗が起こる．汗からは水分だけでなく電解質（Na, Cl, Mg, Feなど）も一緒に放出される．その状態で水分だけ（水やお茶など）を補給すると体内の電解質濃度が低下してしまうため発症する．症状は突然起こる筋肉のけいれん（時に強い痛みを伴う）や顔色が悪くなり，めまいや唇のしびれなどを訴える．このような状態が起きた時の応急処置としては，図1のような木陰の涼しい場所に移動させ電解質を含んだ飲み物を飲ませるだけで容易に回復する．もし気分が悪く，もどしそうになったら顔は横向きにする．

2）熱疲労

中等度の熱中症である熱疲労の特徴は，多量の発汗がみられるが，皮膚は比較的冷たい状態が多い．症状はめまい，疲労感，頭痛，吐き気があり，ひどい場合には失神することがある．このような状態の時の応急処置は，すぐに木陰などの涼しい場所に移動させ，より水分を多くした飲み物（通常の電解質入りの飲み物を少し薄める）を飲ませ，足を高くし，頭を低くした状態で安静を保っていると徐々に回復してくる．

3）熱射病

熱中症の中で最も重篤で，最も急を要する状態であり，すぐに適切な処置を行わないと後遺症が残るばかりでなく，命にも関わることになる．特徴的な症状は，異常な体温上昇（40度以上）である．

脳が高温にさらされると，中枢神経に障害が起こる．高熱により皮膚は紅潮し，さらに重症になると発汗が停止するため皮膚は乾燥してくる．また，その他の症状としては，過呼吸やおかしな言動・行動がみられることがある．応急処置はすぐに救急隊を要請すると共に，可能な限り早く体温を下げるために身体全体に氷をのせて急速に身体全体を冷やす必要がある．40度以上の体温に，脳がどれくらいの時間さらされたかが重要なターニングポイントとなる．

2 ● 運動を始める前の水分補給

運動中は，のどが渇いたから水分をとるのではなく，のどが渇いていようがいまいが関係なく運動中

図1 熱けいれんが起きた時の応急処置

には定期的に水分を補給する必要がある．特に高温下では頻回に補給する必要がある．水分補給とは水ではなくスポーツドリンクなど電解質を含んだ飲み物を摂取することをさす．

飲み物は，気候（気温，湿度）によって変える必要がある．すなわち湿度が高い時にはやや電解質が多めの物を，また湿度が低い場合にはやや水分が多めの物が良いと思われる．また汗の質で使い分けることも勧められる．水分の多いサラサラした汗が多量に出ている場合には水分が多めの物を，べったりとした汗が多量に出ている場合にはやや電解質の多めの物をとると良い．粉末を溶かすタイプの飲料水であれば，電解質濃度の加減がうまく調節できる．

3●運動前のストレッチ

ストレッチを行う場合に重要なことは，
①伸ばす筋肉に意識を集中すること
②痛みの出ない範囲で行うこと（無理をしない）
③反動をつけないこと
④息まないで行うこと
などがあげられる．

ストレッチの種類には「スタティックストレッチ（静的）」「ダイナミックストレッチ（動的）」「バリスティックストレッチ（ブラジリアン体操）」がある．

ストレッチの方法は，日常的によく歩く人や走る人，山登りをする人は下肢を中心としたストレッチが有効である（図2）．

また日頃から腰痛に悩まされている人は，臀部，大腿後面，腰部のストレッチが有効である（図3）．

実施としては，1つの動作を約20～30秒維持し，それを3～5セット毎日行うことである．最も効果的なのは入浴後であるが，運動前後に行うことが大切なのはいうまでもない．

大腿前面（大腿四頭筋）　大腿前面上方（腸腰筋）

大腿内側（大腿内転筋群）

ふくらはぎ（左：腓腹筋，右：ひらめ筋）

図2　日常よく歩いたり走ったりする人に有効なストレッチ

腰部（脊柱起立筋）

大腿後面（ハムストリング）

臀部（大殿筋）

図3　腰痛予防のストレッチ

---

column

■身体のどの部位を冷やすと有効なのか？

病院等では熱射病の患者さんは，氷を一杯にしたお風呂に入れるくらいです．グラウンドや体育館では氷風呂に入ることはできませんので，体表から動脈の拍動が触れるところ，両腋の下，両鼠径部（股関節の前面）そして頭部の前後，さらに腹部や胸部にも氷をのせましょう．救急隊への依頼も忘れずに！

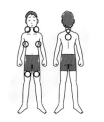

第1章 からだを動かそう

4—体力の測定と評価

自分のからだとこころの力を知るために

1●体力の測定と評価

　測定は「価値観を持たない，kgやmなどの物理的な尺度をあてがうこと」であり，この作業は誰が実施しても元来は同じ結果を得る．それに対して，評価とは「価値観を持った尺度をあてがうこと」である．したがって，同じ測定値であっても，異なる性や年齢によって評価は異なる．本書では本学生涯スポーツ演習にて行われた過去数年間の体力測定値を基にした評価表を掲載している（p.167参照）．

2●体力の定義と価値観

　ほとんどのスポーツ選手にとって体力があることは優れた成績を残すためには必須の条件である場合が多く，特にその競技に必要な体力要素が少しでも優れていることが，他の体力要素が劣っていることよりも重要である．では，スポーツ選手以外の者にとって体力があるということはどういう意味があるのだろうか．自らの脚で歩いて，あるいは走って移動し，自らの腕で重い物を動かさなければ生活していけない時代では体力があることは生存のための必須条件であった．しかし，そのような作業は車や機械が代行してくれるようになり，人と比べて特段優れた体力を持つことはスポーツ選手でなければ必要とされない．反面，体力の有無に関わらず仕事や日常生活を制限なく，積極的に行えなければならない．したがって，一般の人にとって体力とは「日常生活で積極的に行動しうる能力」であり，優れた体力とは特定の体力要素が著しく優れているよりも，体力要素がバランスよく発達し，著しく劣っていないことが望ましいことになる．

3●体力の要素

　一概に「体力」と呼ばれるが，その意味する内容はかなり多様である．日常生活では，徹夜で勉強できたり，なかなか風邪をひかなかったり，精神的な苦痛に耐えることも「体力がある」と表現する場合

がある．しかし，スポーツや日常生活での身体活動を積極的に行う際に関与するものに限定して考えた場合，体力は大きく形態と機能に分けて考えられる．狭い意味での「体力」は機能面のみを考える場合があるが，機能と形態測定値は無関係ではなく，その関連が無視できないことから体力の中に含まれることが多い．

1）形態

　形態は①長育，②幅育，③周育，④量育の4領域に分けられる．①長育は体の長軸方向の長さに関する測定値である．身長や上肢長（腕の長さ）がこれに含まれる．②幅育は幅に関する測定値で，肩幅や腰幅等がこれに含まれる．③周育は周囲の長さに関する測定値で，胸囲や上腕囲等が含まれる．④量育は身体組成（体の中身の内容）に関する測定値で，体重や脂肪量を測定する皮脂厚（皮下脂肪の厚さ）などがある．上肢や下肢の周育測定値は筋肉量の間接的測定値であるので，筋力とも関連がある．また，胸囲は肺活量（肺の大きさ）の間接的測定値であるので呼吸機能とも関連がある．

2）機能

　機能は，①筋力，②瞬発力，③筋持久力，④敏捷性，⑤協応性，⑥平衡性，⑦柔軟性，⑧全身持久力に分類される．

　①筋力とは，筋肉が収縮することによって生じる力であり，全ての運動に関与する．握力や背筋力等によって測定される筋力は筋肉の長さが変わらない状態での一時的な最大筋力（静的筋力）を指す．最大筋力は筋肉の横断面積に比例するので，太い筋肉ほど大きな力を発揮する．②瞬発力とは，瞬発的に大きな力を出して運動を起こす能力のことで，パワーと同義語に用いられ，力×速度として表現される．体育，スポーツの場における運動の多くは瞬発的に強い力を出すことが要求されるので，瞬発力は

ほとんどの運動成就にとって非常に重要な要因である．③筋持久力とは，身体の部分的な筋群（例えば，腹筋群）に負荷のかかった状態でいかに長時間作業を続けることができるかという能力である．④敏捷性とは，身体を素早く，正確に動かして方向を転換したり，刺激に対して正確に反応できる能力をいい，反応速度や動作の反復速度に関与する．⑤協応性とは，調整力とも呼ばれ，身体各部を統一して，1つのまとまった全身的な，または局部的な運動を成就したり，身体の内外からの刺激に対応して運動する能力のことをいう．⑥平衡性とは，身体の姿勢を保つ能力をいい，平衡性の維持は姿勢反射によってなされる．平衡性は歩いたり，跳んだりする運動の中で姿勢の安定性を意味する動的平衡性と，静止した状態での安定性を意味する静的平衡性に区別される．姿勢反射は筋肉の感覚器が筋肉の張力や長さを感知し，知覚神経を通して脊髄へその情報を伝え，脊髄からその情報に対して姿勢を維持するのに必要な命令が運動神経を通して筋肉に伝わる．平衡性の優劣は，これらの一連のフィードバック機能がスムーズに行われているかに依存する．⑦柔軟性とは身体の柔らかさをあらわす能力で，主に関節部の構造・靭帯・筋膜の弾性・筋の伸展性によって決定される．柔軟性は運動をスムーズに大きく，美しく行うことに関与する．⑧全身持久力とは，呼吸循環系の持久力とも呼ばれ，全身的な運動を長時間継続して行うことに関与し，筋への酸素及び栄養の供給・老廃物の除去が重要な役割を果たす．したがって，肺での呼吸機能（外呼吸機能）や細胞での呼吸機能（内呼吸機能），酸素の運搬能力，心臓の収縮力，血管の弾性，赤血球数や全血液量などの機能が関与する．

4●体力測定項目

運動した結果，発揮された結果をパフォーマンスという．体力測定の場合は測定値がこれに相当する．パフォーマンスは単一の体力要素のみが原因となり発揮されることはなく，複数の体力要素が程度の差こそあれ，関与して発揮される．例えば，垂直跳は下肢の瞬発力の有無が記録の善し悪しに関与するが，空中でのバランス（平衡性）や最高点を手でタッチ

表1 体力測定項目

形態	長育	身長・座高・頭長・上肢長・下肢長・指極
	幅育	肩幅・胸幅・胸厚・腰幅
	量育	体重・皮下脂肪厚
	周育	胸囲・腹囲・上腕囲・大腿囲・下腿囲
機能	筋力	握力・背筋力・脚筋力・屈腕力
	瞬発力	垂直跳・立幅跳・50m走・ハンドボール投
	筋持久力	腕立伏臥腕屈伸・上体起こし・懸垂腕屈伸・斜懸垂腕屈伸
	敏捷性	反復横跳・シャトルラン
	協応性	棒反応時間・全身反応時間・バーピーテスト・ステッピング・ジグザグドリブル・ジグザグ走
	平衡性	閉眼片足立ち・棒上片足立ち
	柔軟性	立位体前屈・伏臥上体そらし・長座体前屈
	全身持久力	踏み台昇降運動・最大酸素負債量・最大酸素摂取量・1500m持久走・急歩・簡易スタミナテスト・12分間走

するには四肢の巧みな動作の一致（協応性）も関与する．そのパフォーマンス（測定項目）に主に関与する体力要素を，その体力測定項目という．表1には4形態要素と8機能要素で測定する代表的な体力測定項目を一覧表示している．本学の生涯スポーツ論で採用されている握力は筋力，上体起こしは筋持久力，長座体前屈は柔軟性，反復横跳は敏捷性，立幅跳は瞬発力，簡易スタミナテストは全身持久力を測定する項目である．

5●体力の評価

特定種目のスポーツ選手ではない，一般の人にとって優れた体力とは「特定の体力要素が著しく優れているよりも，バランスよく発達し，著しく劣っていないことが望ましい」ということは前に述べた．この点から考えると，巻末の体力プロフィールがギザギザ（凹凸）の激しい形状よりは，正六角形に近い形状が得手不得手のないことを示しているので望ましいことになる．また，当然ながら，その平均点が高ければ高いほど，体力全体の水準が高いことになるので望ましいことになる．

ただし，この評価表は福岡大学生涯スポーツ演習履修者の過去のデータを基に作成されているので，同世代の全国値との比較ではなく，また，望ましい値としてあらたに設定されたものではないことに留意する必要がある．

5 ― 健康体力を知ろう

第1章 からだを動かそう

自分のからだとこころを知り,活力ある大学生活を送ろう!

1● ヘルスフィットネステスト

一定の速さで4分間走った時の速度と心拍数（Heart Rate:HR）の関係より，健康度（スタミナ）を評価するテストである．ここで表す「健康度」とは全身持久力の指標である最大酸素摂取量（体内に摂取できる酸素量の最大値）をいう．

最大酸素摂取量は，高血圧，糖尿病や心疾患など生活習慣病との関連が深く，低いほどそれらの発症リスクが高く，また死亡率も高いことが知られている．最大酸素摂取量の推定方法として，文部科学省の新体力テスト（12～19歳対象）では持久走，あるいは20mシャトルランを実施している．しかし，いずれの方法も最大努力を必要とし，それに伴う身体的及び精神的ストレスが増大するため，安全かつ正確に最大酸素摂取量を評価することは難しい．これらの諸問題を最小限にした「ヘルスフィットネステスト」では，推定最大酸素摂取量を簡易に評価でき，個々人の健康度を知ることができる．HRと酸素摂取量は，運動強度（例えば，走る速度）に比例して，直線的に増加するという生理的反応を活用し，回帰分析により最大酸素摂取量を推定する．

本テストの特徴は，現在の健康度（体力面から評価した）を知るとともに，これまでの生活習慣の反省あるいは行動変容など目標設定の資料としても役立つことである．さらに，目標とする到達健康度に向けた安全で効果的な運動強度（ニコニコペース）を知ることもできる．

2● ヘルスフィットネステストの流れ

① HRの測定方法と主観的運動強度（Rate of Perceived Exertion:RPE）の表し方を練習する．
② 4つの異なる速度のジョギング（各4分間）中のHR・RPEを測定し，記入用紙に記録する．
③ 走行速度とHR・RPEとの関係をノモグラムに描く．
④ 最大酸素摂取量の50％に相当するHRとRPEから，以下の項目を評価する．
・最大酸素摂取量50％相当の酸素摂取量（ml/kg/分）を換算表で点数化
・健康度（色）のチェック
・安全で効果的な走行スピード（運動強度：ニコニコペース）を決定

3● HRとRPEの測定方法

1）時計型の心拍計を用いたHRの測定方法

表示板の裏の金属部分を肌に接触させるように心拍計を装着し，HRが表示されるまでハートマークのボタンを長押しする（図1）．裏の金属部分とハートマークの金属部分で心電図を測定しているため，接触部分が乾燥している場合は反応しにくいので注意する．

2）触診を用いた脈拍の測定方法

脈拍数は，人差し指，中指，薬指の3本を親指の付け根側にある動脈に軽く当てて測る（図2）．15

 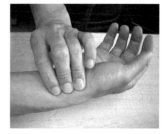

図1　時計型心拍計の測定例　　　　　　　　　　　　図2　触診による脈拍数の測定

表1　主観的運動強度（RPE）

20	
19	非常にきつい
18	
17	かなりきつい
16	
15	きつい
14	14
13	ややきつい
12	
11	楽である
10	
9	かなり楽である
8	
7	非常に楽である
6	

表2　4段階負荷

走行速度 （km/h）	めやす
4	
5	ゆっくりジョグ
6	
7	ジョグ

秒間計測し4倍した数値に10拍を加算し，拍数（拍/分）とする．

3）RPEの表し方

RPEとは，運動時に感じた主観的な身体のキツさを6〜20の数値で表現した指標である（表1）．最も楽な状態を「6」とし，最大にキツいと感じた場合を「20」とする．各走行速度での運動が終了した直後に運動中に感じた数値を記録する．

4 ● ヘルスフィットネステストの実施

① HRの計り方を確認する
② 安静時のHRを測る
③ ペースメーカーの後ろに並び一定の距離を保ちながら走行する※
④ 3分30秒間経過後で，教員から『心拍を測る準備を』という指示に従い，測る準備を走行しながら行い，『ストップ』との合図とともに，走行をやめ，HRを測る（脈拍数の場合は5秒後に15秒間測定し，4倍した後に10拍を加算）
⑤ 表示されたHRと運動時のRPEを記録用紙に記入する
⑥ 記入が終わり次第，次のスピードで走行し4段階繰り返す

※同じ速度でも歩行は走行に比べエネルギーが半減するため，ストライドを極端に短くして走るようにする．

5 ● 最大酸素摂取量と健康度の評価

ノモグラムを用いて測定結果を評価する（図3）．
〈手順〉
① スピード（縦軸）に対するHR（横軸）の交点を

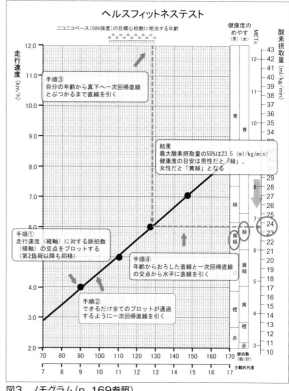

図3　ノモグラム（p.169参照）

プロットする（第2負荷以降も同様）
② できるだけ全てのプロットの近くを通過するように一次回帰直線を引く
③ ノモグラム上部の該当する年齢から一次回帰直線に当たるまで垂線を引き，この交点から水平線を引く
④ ノモグラム右側の性別ごとの「健康度の色」と「酸素摂取量」を確認する

ノモグラムの結果から算出された酸素摂取量が「最大酸素摂取量の50％」となる．「健康度の色」は図3（付録資料参照）を用いて健康度を評価できる．グラフからみる健康度は，赤信号に近づくほど生活習慣病になりやすい健康度の低い状態と評価される．

第1章 からだを動かそう

6—トレーニングの原則

効果的なトレーニングの方法を知ろう!

1●トレーニングの概念

「トレーニング」という言葉は，スポーツに限らず生活の多くの場面で使われている．身体活動を伴う仕事において，作業手順を効率良く速く行うために，また，「頭のトレーニング」「会話のトレーニング」といったように身体活動を伴わない日常場面でも「トレーニング」するという．

一般に，身体運動を行うと身体の器官や組織は，運動に応じたはたらきを示す．例えば，運動中の呼吸数や心拍数は，安静時よりもはるかに高い数値を示している．これは，より多くの酸素を必要とするためであり，その必要量を充足させるために，呼吸・循環器系のはたらきが高められるためなのである．

また，重量物を運搬しようとして，力を出そうとすれば，運動神経からの信号で強い刺激が筋組織に送られるため，多くの筋繊維が活発に動き出し，筋肉がより強い力を発揮するようになる．これを規則的にかつ周期的に反復していくと，身体器官や組織はより高レベルの機能に発達していく．このように，身体が新しい状態に対応できるように変化していくことを適応という．

運動によって，身体の適応を効率よく引き出す人為的な行為がトレーニングであり，身体に生じる機能的・形態的伸長がトレーニング効果といえる．

正しく，適切なトレーニングによって体力が高まれば，行動そのものが活発になり，その結果，疾病やケガの予防につながる．競技スポーツなど人間特有の文化的活動は，トレーニングによって必要な技能や体力を高め，質的向上をはかることができる．

2●トレーニングの内容

古来，日本では武道を極めるために修行し，「心」・「技」・「体」を鍛えることが一流の武芸者になる道だと考えられてきた．これを現代的に考えると，「修行」は「トレーニング」で，その内容である「心」は精神力（メンタル），「技」は技術・技能（テクニック・スキル），「体」は体力（フィジカルフィットネス）と言い換えることができる．これらは「三位一体」で鍛えることが重視され，この過程である修練や修行が「トレーニング」と考えられる．

1)「体力」のトレーニング

体力は，積極的な行動を促す「行動体力」と病気に対する抵抗力や免疫などの「防衛体力」がある．スポーツや運動の能力を発揮させるのは「行動体力」で，筋力，敏捷性，柔軟性，持久力などで構成されている．具体的には，①行動を起こす能力＝筋力，パワー，スピード，②行動を調整する能力＝敏捷性，柔軟性，バランス，③行動を持続する能力＝筋持久力，全身持久力などを高めることである．

2)「技術」のトレーニング

スポーツ種目の専門的能力を発揮するため，必要な身体の動きや動作あるいは媒介物（ボールやラケットなどの用具）の操作能力を無駄のない動きとして固定化し，自動化することで，スポーツの技術は向上する．

3)「意志」のトレーニング

メンタル（＝気力・集中力）トレーニングを意味し，厳しい状況で適確に判断や予測を行い，集中力や自己コントロール，緊張に対するコントロール，心理的なスタミナを高める．

4)「戦術」のトレーニング

ルールに従い，どのように効率よく攻め，守るか，競技レベルに合わせて戦い方のシステムを向上させることである．

5)「理論」のトレーニング

正しいトレーニング方法の原理・原則と生理学，バイオメカニクスや心理学などの科学的な根拠を理解することで，トレーニング効果は上がる．

3●何をめざすトレーニングか？

トレーニングの目的は，健康を保持増進させる目的で行うものなのか，競技スポーツにおける競技力を向上させる目的で行われるものなのか，目的によってトレーニングの仕方（処方）が変わってくる．

1）健康の保持増進をめざすトレーニング

日頃の運動不足や社会の急激な変化に伴うストレスを解消させ，精神機能と身体バランスを正常に保持するためのトレーニングである．無理なく，規則的に実施すると，心身の機能がバランスよく正常に保たれ，健康の保持増進に大いに役立つ．軽い運動を比較的長い時間，習慣的に行うのが効果的なトレーニングにつながる．代表的なトレーニングは，ウォーキング，ジョギング，エアロビクスなどの有酸素運動があげられる．この他にも，様々な軽スポーツやトレーニングマシンを使っての運動も有効である．健康を保持増進させるためのトレーニングは，健康状態や個々の体力レベルや日ごろの生活状況に応じて，無理なく，楽しく継続することが大切である．

2）競技力向上をめざすトレーニング

競技力を高めるトレーニングでは，競技者として必要な基礎体力を増強させるトレーニングに加えて，専門種目特有の体力を局所的に強化するトレーニングが必要不可欠である．

専門種目特有の体力強化を専門的トレーニングと呼び，専門とする種目の特性に応じて行われる．例えば，同じ陸上競技でも，マラソンのように競技時間が長い種目では，呼吸，循環器系の働きを高める持久力トレーニングが大切になってくる．砲丸投げや棒高とびなど，瞬発力などの一瞬の動きが勝負を左右する種目の選手にとっては，筋力や瞬発力のトレーニングが重要になってくる．球技ではそのポジションに応じて，専門的トレーニングが施される．例えば，ラグビーでは，フォワードの選手は相手と激しくぶつかり合う機会が多く，強い筋力が求められ，一方，バックスの選手は相手をすばやく抜き去りながら前進するプレイが随所に現れるので，スピードが求められる．

このように，専門的トレーニングはそれぞれの目的や状況に応じて行う方法や理論は多種多様である．

4●発育発達とトレーニング

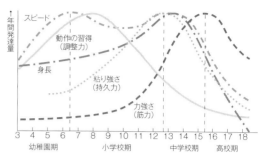

図1 運動能力・体力の年間発達量の年齢別変化（男子）

スキャモンの発育発達曲線を参照すると，神経系統は，生まれてから5歳頃までに成人の80％の成長を遂げる．そして，12歳頃にはほぼ100％になる．この時期は，神経系の発達の著しい年代であり，様々な神経回路が形成されていく．神経系は，一度その経路が出来上がるとなかなか消えない．この時期に神経回路へ刺激を与えて，その回路を張り巡らせるために多種多様な動きを経験させることは，運動神経を発達させるのに効果的なトレーニングとなる．体格の変化をみると，男子は18歳，女子は16歳まで身長の発育がみられる．第二次性徴期（10〜14歳頃）に骨端軟骨の増殖が進み，化骨が緩やかに訪れる．この時期は，急激に発育する体格を適切に操作するための筋力や調整力の発達が付いていけないため，一時的に運動成就が不安定となり，不器用になり，ケガをし易くなる．このように，それぞれのトレーニング課題に対しても，吸収しやすい時期と，不適切な時期が出てくる．そこで，トレーニング効果を期待するなら，最も吸収しやすいトレーニング時期に，その課題を与えていくのが最適な方法と考えられる．

5●ルーの法則とトレーニングの原理・原則

1）ルーの法則

ドイツの生物学者ルーは，「人間の持つ機能は，使わなければ退化し，適度に使えば発達するが，使いすぎると萎縮してしまう」と提唱し，運動刺激と身体機能の基本法則を示した．

2）トレーニングの原理

このルーの基本法則をもとに身体機能に変化をもたらすトレーニングの基本原理として「過負荷の原

理」「特異性の原理」「可逆性の原理」がある.

① 過負荷(オーバーロード)の原理

日常生活で体験しているよりも高い運動負荷をかけなければ身体機能や体力は向上しない.例えば,筋の活動力を高めるには,日常で使用するよりも強い運動刺激(オーバーロード)を筋,または筋神経に課す必要がある.トレーニングで体に変化を求めるなら一定レベル以上の負荷を与えなければならない.これを過負荷の原理,またはオーバーロードの原理という.

これは「運動強度」の設定に用いられる.普段トレーニングをしていない人では,日常生活での負荷(歩いたり階段を上るなど)以上の刺激をトレーニングで与えることにより,筋肉はその負荷に適応してさらに大きくなる.一方,日常的にトレーニングを行っている人は,いつまでも同じ負荷でトレーニングをしていると体がその負荷に慣れてしまい過負荷ではなくなり筋肉は大きくならない.

② 特異性の原理

身体は課せられた刺激に対して特異的に適応する.つまり,トレーニングの効果は行ったトレーニングの刺激(強度や反復回数)に対して順応した効果が表れる.これを特異性の原理という.

陸上の100mの選手が球技や水泳をしても100mの記録は伸びない.各スポーツによって特有の力の出し方がある.トレーニング効果の特異性に基づき,目的に合った運動条件(負荷様式・強度・速度・関節角度など)を選択してトレーニングすることが重要である.

「トレーニング効果の特異性」をもたらす要素は,筋収縮の様式や運動時の関節角度,運動を行う動作スピードなどが考えられる.特定のスポーツ動作で発揮される筋力やパワーを高めるためには,その動作に類似した筋収縮様式でトレーニングすることが重要である.そして,その動作に類似した関節角度(動作姿勢,関節可動域)でトレーニングすることも重要である.動作スピードにおいても,特定の運動神経が選択的に動員される.その動作に類似した動作スピードを設定して筋をトレーニングすることが重要である.

③ 可逆性の原理

トレーニング効果は,トレーニング継続中は維持されるが中断すると徐々に失われていく.トレーニング期間が長ければ失われていく速度は遅く,短ければ早く失われる.ただし,1～2日休んだ程度で筋肉は衰えないので超回復を考えると,適度な休息を入れる方が良い.超回復とは,トレーニングによって破壊された筋細胞組織が休養期間中にたくさんの栄養素を取り込みながら修復し,修復後の筋肉細胞が前回のトレーニング開始前の状態よりも一時的に強く太くなる現象のことを示す.

3)トレーニングの原則

ルーの法則に基づく3つのトレーニングの原理は,トレーニングの内容を決める基準とその効果の現れ方を示している.これを踏まえた上で,具体的にトレーニングを行う際に考慮すべき原則がある.

① 積極性・意識性の原則

トレーニングの実施に際し,トレーニングの内容,目的,意義を知り,トレーニング計画を立て,自己分析と自己評価をする.次に,改善すべき点を客観的に分析し,自己の立てた目的に向かいつつあるかどうか判断しながら改善を加え,積極的に取り組む.

② 全面性の原則

トレーニングに偏りがあってはならない.身体的能力(体力,運動能力,運動技術)と精神的能力(意志,意欲,態度)を総合的に高めるようにすることである.体力トレーニングでは,筋力,心肺持久力,柔軟性等全ての体力の構成要素をバランス良く行う.例えば,筋力トレーニングを行う場合も,ベンチプレス(胸部)だけを行うのではなく,背中や脚もバランスよく鍛える必要もある.若年層(ジュニア)には特にバランスのよい身体作りにおいて重要である.同様に技術においても,左右両方の上肢・下肢の動きが必要な競技であれば,利き腕,利き足の動作練習だけに偏らないトレーニングが必要である.

③ 専門化の原則

特異性の原理に基づくもので,競技や健康づくりなど目的に合った機能(筋力・筋パワー・筋持久力・有酸素能力・柔軟性など)をトレーニングすることで,その目的独自の専門的な能力を高めることがで

きる．全面性の原則と相反するが，どちらかを無視してトレーニングするのではなく，両原則を反映する内容を含み，それぞれの要素の比率を実施者の体力・競技力に合わせて調整する．

　健康づくりでは有酸素運動と大筋群の筋力トレーニングやストレッチングを行うことで健康増進を図る．競技では種目特有の運動や動作で使われる筋群を実際の活動様式（スピードが必要なのか，持久力が必要なのか）に合わせて行うことで，その種目に特異な形態学的・機能的変化が引き出される．ランニングや水泳などの循環的な動作による種目では，手の動き（走る時の手の振り方，泳ぐ時の手の掻き方など）や足の動きを分けて学習し（分習法），その後両方を合わせ全体の調和を調整する（全習法）トレーニングを行う．走り高跳びは，ジャンプそのもののトレーニングは40％，残りはバウンディング，助走，ウエイトトレーニングといった脚力やジャンプ力，タイミングを開発するトレーニングなどのように分け，分習法で行う．

④個別性の原則

　人間にはそれぞれ個人的な特徴があり，同じではない．ジュニア期の子どもたちは発育発達の度合いに差があり，スポーツを開始した時期と経験にも違いがある．同じ年齢でも運動能力などの機能的な要素と体格・体型の形態的特徴には個人差があり，それに伴ってトレーニング方法も異なってくる．適正なトレーニングの負荷の量と回復の割合は個人によって異なる．トレーニングは，各個人の体力・競技力に合った質・量で行うことで効果が出る．

⑤反復性の原則

　1回で効果のあるトレーニングはない．トレーニングは気まぐれで行ったりしても効果は出ない．また，行ってもすぐに効果が出るものでもない．習慣的に行い，継続していくことで成果が得られる．適当な時間間隔で繰り返し反復される運動刺激が，身体的なトレーニング効果をもたらすのである．体力を上げるトレーニングでは繰り返し行うことで身体が適応していく．同様に技術トレーニングでも，繰り返し練習されることで，ぎこちない動作の無駄が省かれ，動作の効率化と技術の固定化及び自動化が

獲得される．

⑥漸増負荷（漸進）性の原則

　個人の体力・競技力の向上に応じて，運動の強度や量・質を徐々に増加させていくことを示す．トレーニングの量や強度はずっと同じままだと効果は頭打ちになってしまうので，段階的に増加させていかなければならない．トレーニングが少し楽になったと感じたら次のトレーニングからわずかに強度を上げる．過負荷（オーバーロード）の原理及び個別性の原則を踏まえ，能力の発達程度に応じた負荷の質量を漸進的に高めることが必要である．

6●トレーニング処方

　トレーニング実施にあたっては，目的，体力レベル，健康状態，生活環境などを慎重に検討した上で，最も適したトレーニング種目を選択し，強度，期間，頻度を決定する．これを，トレーニング処方と呼ぶ．

1）健康状態の確認

　医師によるメディカルチェックを受けて，身体が健康な状態であるか，さらに，トレーニングを行うことが可能な状態にあるかを確認する必要がある．

2）自己の体力を知る

　自分の体力に応じたトレーニングプログラムを作成するために，体力測定によって，体力レベルを明らかにする必要がある．

3）トレーニング目的の明確化

　トレーニングの目的が何なのかを明確にする必要がある．「健康の保持増進」のみでよいのか，「競技力向上」なのか，「筋力・持久力を高める」目的があるのか．あるいは，「体力を全面的に高める」のかなど，トレーニングの目的を明確にしないと，期待する成果があがることはない．

4）トレーニング内容の決定

　トレーニングの目的に応じて，最も適した運動を選ぶ．

5）トレーニングの具体的な実施方法の決定

　運動強度（ジョギングのスピード，ダンベル・バーベルの重量など），運動時間（ジョギングの継続時間，ダンベル・バーベルを持ち上げる回数など），運動頻度（週あたりの実施回数など）を無理のない範囲で決定する．

7 — 筋力トレーニング

第1章 からだを動かそう

効果的な筋力トレーニング方法について知ろう!

1 ● 筋力トレーニングについて

筋力トレーニングとは,筋肉に一定水準以上(最大筋力の40%以上)の負荷を与え,それを克服していくことによって筋量の増加や筋力の向上を図るためのトレーニング方法である(レジスタンストレーニングともいう).このトレーニング方法の始まりは,紀元前2500年頃まで遡るともいわれており,現在ではスポーツ選手の競技力向上や一般人の健康づくりなど様々な目的で幅広く実施されている.

2 ● 筋力トレーニングの基礎知識

1) 筋力トレーニングで鍛える筋肉

人間の身体には約600種類の筋肉があり,「骨格筋」「心筋」「平滑筋(内臓筋)」と大きく3つに分けることができる.この中でも,筋力トレーニングで鍛える筋肉は,自らの意志で動かすことができる骨格筋であり(随意筋),体重の約40%を占め,運動や姿勢維持などの役割を果たす.

2) 筋線維の種類と特徴

筋肉は,筋線維の集合体である.筋線維は,次の3つに分類することができる.

① 遅筋線維

小さな力しか発揮することはできないが,持久力があり疲労しにくい.

② 速筋線維

瞬間的に大きな力を発揮することができるが疲労しやすい.

③ 中間筋線維

遅筋線維と速筋線維の中間的な性質を持ち合わせている.

筋力トレーニングは,筋肉を疲労させ,回復することによって効果が得られるため,疲労しやすい速筋線維に対して優先的に負荷を与える必要がある.

3) 力を発揮する時の筋活動

人の力というのは,筋が収縮しようとすることで発揮される.この収縮は,壁などを押した時のように関節角度が一定の状態で力を発揮する「静的収縮」とウエイトトレーニングのようにバーベルを上げたり下げたりする時に力を発揮する「動的収縮」に分けられる.

① 静的収縮

筋肉が長さを変えずに力を発揮していることから「等尺性収縮(アイソメトリック・コントラクション)」と呼ぶ.

② 動的収縮

筋肉が長さを変えながら力を発揮することから「等張性収縮(アイソトニック・コントラクション)」と呼ぶ.また,バーベルなどを上げる時に筋肉が縮みながら力を発揮する収縮を「短縮性収縮(コンセントリック・コントラクション)」,バーベルを下げる時に筋肉が引き伸ばされながら力を発揮する収縮を「伸張性収縮(エキセントリック・コントラクション)」と呼ぶ.伸張性収縮時は短縮性収縮時より強い力を発揮し,速筋線維が優先的に活動していることから,バーベルなどを下ろす時も集中してトレーニングを実施することが大切である(図1).

その他,専門的な領域では,ジャンプ動作のように筋肉を伸張させ,瞬間的に短縮する筋収縮様式を「伸張—短縮サイクル(ストレッチショートニングサイクル)」と呼ぶ.この筋収縮様式は,バーベル

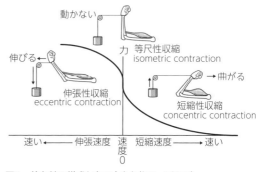

図1 筋収縮の様式と力の大きさ(ヒル,1951)

を上げる時の反動動作（チーティング）でも同様の現象が起こるが，伸張反射や弾性エネルギーといった筋肉や腱の性質を利用することで，より瞬間的に大きな力を発揮することができる．伸張―短縮サイクルの性質を利用したトレーニングでは，「プライオメトリクストレーニング」がある．

3●筋力トレーニングの効果

筋力トレーニングは，筋肥大，筋力，筋パワー，筋持久力といった筋肉に関わる能力の向上はもちろんのこと，次のような効果が期待できる．

①筋肉が発達し，体型を改善する．

②身体活動量を増加し，肥満を予防する．

③骨密度の低下を予防する．

④筋肉バランスや関節の安定性を高め，障害を予防する．

⑤加齢に伴う筋肉量や筋力の低下を予防する．

⑥競技スポーツの特性に応じた筋肉の能力や動作感覚を養う．

4●ウエイトトレーニング

ウエイトトレーニングは，個人の体力や目的に応じた負荷重量を決定することができ，重心移動が少なく比較的に簡単な動作であることなどがメリットとしてあげられる．トレーニング時は，ケガを防ぐためにも反動動作を使用せず，正しいフォームと鍛える部位に集中することを心がける．

1）負荷重量の設定

負荷重量の設定では，基本的に自身が1回しか挙げることができない最大挙上重量を把握する必要があり，これを「最大筋力」と呼ぶ．最大筋力の測定

方法は，実際に最大筋力を試みる「直接法」と比較的に軽い負荷重量で限界回数を行い，その負荷重量と回数から換算表を用いて試算する「間接法」がある（表1，表2）．直接法は，自身の筋力を把握できている経験者が用いる方法であり，初心者はエクササイズの動作や筋力発揮に慣れていないため，ケガや事故の危険性が少ない間接法を用いると良い．

①RM（アールエム）法

RMとは「Repetition Maximum」の略で，最大に反復できる回数を表し，最大筋力であれば1RMと呼ぶ．RM法は，設定した反復回数ができる最大の負荷重量でトレーニングを実施する方法である．

②パーセント法

パーセント法とは，最大筋力（1RM）を100％として，これに対する割合（％）で負荷重量を設定してトレーニングを実施する方法である（表3）．

表3 パーセント法の実施例

目標⇒70％の負荷重量で12回×3セット
最大筋力が60kgの場合
60kg×0.7（70％）＝42kg⇒設定40kg

セット	1セット目	2セット目	3セット目	
負荷	70％	70％	70％	初回
回数	12回	10回	8回	

セット	1セット目	2セット目	3セット目	
負荷	70％	70％	70％	目標達成
回数	12回	12回	12回	

セット	1セット目	2セット目	3セット目	
負荷	75％	75％	75％	負荷を高める
回数	12回	10回	8回	

約70％の負荷重量となる40kgを12回×3セットできるようにトレーニングを実施する．目標の反復回数とセット数を達成したら，次回のトレーニングから負荷重量を75％（45kg）に増やして実施する．

表1 直接法（経験者向け）

セット	負荷		回数	セット	負荷		回数
W-up	40～50％	×	12回	3	90％	×	2回
1	70％	×	6回	4	100％	×	1回
2	80％	×	4回	5	MAX	×	1回

※直接法は，最大筋力向上を図るためのトレーニング方法としても用いられる（ピラミッド法）．

表2 間接法（初心者向け）

回数	6回	7回	8回	9回	10回	12回
割合	85％	82.5％	80％	77.5％	75％	70％

※比較的に軽い負荷重量から6～12回が限界回数になるよう徐々に負荷重量を増やす．60kgで8回が限界の場合，換算表で8回は80％に相当することから以下の計算で最大筋力を算出する．
60（kg）÷0.8（80％）＝75kg（最大筋力）

表4 目的に応じた負荷重量

目的	筋肥大	筋力	筋パワー	筋持久	補助EX（フォーム）
負荷	6～12RM————70～85％	85～100％	60～85％	60％以下	12～20RM————70％以下
反復回数	6～12回（最大反復）	1～6回	6～12回	20回以上	12～20回
休息時間	30～90秒	2～4分	2～4分	30～90秒	60～120秒
セット数			3～6セット		

※最大筋パワーは「力×スピード」で表され，最大筋力の40％付近に出現することから，筋力を目的としたトレーニングでも筋パワーの向上が可能である．

③目的に応じた負荷重量

ウエイトトレーニングでは，負荷重量，反復回数，休息時間，セット数などを設定することで，目的に応じたトレーニングを実施することができる（表4）.

2）トレーニングプログラム

①多関節エクササイズから単関節エクササイズ

ウエイトトレーニングのエクササイズでは，ベンチプレスのような複数の関節が動く「多関節エクササイズ」とアームカールのような1つの関節が動く「単関節エクササイズ」に分けることができる．多関節エクササイズは，大筋群や多くの筋肉が動員されるため，大きな力を発揮することができる．また，単関節エクササイズでは，小さな力しか発揮することができないが，部位を特定して鍛えることができる．したがって，エクササイズの順序（配列）では，脳・神経系や身体が疲労していないトレーニング前半に大きな力を発揮する多関節エクササイズで鍛えたい部位から優先的に開始する方が効果的である（プライオリティーの原則）.

②超回復

トレーニング後，身体はエネルギーが消耗し，疲労物質が蓄積され，筋線維は微細な損傷を受けた状態となる．休養することで，これらが回復するとトレーニング前よりも筋力水準が向上する．この現象を「超回復」と呼び，強度や部位で異なるが，疲労回復には48～72時間が必要であるため，ウエイトトレーニングは週2～3回を目安に実施すると良い.

3）ウエイトトレーニングの注意点

①周囲の安全確保と補助者の必要性

ウエイトトレーニングでは，自身の最大重量や限界回数を求めることから，事故やケガを未然に防ぐためにも，周囲の安全確保に努め，必ず補助者をつけて実施する.

②器具の安全確認と道具の準備

ストッパー，ラックの高さ，プレート（重量）などを調整し，安全を確認する．また，身を守るためのウエイトベルトなども準備する.

5●その他の筋力トレーニング

①自体重トレーニング

器具を使わずに自身の体重を負荷としてトレーニングを実施する方法である．負荷が軽いため，重心移動や体幹の捻り動作など複雑な動きにも対応が可能で，ウエイトトレーニングの導入やリハビリテーションでも実施される．負荷の設定については，重量（体重）ではなく回数で決められる．実施回数が増えるにつれて筋力が向上しているものと判断し，エクササイズにもよるが，20回以上×2～3セットを目標として実施する.

②チューブトレーニング

ゴムの張力を負荷としてトレーニングを実施する方法である．トレーニングで鍛える筋肉は，大胸筋や大腿四頭筋など体の表面から確認ができるアウターマッスル（表層筋群）と関節の位置や回転などの動きを安定させる役割を持ち，体の表面から確認することができないインナーマッスル（深層筋群）がある．チューブトレーニングでは，自体重トレーニングと同様にウエイトトレーニングの導入やリハビリテーションとして実施されるが，インナーマッスルなどもバランスよく鍛えることができる.

③サーキットトレーニング

主に自体重トレーニングを中心に複数（6～12種類程度）のエクササイズを休息せずに連続して実施する方法である．サーキットトレーニングは，エクササイズを部位ごとに順序よく配置することで，オールラウンドな体づくりが可能となり，休息を入れずに実施するため，心肺機能や筋持久力を向上させ，体脂肪燃焼効果も期待できる．さらに，短時間で実施できることから，トレーニング時間を確保できない場合にも適している.

6●筋力トレーニングによる体の反応

①パンプアップ（乳酸の蓄積）

筋力トレーニングで筋肉を酷使すると筋肉内には乳酸などの代謝物が蓄積される．代謝物が蓄積されると溶液濃度を一定に保つため，筋肉内に水分が集まり，膨張した状態になる．これを「パンプアップ」と呼び，より効果的な筋力トレーニングにするためには，体の反応も確認しながら実施する必要がある.

②継続の必要性

ウエイトトレーニングを例にあげると，トレーニングを開始して約2～3週間で筋力の向上が確認で

きる場合がある．しかし，これは神経系の改善がもたらした効果であり，筋肉が発達したということではない．筋肥大が起こるのはトレーニングを開始して約2ヶ月頃からとされており，最低3ヶ月は継続したトレーニングを実施することが望ましい．

7 ● 筋力トレーニングの実施例

1) ウエイトトレーニングのエクササイズ

① ビッグ3

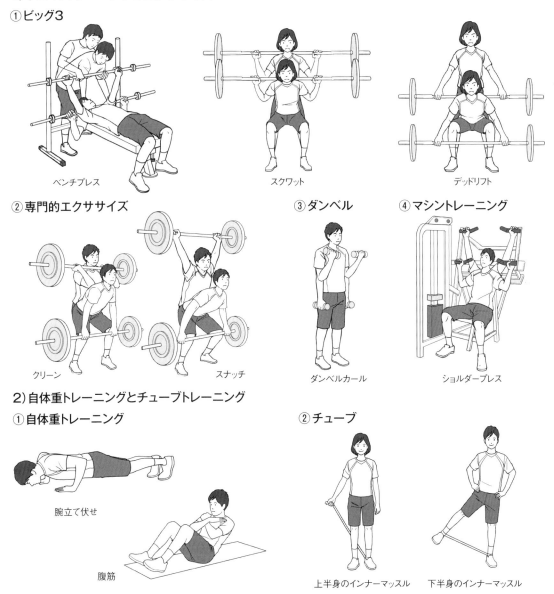

② 専門的エクササイズ　　　③ ダンベル　　　④ マシントレーニング

2) 自体重トレーニングとチューブトレーニング

① 自体重トレーニング　　　② チューブ

---

column

■筋力トレーニングに必要なタンパク質

筋肉の主成分はタンパク質で構成されています．筋力トレーニングを実施すると筋肉内ではタンパク質の分解と合成が始まります．そして，より筋肉を発達させるためには，タンパク質の合成を高めなければなりません．そのため，筋力トレーニングを実施する人はタンパク質を適切に摂取する必要があり，1日あたり体重×2gが理想と言われています．例えば，体重70kgの人は，70×2g＝140gとなります．

第1章 からだを動かそう

8—エアロビックエクササイズ
スロージョギングで,からだとこころの健康づくり!

1●エアロビックエクササイズ

運動中のエネルギーが全て酸化で賄われる全身運動をエアロビックエクササイズといい,ウォーキングとジョギングはその代表的運動である.

運動不足が肥満,糖尿病,高血圧,脂質異常症,心臓病,脳卒中,乳がん,直腸がんの発症のリスクであることが明らかになり,これらの疾患の予防にエアロビックエクササイズが推奨されている.とりわけ運動不足による肥満と最大酸素摂取量の低下がこれら疾患の発症に密接に関わっている.

2●ウォーキングとランニング

ヒトは無意識にゆっくり移動する時はウォーキングを,速く移動する時はランニングを選択している.人類は200万年前に誕生以来,1万年前まで,狩猟採集で生きてきた.カラハリ砂漠に現存する狩猟採集民のサン族を追跡したBBCの放送によると狩猟は8時間におよび,その間ウォーキングとランニングを繰り返している.

農耕,牧畜が始まり定住した後もウォーキングとランニングは日常の主たる生活行動であったであろう.福岡市内の最も古い小学校の創設時における最長通学距離は6.3kmで1970年まで変わらなかった.1970年頃までは急いで移動することは頻回にあったものと想定される.モータリゼーションのおかげでウォーキング量が減少したことはもとより,早い移動形態であるランニングは全て車に置き換えられ,日常の身体活動からランニングを失ったと考えることができる.身体不活動は肥満と最大酸素摂取量の低下を招くのでこのような環境の変化は健康阻害をもたらす.

3●ウォーキングのメリット

ウォーキングは誰でも可能で,いつでもどこでもできるエアロビックエクササイズである.肥満とりわけ内臓脂肪の過剰蓄積は糖尿病,高血圧,脂質異常症,脳卒中,心臓病の発症要因であることが明らかになった.過剰な脂肪を減らす方法はエネルギー摂取量に比してエネルギー消費量を増すことに尽きる.

運動強度の指標として運動時代謝を安静時代謝で除したメッツ(Metabolic Equivalents:METs)強度がよく使われる.また,身体活動量を表す指標としてメッツに運動時間(時)をかけたメッツ・時という単位が使われる.1メッツ・時は1kcal/体重(kg)であるので 次式にてメッツ・時から容易にエネルギー換算ができる.

消費カロリー
=メッツ×運動時間(時間)×1kcal/体重kg
　×体重(kg)−1kcal/体重kg×体重(kg)

例えば,4km/hの歩行を1時間行えば3メッツ・時であり,体重が70kgとすれば140kcalの消費となる.また継続して行わなくても,こまめに行い積算して1時間であれば同等である.

腹筋運動はおよそ3メッツ,バーベルを持ち上げる筋力トレーニングがおよそ6メッツである.いずれも30分も行うことは容易ではない.エネルギー消費量を増す運動としてはウォーキングの方がはるかに有効である.

一方,最大酸素摂取量を高めるには中等度(乳酸閾値)以上の強度が必要である.虚弱高齢者でない限り,通常歩行では中等度強度にならないので,速歩でなければならない.

4●ジョギング

ゆっくり走るランニングをジョギングという.

図1の下図にはウォーキングとランニングの速度とメッツ強度の関係を示した.ヒトが無意識に走り出す速度は7km/h前後である.ここではあえて歩く速度で走行(スロージョギングと呼称)した時の

メッツ強度を示した．ウォーキングは時速5kmまで速度の増加にともない徐々にメッツ強度が上がるが5kmを超えると急増する．一方，ランニングは速度に応じて直線的にメッツ強度が上昇する．ヒトは無意識にゆっくり移動する時は効率の良いウォーキングを，一方，速く移動する時は効率のよいランニングを選択していることになる．

ところで，ランニングはきついから嫌いであるという学生が多い．持久力は最大酸素摂取量の高さに関係するが大学生の平均は男子で11-12メッツ，女子で10メッツ程度である．最大酸素摂取量の70％を超えると運動をきつく感じるので，男子では時速8km，女子では時速7kmを超えるジョギングはきついと感じる人が半数にのぼることになる．

図1の上図には異なるスピードでのウォーキングとランニング時のきつさ，すなわち主観的強度を数値尺度で示したものである．スロージョギングは，同一速度のウォーキングに比べメッツ強度が高いにも関わらず主観的強度はかわらない．つまりスロージョギングは楽々エネルギー消費量を高めることができ，肥満解消に最も好ましい運動である．

また，乳酸閾値強度は，最大酸素摂取量のおよそ50％に相当するので，運動不足気味の学生は歩く速度のスロージョギングが健康増進に有効なエアロビックエクササイズになる．ちなみに「笑顔を保て，会話ができる」上限のスピードのランニングを行えば，ほぼ乳酸閾値強度を超えている可能性が高い．

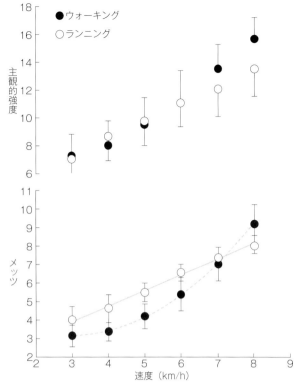

図1　ウォーキング，ランニングの速度とメッツ強度，主観的強度の関係（北島ら，2014）

図2　笑顔が保て，会話ができるランニング

column

■ヒトの身体は走るように進化した！

BrambleとLiebermanが2004年のnature誌の表紙に「Born to Run」との大きな見出しで紹介された論文を発表している．ヒトは長距離走に断然優れているように進化したから，狩りができたとしている．皮膚に汗腺を持ち，発汗による高い体温調節能力を獲得し，ランニング時の発熱をクーリングでき，体温調節能の低い動物を熱中症で倒れるまで追いかけることができるようになった．また，ヒトのチンパンジーに比べ長いアキレス腱はバネとして効率よく走るエネルギーに活用できるし，巨大な大臀筋は走行時の主働筋である．その他，チンパンジーに比して異なる解剖学的特徴は，全てランニングに有利であると論じている．

9 ― フィットネスと運動

第1章 からだを動かそう

ストレッチ体操と心地よいエクササイズで,からだとこころの健康づくり!

1●ストレッチ体操

ストレッチ体操とは,「Stretch（伸ばす）」という意味からも,体を支える筋肉,腱,靱帯を能動的に伸ばすために工夫された体操である.

この体操は,スポーツ傷害を起こさないための準備運動として米国で開発されたものであるが,日常生活の中でも筋肉を伸ばすことによる柔軟性の向上や筋肉の疲労回復,さらには,筋肉にかかる負担（ストレス）や精神的ストレスを取り除くとともに血液循環がよくなることで,眠っている体を目覚めさせ,体の組織を新鮮な状態にしてくれる.

ストレッチ体操は,動的なものと静的なものに大きく分けられる. ここでは,1人で行える運動例を紹介する.

1) 腕および手部

手首を背屈　　掌屈　　掌を合わせ押す
骨盤が後屈しないように気をつける

2) 肩・胸部

肘を曲げ腕を　肘を持ち斜め　頭の後ろで　斜め後方に腕を
後方に引く　　下方向に引く　手を組む　　開き胸を張る
　骨盤を立てる　　　　　骨盤を少し前傾

3) 頸部

頭を前へ　　左へ　　右へ　　後ろへ
　　骨盤を立て背筋を伸ばして行う

4) 腰部

脚を大きく外側に開き上体を　　左右の座骨を床面に均等に付け,上体を
ねじる,骨盤を下に押し付ける　倒す・ねじる

背中を床につけ足を交差し　膝を曲げ骨盤を後傾に　上脚の大腿部を伸
下腿をねじる　　　　　　　する　　　　　　　　ばす

5) 脚部・背部

足首を屈伸する（底屈・背屈）　手で膝を下に押す,足の裏を重ねて
　　　　　　　　　　　　　　ゆらし,股関節を伸ばす

脚の裏側を伸ばす　　脚部・背部の全体を伸ばす

※実施上の留意点として,意識はどの筋肉や関節がどのように伸ばされているかを感じながら（内部観察,自己との対話）行うと良い.

2● 体力の向上における考え方

「フィットネス」の授業は，疲労回復，体調維持，健康の保持増進，基礎体力（筋力，持久力，瞬発力，柔軟性，調整力）の向上，種々のスポーツ種目を行うための基礎的運動能力の向上という観点から，様々な運動やトレーニング，レクリエーションスポーツ，及びアクアエクササイズを取り上げ実践している．ここでは，基礎的体力，運動能力の向上という視点から1人あるいは2人組で行える様々な運動を取り上げていきたい．

運動例を示していくにあたり動きの発展形態について説明しておく．まず，図1に示したように全身を使って体を動かす動作のことを全身的運動と呼ぶが，それらの動きをベースに考えてみる．

例えば，「歩く動き」を取り上げると，歩く動きは1人でも，2人手をつないでも，後ろから肩を持っても歩くことができる．また，通常は立って歩くが，膝立ち，座位，四つ這い，手でも（倒立）歩くことが可能であり，その場で歩く，前後左右多様な方向に移動するなどの工夫もできる．加えて，ボール，縄のような手具を利用しながら行うこともある．さらには，歩く速度，距離，回数，時間やリズムを変える，手足を叩く，目を閉じてみるなど様々な「歩き」のバリエーションが考えられる．

一方，「ボールをつく」という運動を例に取ると，立位，座位，臥位姿勢でも上下につける．また，前後左右に，体の回りに，足の間を，手で，足で，肘で，頭でつくなど多くの「つく」ができる．

このように，「歩く運動」「つく運動」だけでも図に示した様々な組み合わせ方により何百通りの動きが存在することになる．

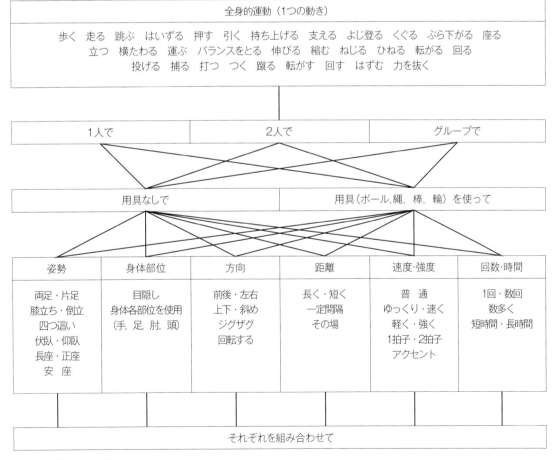

図1　全身的運動からの動きのバリエーション

3● 1人・2人組運動例（用具なし）

1）歩く, 走る, 倒れる

普通に　つま先・かかと　前後左右　しゃがんで　膝　尻　倒立歩き　膝立から　立位から　力を抜いて

2）はいずる

手と膝　肘と膝　手と足　肘と足　腹ばい　背面で手と足　肘と足　背中を付けて　ブリッジ

3）とぶ, バランスをとる

両足・片足ジャンプ　前後左右　スキップ　尻・倒立ジャンプ　首倒立　片足　片膝　尻

4）座る, 立つ, 支える, 転がる

あぐら・正座から　カエル倒立　片足旋回　うさぎとび　腕立てジャンプ　ゆりかご　横転がり　支持で　傘回り

5）2人組の運動例

とぶ:正面　背面　手足の上　うまとび（縦横）　支持とび　くぐる:足の下　体の下　手の間　運ぶ:おんぶ　だっこ　肩車　かつぐ

押す　引く　ぶつかる　起き上がる　支える　バランスをとる　倒れる　座る　立つ

4● 1人・2人組運動例（用具を用いて）

1）ボール

① 投げる, 捕る

両手　片手　正面　背面　前後左右　立位　座位　臥位　様々な身体部位で　目を閉じて

② つく, 転がす, 回す

両手　片手　正面　背面　前後左右　立位　座位　臥位　様々な身体部位で　目を閉じて

2）なわ

回す, とぶ

両手　片手　両足　片足　交差　正面　背面　前後左右　その場　移動　回数　目を閉じて

※これらの動きを組み合わせ, テンポのよい音楽に合わせて動いてみましょう！

5●レクリエーション・スポーツ

今では，小学校でもお楽しみ会の時など，レクリエーションという表現を用いるほど，一般的な言葉となってきている．レクリエーションは，ヨーロッパでは1600年代から回復や楽しみの意味として用いられてきたが，日本には明治に導入されはじめ，幅広い意味での幸せを示す「厚生」との表現が使われてきた．レクリエーションは，体育や競技スポーツよりも，交流や楽しむことを重視する．また，コミュニケーションの機会を創造することも目的として実施されることが多い．

1）コミュニケーションゲーム

スポーツの場では，自然に発生するコミュニケーションも魅力の1つである．特に自己紹介を含むコミュニケーションを目的としたようなゲームを，導入として実施することは仲間づくりの手段としても効果的である．このようなゲームの概略を以下に紹介する．

①相性占い

はじめに，2人一組で簡単な自己紹介をする．次に，互いに，1～3の数字を思い浮かべる．進行者の「せーのー」のかけ声の後，握手をし「思い浮かべた回数だけ」握り合う．2人の相性が良いと，同じ回数で止まるので達成感を味わうことができる．その後，ペアを変えて5回程度実施する．

②拍手で集合

進行者が拍手をした数だけ集まるゲーム．集まる場合に，「一度，集まった人とは違う人と集まれ！」，「同性のみにならないように！」など，条件を加えると，たくさんの人と触れ合うことができる．

③言うこと○○,すること△△

10人前後のグループになり，手をつないで円状になる．進行者が「言うこと一緒，すること一緒」とのかけ声の後「前」というと，参加者も「前」と言いながらグループ全員で前に一歩ジャンプする．そして，後ろや右，左と続けて展開する．また「言うこと一緒，すること反対」「言うこと反対，すること一緒」や，「言うこと反対，すること反対」など，少し考えなければならない条件にすることもできる．

このようなゲームを，集団でのスポーツ活動を行う前に実施すると，その集団に対する「安心感」を醸成することができ，より結束力が高まる．

2）ニュースポーツ

ニュースポーツという言葉は，和製英語であり，1980年頃に使われ始め，日本にとっての「新しいスポーツ」である．ここでは，主なニュースポーツを紹介する．

①ティーボール

ティーボールは，バッティングティーで固定されたボールを打つという「ピッチャーのいないソフトボール」で，少人数でも大勢でも楽しめるボールゲームである．その時に集まった人数，年齢，グラウンド（体育館）の広さなどを考慮したルールのもとで，プレイすることができる．ボールも柔らかく弾力性のある素材でできているため，グローブを使用しなくても実施可能で，屋内でも実施できる．

〈三角ベースでティーボール〉

場所が狭い場合や，人数が少ない場合は，ファースト，セカンド，ホームだけの3箇所にベースを設置して行うことができる．内野に2人，外野に1人の3対3でも小さな範囲で楽しむことができる．

〈ホームラン競争〉

このゲームはバッターボックスに近い位置から距離範囲（例：10mは1点，20mは3点，40m以上は5点など）を決め，遠くに打てば打つほど高い点数を獲得できるゲーム．守備側の選手に捕球された地点の点数が，攻撃側の獲得点数となる．守備側は，それぞれの距離範囲に入り，そこに飛んできたボールをキャッチする．守備側は，できるだけ前の範囲で捕球し，点数を取らせないようにする．

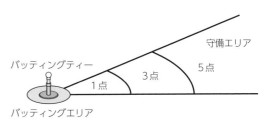

②キンボール

1チーム4名で、3チームを作り、ボールのヒット（打ち上げ）や追いかけ（キャッチ）をチーム間で繰り返し、失敗（落下）すると他のチームに得点が与えられるゲームである。各チームのメンバーは全員チームカラーを示すゼッケン（3色準備する）を着用する。直径122cm、重さ1kgの軽くて大きなボールは、滞空時間があり、ヒットの方法によっては、ドライブやカーブなどの技を使うことができる。

まずは3人でボールを支え「オムニキン」の全員のかけ声後に、他のチームのゼッケンカラーをコールし、プレイヤーの1人がボールをヒットする。コールされたカラーのチームは、ボールが地面に着地する前にキャッチしなければミスとなり、他の2チームに得点が入る。キャッチできれば続けて「オムニキンピンク！」などとコールを繰り返し、ミスや反則があるまで続ける。

③フライングディスク

遊び道具として人気のあるフライングディスクは広く一般化している。

フライングディスクを正しく投げるためには「手首を上手く使い、回転を生み出すこと」と、「地面と平行にディスクを回転させ浮力を保持すること」がポイントとなる。フライングディスクは、球状のボール以上に「風の影響を受けやすい」特性があり、このことを考慮した投動作が重要となる。そして、キャッチは「両手で挟むように」が基本であり、投げることと同様に受ける練習も必要となる。

〈ドッヂビーでドッヂボール〉

柔らかいウレタン素材で作られた「ドッヂビーディスク」を使用し、2チームに分かれてドッヂボールの要領で行う。ドッヂビーは、身体に当たっても痛くないため、室内でも安全に実施することができる。

〈ディスクゴルフ〉

フライングディスクを使用して、定められた回数で、バスケット・ターゲット（ゴルフでいう、カップ）に投げ入れるといった、ゴルフに似ているスポーツである。公園や広場、起伏のある場所などで行うことが多く、障害物や風の影響を考えながら、より少ない回数でまわるとよい。

〈アルティメット〉

フライングディスクを用いるニュースポーツの中でも競技性が高く、人気のある種目である。アルティメットとは「究極（Ultimate）」という意味であり、身体接触もあり、走る、投げる、跳ぶといったアメリカンフットボールや、バスケットボールに近い身体能力が必要となるスポーツである。

直径27cm、重さ175gのディスクを使用し、1チーム7人で行う。ディスクを投げてパスを回し、相手のインターセプトや、味方のキャッチミスによってパスが成立しないと、相手側の攻撃となる。100m×37mの長方形のコートで争われ、コートの両端から18m以内のエンドゾーンでディスクをキャッチすれば得点となる。

10 ─ アクアエクササイズ

第1章 からだを動かそう

アクアエクササイズで,からだとこころの健康づくり!

　水中で行われる運動(アクアエクササイズ)は,低重力で身体をコントロールするため,関節への負担が小さく,安全かつ簡易的に行える教育的効果の高い運動である.人類は,太古から河川,湖,池,海で泳ぐ風習があり,海に囲まれた島国では,生活の一部として水中で身体をコントロールするための泳力を身につけてきた.近年,水中での運動は熱中症の可能性も低く,猛暑でも安全に行える運動として実施されている.

　水泳を学習する目的は,自己保全能力を身につけること,そして生涯スポーツとして水中運動の効果を実感し,水泳の必要性を理解することである.

1●水の特性

　アクアエクササイズは,陸上の運動にはない水の感覚と,以下の水の特性を利用して行われる.

1)浮力

　水中では,陸上よりも非常に大きな浮力を受ける.そして,真水よりも海水の密度が大きく,一般的に海水の方が浮きやすい.浮力は流体密度が関係しており,浮力が重力を上回る場合を余剰浮力という.

2)抵抗

　水中では,陸上の約800倍もの抵抗が生じ,水を押しのけた力の反作用で進むことができる.また,抵抗による負荷が筋肉に刺激を与える.抵抗には,人体の形状によって受ける「形状抵抗」と,泳ぐ時に働く「圧力抵抗」「造波抵抗」「摩擦抵抗」があり,抵抗の大きさは速度の2乗に比例する.

3)水圧

　水中では,気圧の変化によって,深く潜るほど水圧による作用が起こり,圧迫感を感じて耳が痛くなることがある.水圧は,物体に対して方向に関係なく垂直に作用し,この水圧によって,呼吸筋の強化,姿勢の矯正,血流の促進などの効果が期待できる.

4)水温

　一般的な温水プールの水温は,体温よりも低めの約30℃前後に設定されている.水は空気よりも熱の伝導率が高く,水温が低い時は体温が奪われやすい.水温と体温が同じくらいの温度だと,副交感神経の活動が優位になり,心拍数,血圧,呼吸,酸素消費量などへの影響が小さく,リラクセーション効果が得られる.

2●アクアエクササイズ

1)水中ウォーキング&水中ジョギング

　①大股で歩行,②もも上げ,③ウエストひねりなど,いろんな歩行を組み合わせて行う.

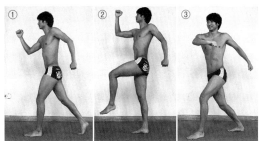

2)水中ストレッチング

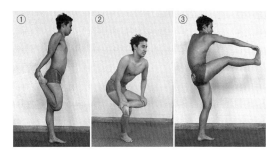

①太ももの前面を伸ばす，②片方の足を反対側の膝の上にのせる，③つま先をもって，前方に伸ばすなど，陸上では難しいポーズも浮力が手伝って，楽にストレッチができる．

3）水中ダンベルを用いたエクササイズ

水中ダンベルはスポンジ製のため，軽量であるが，水の抵抗と浮力があり，水中では十分な負荷になる．

4）水中ヌードル棒を用いたエクササイズ

体重を預けて，いろんな姿勢で浮きながら，手足を動かすことで，バランスをとるための体幹の筋肉などを鍛えることができる．

5）水中エアロビクス（アクアビクス）

水の抵抗・浮力などによって，少しの運動でもエネルギー消費が大きい．ジャンプや，スクワットなども陸上に比べて腰，膝にかかる負担は少なくなるため，リハビリテーションとしても有効である．

3 ● アクア・レクリエーション

水泳は，レジャースポーツとしての普及と発展も著しく，近年では，海岸や海洋で実施されるスポーツが多様化している．

1）水球

水球は，泳ぎながらボールを運んだり，ジャンピングシュートをしたりと激しく，水中の格闘技と呼ばれている．プールの水深が確保できる場合には，手はスカーリング，足は巻き足といった技術を用い，常に立ち泳ぎを続けなければならないため，活動量も非常に豊富なスポーツである．

2）水中バレーボール

水面に専用のバレーネットを浮かべて行う．陸上ではできない，ダイビングレシーブなどもできる．また，風船などを使っても十分に楽しむことができる．

3）水中バスケットボール

水面に専用のバスケットゴールを浮かべて行う．ゆらゆら動くゴールにシュートするのはなかなか難しい．

4）スノーケリング

専用のマスク，スノーケル，フィンを使用し，水面または比較的浅い水中に浮かびながら，長時間の遊泳を可能にするものである．水面に顔を浸けたまま呼吸ができるため，水泳の息継ぎなど不要であり，体力の消費が少なくて済む．

4●着衣泳（着衣水泳）

我が国は，四方が海に囲まれており，海に接する機会が多いが，海や河川での活動は常に危険が伴うため，十分な対応策と対処法を知る必要がある．しかし，ほとんどの人が，海や川に落水した時の対処法を知らず，危険にさらされてしまうことがある．幼児・児童の水難事故（6～9月）は，交通事故を上回るといわれ，その数も減少する傾向はない．

着衣泳（着衣水泳）は，不意に海や川に落ちた時，自らの安全を確保し，救助が来るまで水中で浮き続けるための自己保全を目的とした対処法である．

1）着衣泳の指導計画

自然環境でレジャースポーツを楽しむため，着衣泳指導で注意すべき点は以下の通りである．
①落水したらどういう状態になるのか．
②落水した時は，どの泳法でどう泳げばいいのか．
③泳ぎ（浮き）ながら，助けを求められるのか．
④着衣や靴の種類が，泳力にどう影響するのか．
⑤着衣泳では，どのくらいの距離を泳げるか．
⑥着衣泳では，どのくらいの時間泳げるか．
⑦水中での着衣の脱着は可能か．
⑧身近な浮力体（浮き具）をどう利用するか．
⑨水温の低い時に注意すべきこと．

2）着衣泳をやってみよう

実際に水難事故にあった場合を想定して，衣服を着たままの状態で落水する．

人間の骨格上，うつ伏せの姿勢で身体を反るよりも，仰向けの方が自然体でリラックスできる．

3）着衣を着たまま泳いでみよう

着衣を着たまま，様々な泳ぎ方を試してみる．泳ぐ場合には，水面上にはなるべく身体を出さない泳ぎを心がける．

衣服を着て泳ぐ場合，水面上でリカバリーするクロールよりも，常に身体が水中にある平泳ぎ（バタ足）の方が，濡れた衣服の重みを感じることなく体力の消耗も軽減される．また，靴を履いたまま泳ぐと，足首の可動域が制限されて泳ぎにくい．

4）様々な浮き方を試してみよう

大の字でリラックスして仰向けに「背浮き」の状態になる．背浮きがうまくできない場合は，身の回りにある浮力体（ペットボトルやビニール袋など）に捕まって「ラッコ浮き」を試してみる．そして，手を少し広げながら「蝶々浮き」も試してみ

る.

浮身の状態で,リラックスして呼吸器官(口と鼻)を水面に確保し,呼吸のリズムを一定に保てれば,背浮きはすぐに体得できる.

5) 衣服や靴を浮力体に利用しよう

着ている服(シャツなど)に空気を入れて,浮力体にすることも可能である.実際に身につけている全てのものが,それ自体に浮力がある.

落水した時の季節や環境に応じて,どこまでの衣服を浮力体として用いるか状況判断してみよう.

6) 落水した時にやってはいけないこと

落水した場合,自分の置かれている状況を冷静に把握し,特に以下のことに気をつけて「助けてもらえるまでの時間をどのように乗り切るか?」を考えなければならない.

① 服や靴を脱いで泳いではいけない

水中で衣服を着ていると,衣服が身体にまとわりついて動きにくい.そこで動きやすいように衣服を脱ぎ,つい自力で岸まで泳ごうとしてしまう.水は空気よりも熱の伝導率が極めて高く,衣服を脱ぐと急激に体温が奪われるため,特に水温が低い場合,救助が来る前に体力を奪われてしまう可能性が高い.また,水中で他の浮遊物に接触し,外部から損傷を受ける可能性もある.さらに,海中には危険生物が生息している場合もあり,肌を露出してしまうと不意に危険生物などに襲われる可能性も高い.したがって,救助が来るまでの時間,浮遊し続けるためには,いかなる場合でも衣服は脱がない.

② 自力で岸まで泳いではいけない

泳力や泳技術に自信のある人ほど,岸に向かって自力で泳ごうとする.しかし,泳ぎが得意な人ほど運動量が多く,速く泳ごうとするほど,全身の疲労を高めてしまう.また海や川では,予想以上に流れが速かったり,波が高かったりするため,想像以上に水の抵抗を受け,自分が思うように泳ぐことができず,体力を奪われて恐怖感に襲われてしまう可能性が高い.したがって,自然に逆らわず,なるべく体力を消耗しないよう心がけ,救助が来るまで浮遊して待つことが望ましい.

③ 大声を出して助けを呼ばない

落水した場合,近くの岸に向かって大声を出したり,手を振ったりすれば「誰かが気づいて助けてくれる」と考えるかもしれない.しかし,声を出すと肺の空気がなくなり,手をあげると濡れて重くなった衣服の重力を受け,体はより沈みやすくなってバランスを崩してしまう.また,水中にいる時の距離感(視界)は,陸上にいる時の距離感(視界)とまったく異なる.さらに,水中で浮遊している状態では,思っている以上に声が出せず,声が通りにくい環境では,陸上にいる人にはなかなか気付いてもらえず,かえって体力だけを消耗してしまう可能性がある.

---

column

■身近なものが浮具になる!

近年,水難事故が急増しています.これは,海水浴のシーズンである夏に限ったことではありません.魚釣りや,川辺のバーベキューなど,年間を通して野外レジャーなどを楽しんでいる場合に起こることがあります.そんなところに,きちんとした救助用具(浮き輪など)が必ずしも準備されているとは限りません.

そこで,身近なものが浮具になることを覚えておくと良いでしょう.例えば,空のペットボトル,ビニール製の袋(レジ袋やごみ袋など穴が空いていないもの)など.ペットボトルは,蓋がなくても,逆さまにして使用することができます.また,クーラーボックスや,プラスチック製の空ポリタンクなどもでも代用できます.

皆さんも,自分の身の回りに,浮具になるものを探してみましょう.

11 — ケガの応急処置

第1章 からだを動かそう

いざという時のために，知っておきたい応急処置！

1 ● ケガの応急処置

スポーツを楽しむ上で大なり小なりケガをしてしまうことはよくある．このケガには，外傷と障害があり，外傷とは「1つの大きな外力がある部分に加わって発生するケガ」のことであり，例えば，骨折，脱臼，捻挫，打撲，挫創，擦過傷といったものがこれにあたる．

これに対して障害とは「小さな外力（minor trauma）が繰り返しある部位に加わることによって発生するケガ」のことであり，例えば，野球肘，テニス肘，ジャンパー膝，水泳肩，シンスプリント（脛骨疲労性骨膜炎）など多数みられる．さらに疲労骨折もまたスポーツ障害の1つと考えられる．

外傷時の応急処置について解説していくにあたり，ケガをした時，一般的に行うべき応急処置の基本であるRICE療法について解説する．

〈RICE療法とは〉

応急処置の基本はRICE療法である．**R**esting（安静），**I**cing（冷却），**C**ompression（圧迫），**E**levation（挙上）の頭文字をとったものである．

安静とはケガした部分を動かさないで静かに保つことであり，患部を固定すること．

冷却とはアイシングを行うこと．アイシングは図1のように，ビニール袋に氷を入れ，ビニール袋内の空気を抜き，端を結んで，そのまま直接患部にあて固定する．アイシングの時間は約20分間を厳守することが大切である．直接のアイシングが終わったら，タオル等で氷を包んで患部に当て1時間毎に15分間外すことを繰り返す．急性期（48〜72時間）の間は冷やすことが原則である．

圧迫とは厚い繃帯（バンデージ）などで患部を圧迫することであるが，締める力加減が難しいので慣れていない人は締めすぎないように注意が必要である．

挙上とは，患部をできる限り心臓より高い位置に保持することである．つまり上肢だったら三角巾で，下肢ならできる限り椅子の上に足を上げておくことが効果的である．これらは全て腫脹（腫れること）を極力最小限に留めるための処置である．

2 ● 外傷の応急処置

1）擦過傷，挫創，裂創など皮膚に損傷を受けた時の応急処置

擦過傷は，転倒して膝や肘をグラウンドで打ったり擦ったりしてできる傷である．俗にいう膝を擦りむいた状態がこれにあたる．応急処置として最も重要なことは，傷に入っているゴミや砂粒などを完全に除去する必要がある．そうしないと傷に細菌が入り感染を起こしてしまう．

処置としては，図2のようにきれいな流水，即ち水道水で傷をきれいに洗い流すことが重要である．また少し出血したり，強い痛みを伴うが，歯ブラシ様の物で傷の中にあるごみなどの異物を十分に擦り

図1 アイシングパックの作り方

図2 流水で傷を洗い流す

洗い流すことが重要である．その後，清潔なガーゼをあて，医療機関で適切な感染予防の処置を行うことで早期に傷が治る．

次に，何か鈍的な物がぶつかって発生する裂創や挫創（最も多くみられるのが頭と頭があたった場合や，相手の膝や肘が頭や顔にあたった場合）は傷を縫合する必要がある．応急処置は，まず傷を水道水でよく洗ってから，清潔なガーゼやタオルで圧迫しながら医療機関を受診し傷の縫合を受けるようにする．出血は圧迫していればほとんどの場合，数秒から数分で止血できる．挫傷（たんこぶの様な状態）は打撲によって発症する．応急処置はアイシングである．数日で治癒することが多い．

2) 骨折の疑いがある場合の応急処置

骨折の種類には，一般的な骨折である斜骨折，骨折部がバラバラになったものを粉砕骨折，疲労骨折でみられる横骨折がある．また，骨折した部分の骨が皮膚を突き破った場合を複雑骨折という．複雑骨折は非常に予後が悪いため早急に医療機関を受診する必要がある．応急処置は，アイシングとともに骨折部分をある程度整復し固定することである．骨折した部分の骨はかなり鋭利な状態になっていることが多いので無茶な整復操作は，皮膚を破って人為的に複雑骨折にしてしまう危険がある．このため整復はゆっくり，優しく，少し牽引（引っ張ること）した状態で固定する．固定材料としては，木の枝やスキー場ではストックを使用して両側にあて挟み込むように固定する．どうしても固定材料がない時には，新聞紙を水に十分浸け，よく絞ってから患部の半分くらいを覆うようにしておくと，乾燥したらかなり固い固定材料になり得る．そしてできる限り早く医療機関に搬送し処置を行う必要がある．

3) 脱臼を発症した場合の応急処置

脱臼とは関節に外力が加わり，関節が非生理的な方向に逸脱した場合のことである．このため大なり小なり骨折を伴うことが多い．脱臼で最も多いのは手指の関節で，スポーツの場面では，ボールが指先に当たったり，転倒して手をついたりして発生することがほとんどである．応急処置としては，脱臼した場合はできるだけ早く整復する必要があり，その時に大切なことは，脱臼した部位の変形した状態をよく観察し記憶しておくことである．その変形状態を，医療機関を受診した際に伝える必要がある．整復は簡単で，長軸方向に牽引すれば（引っ張ること）すぐに整復できる．ただし一気に引っ張るのではなく，引っ張る力を徐々に強めていくことが重要である．整復後はアイシングを行い，その後は脱臼した指と隣の指を一緒にテープで固定し（バディーテーピング法），医療機関を受診し専門的な診断を受ける必要がある．

四肢の大関節の中では，肩関節脱臼が最も頻度が高いケガである．肩関節が脱臼すると腕は動かせなくなり，痛みのために多量の冷や汗や顔面が蒼白になることがある（プレショック状態）．応急処置としては，できる限り早く整復することである．しか

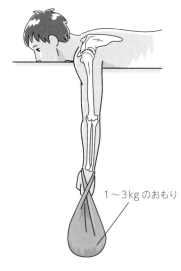

図3 肩関節脱臼時の整復方法

しながら乱暴な整復操作を行うことは危険である．肩関節の脱臼は比較的容易に整復できる．最も安全な整復方法は図3のように台の上にうつ伏せに寝かせ脱臼した方の腕を台から垂らし，そして手関節に1～3kg程度の重りをぶら下げ，そのまましばらく放置していると自然に整復されることが多い．その後は肩関節にアイシングを行い，三角巾で腕を吊って専門の医療機関を受診することが必要である．きちんとした治療を行わないと脱臼が癖になってしまう危険がある（反復性脱臼）．特に初回脱臼時の年齢が若い人ほど繰り返し脱臼し，ひどい場合には寝返りをしただけで脱臼するような危険性が高くなる．

4）捻挫を発症した場合の応急処置

関節の正常可動域以上の力が関節に加わることにより，靱帯が伸ばされたものを捻挫という．最も多いのが足関節捻挫で，次に一般的につき指といわれる，手指の関節の捻挫である．足関節捻挫は人の足の上に乗ったり，ボールの上に乗ったなどの状態で発症し，ほとんどが足関節の内がえし損傷である．これによって足関節の外くるぶし周囲に痛みと腫れが出現し，歩行も困難になる．応急処置は，すぐにアイシングを行うことが第一であり，次に圧迫や患肢挙上を行いつつ免荷（体重を足にかけないこと）で医療機関を受診することが必要である．これは，まれに骨折を伴っている場合があるので自己判断，自己診断で，ただの捻挫だと決めつけないことが大切である．また予防のためには日頃から足関節周囲の筋群を強化しておく必要がある（図4）．

よく突き指をしたら「引っ張れ」という間違った処置をしているのをみかけるが，引っ張ると症状を悪化させる危険があるため引っ張るべきではない．応急処置はアイシングとバディーテーピング（図5）を行い，専門医療機関を受診することが大切である．

5）肉離れ，筋挫傷の応急処置

肉離れは，筋肉線維の一部が，あるいは筋肉間の結合組織が断裂したもので，筋挫傷は筋肉に強い外力が加わり，筋肉の一部あるいは全部が断裂したものである．肉離れは大腿の後面が好発部位で次がふくらはぎで，比較的浅層の筋群に発生する．それに対して筋挫傷は大腿の前面が好発部位で，比較的深

タオルギャザー訓練（足底筋強化）

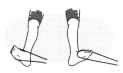
足関節外反訓練（腓骨筋強化）

踵上げ訓練（腓腹筋強化）

図4　足関節捻挫予防トレーニング

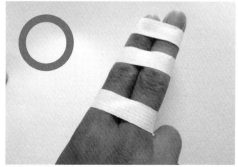
指の曲げ伸ばしができるようにするため，指の関節にはテープをかけないようにする．予防にも使用できる．
図5　突き指をした時の処置

層の筋群で発生する．応急処置は，アイシングをただちに施行し（図6），その後包帯等で圧迫すると痛みを和らげる効果がある．痛みがなければ歩行は可能だが，痛みがあるようなら免荷で医療機関を受診する必要がある．痛みがあるのに無理して運動を行ったり，無理なストレッチを行うと，まれに損傷した筋肉にカルシウムが沈着して筋肉が骨化してしまう骨化性筋炎（化骨性筋炎）を発症してしまう危険があるので注意を要する（図7）．

3●障害の応急処置

障害は，特に思い当たるような原因がないのに痛みが出現するケガであり，この原因を究明するにはスポーツ種目の特性や個人の特性や癖など，さらに靴や走路等の環境など多岐にわたる要因を考えなければならない．スポーツ障害の全てを解説する余裕はないため，スポーツ障害の原因を突き止めるためのヒントを述べるに留める．

スポーツ障害の発生する部位は，身体の材質が変わる部分に発生することが多い．すなわち筋肉から腱に移行する部分，腱が骨に付着する部分などである．例としてはテニス肘，野球肘，オスグット病，ジャンパー膝などである．また，障害は筋肉の強さや硬さも関与している．これらのことから，スポーツ障害を予防あるいは治療のためにはストレッチが最も重要かつ有効な方法である．

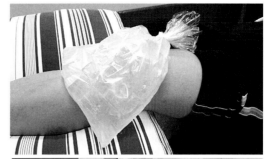
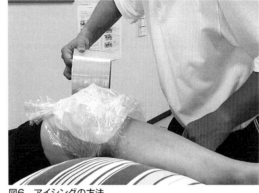

図6　アイシングの方法

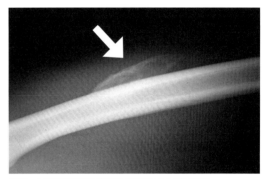

図7　大腿部に生じた化骨性筋炎のレントゲン写真

column

■応急処置のそれホント？

◇コールドスプレーはアイシングなのか？

コールドスプレーはアイシングではありません．アイシング代わりに行うと凍傷を起こしますのでコールドスプレーは使用しないでください．

◇アイシングの氷はどんなものが適切か？

冷蔵庫にある氷か，コンビニ等にあるロック氷が適当です．ただし，氷が手にくっつく場合は冷え過ぎであるため，一度容器に移して数分経過してから使ってください．保冷材は密着し過ぎるのと冷えすぎる難点があり，できるなら使用しない方が無難です．

◇皮膚に傷を負った場合には消毒する必要があるのか？

基本的には傷の中の異物さえ完全に除去できれば必要ありませんが，痛みを伴うためになかなか完全には除去できないので，オキシフルやイソジン外用薬といった消毒薬を使用しても構いません．しかし傷を早くかつきれいに治そうと思えば医療機関を受診してください．また出血があると傷にタバコの葉やヨモギをつぶして貼り付けるといった民間療法を聞くことがありますが，決して傷に異物を入れるようなことはしないでください．

12 — 救命処置（心肺蘇生）

いざという時のために，知っておきたい緊急時の対応！

1 ● 救急蘇生法

我が国では食生活の欧米化や車社会の普及などの影響により，疾病構造が急激に変化してきた．特に心臓突然死の増加は社会問題となっている．救命処置が必要となる状況というものは，予期せぬ時と場所で突発的に生じることも多く，誰もが動転してしまい適切な対処ができないことが多い．実際に人生で初めてそのような状況に置かれる人がほとんどであるが，その時に何をしたら良いのかということを知識として整理しておくことが大事になる．現実，心肺停止になった人を救うには，救急車が到着するまでの間に，そばに居合わせた人が速やかに心肺蘇生などの救急処置を行う必要がある．

2 ● 一次救命処置（BLS; Basic Life Support）

心臓が止まってしまうような重大な事故は，いつ・どこで・何が原因で起こるかわからない．心臓と呼吸が止まってから時間の経過とともに救命の可能性は急激に低下するが，救急隊を待つ間に居合わせた人が心肺蘇生などを行うと救命の可能性が2倍程度に保たれることがわかっている．我が国では，119番通報があってから救急車が現場に駆けつけるまでに平均8～9分かかるといわれており，心停止から1分毎に，救命率は7～10％低下することが報告されている．通常，心臓が停止すると6～10秒以内に意識が消失し倒れ，5分以上の血流停止でも脳は回復困難な状況に陥る．そのため，救急隊を待つだけで「何もしない」という行為は最悪の結果となることが容易に想像できる．心肺停止の人を見れば，1秒でも早い心肺蘇生（CPR; Cardiopulmonary resuscitation）の開始と5分以内の自動体外式除細動器（AED）による除細動の実施が望まれる．つまり，事故や病気などで心肺停止に陥った人を助けるためには，そばに居合わせた人が積極的に心肺蘇生を行うことが重要となる．

3 ● 心肺蘇生（CPR）の手順（図1）

1）反応の確認

倒れている人を発見したら，まず周囲の状況をよく観察し安全を確認する．安全が確保されたら，肩を優しく叩きながら大声で呼びかける．目を開けたり，応答をしたり，嫌がるなどの目的のある仕草があれば反応があると考える．反応はないが普段通りの呼吸がある場合には傷病者の呼吸状態

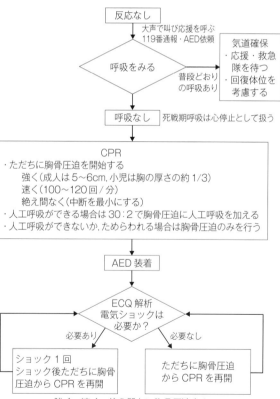

図1　心肺蘇生の手順（成人）

図2　回復体位

を注意深く観察しながら，できれば気道確保するか，横向きにした姿勢（回復体位，図2）にして救急隊の到着を待つ．

2）大声で叫び応援を呼ぶ

反応がなければ周囲に向かって「誰か来て下さい！」などと大声で叫んで応援を要請する．

3）119番通報とAEDの手配

応援要請で助けに来た人がいれば，その人に119番通報をお願いし，またAEDの手配を依頼し（複数人いれば別々の人にそれぞれを依頼），自らは胸骨圧迫を開始する．誰も助けに来なければ，心肺蘇生を開始する前に，必ず自らが119番通報を行いAED設置場所がわかっていれば取りに行く．

4）呼吸の有無

心臓が停止するとやがて約10秒で呼吸も停止する．したがって，呼吸停止≒心停止と判断して胸骨圧迫を開始する．呼吸の観察は，胸と腹部の動きを側面から6～10秒で観察し（胸や腹部に手を置いて挙上を確認しても良い），呼吸をしていないと判断したら，心停止と考え直ちに胸骨圧迫を開始する．

5）胸骨圧迫

呼吸の観察で普段通りの呼吸がないと判断した場合は，間髪入れずに胸骨圧迫を開始する．胸骨圧迫の部位は胸骨の下半分の部位であり，目安としては胸の真ん中（左右の真ん中でかつ上下の真ん中）になる．この部分に一方の手のひらの基部を置き，その上にもう一方の手の指を重ねて置く，両肘を真っ直ぐ伸ばし，肩は圧迫する場所の真上になるような姿勢にする（図3）．圧迫の程度は胸が5～6cm沈

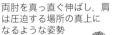

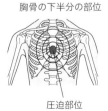

図3　胸骨圧迫

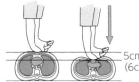

図4　胸骨圧迫法

み込むような強さで1分間に100～120回の速さで，「強く」「速く」絶え間なくしっかりと繰り返し圧迫する（図4）．

6）人工呼吸

現在では人工呼吸は成人の場合には必須ではない．人工呼吸に習熟していない場合や口対口の直接接触がためらわれる場合，あるいは感染防御具がない場合などでは，人工呼吸を省略して胸骨圧迫のみを継続する．

①気道確保

仰向けに寝かせ顔を横から見る位置に座り，片手で額を押さえながら，もう一方の手の指先を顎の先端にあてて持ち上げると，顔がのけぞるような姿勢になり（頭部後屈），顎先がもち上がる（顎先挙上）．この姿勢でのどの奥を広げ，空気を通りやすくする．

②人工呼吸

頭部後屈，顎先挙上の姿勢で気道確保したまま，救助者の口を大きく開き疾病者の口を覆って密着させ，胸が上がるのが軽く見える程度の量を約1秒間かけて吹き込む．

4●自動体外式除細動器（AED）使用の手順

AEDは心臓突然死の救命率向上のために誰もが簡単に操作でき，早期の心臓除細動を可能にした装置である．電源を入れ，疾病者に電極を貼れば自動的に心電図波形を解析し，除細動の必要性を判断した後に電気ショックボタンを押すことを含めてCPRの手順を全て音声で指示をしてくれる．AEDの使用に講習の受講等は義務付けされておらず，誰でも使用することは可能である．いつ・どこで使用するような状況になるかもしれないため，その時に備えて一度はAED講習を受講することを勧めている．

c o l u m n

■全ての学生が楽しめる生涯スポーツ演習を！

1. 安心してください！ 福岡大学には『保健コース』があります.

福岡大学では，必修履修科目「生涯スポーツ演習」として，年間約4,000名の履修者が受講しています．その中でも，通学は可能であるが，疾患・障がいのために通常の授業内容には参加が困難な学生もいます．そのような学生を対象に，ここ福岡大学では，1973（昭和48）年度から「保健コース」が開設されており，生涯スポーツの観点から授業が進められてきました．「保健コース」は内科的，外科的疾患，そして心身の両側面において通常のスポーツ活動が制限されている学生に対して特設されているコースです．日常の中での健康認識と健全な生活習慣の形成のために，必要不可欠な運動の方法と技能の獲得をめざし，「自己理解」を深めることを目的としています．ここでの「自己理解」とは，様々な運動（ニュースポーツ・レクリエーションなど）を体験しながら，自分に必要な運動，自分に合った運動の方法・種目や運動強度を探索することをめざしています．また，専門の立場から，健康・運動についての知識を日常生活で実施・活用ができるような授業内容が準備されています．また，3名の担当者が学生を支援し，安全に配慮しながら授業を進めています．さらに，健康管理センターやヒューマンディベロップメントセンターとの連携のもと，緊急事態にも対応できるようにしています．

2. 学部，学科を超えた仲間ができます

主な授業内容については，個別運動種目から学生の状態に合わせ対人運動種目へ移行するなど，個別の状況を見ながら進めています．履修学生のその日の体調を考慮し，学生同士のペア・グループ編成，天候，実施場所，更衣室等については，特に配慮しています．取り組みが困難な種目については使用する用具の工夫を行い，個々人が「楽しむこと」をねらいとして実施しています．

保健コースについての相談は，学生課をはじめとして，スポーツ科学部助手室，健康管理センター，ヒューマンディベロップメントセンターにて常時受け付けています．大学での体育教育に不安を抱える学生や保護者の方もいらっしゃいますが，学生課や健康管理センターを窓口に，入学前の相談も受け付けています．

より良い大学生活を送るために，多角的な手法で教育支援を実施しています．また，学部，学科を超えて，仲間ができる利点もあり，それぞれが抱えた疾患や障がい，傷害を理解しあえるクラスです．

[第1章　引用参考文献]

■1-1
- 道下竜馬，森下和浩，檜垣靖樹「2011年度福岡大学初年次学生の体力水準」『福岡大学スポーツ科学研究44（2）』，pp. 77-89，2014年
- 森下和浩，道下竜馬，檜垣靖樹「2012年度福岡大学初年次学生の体力水準」『福岡大学スポーツ科学研究45（2）』，pp. 59-71，2015年

■1-2
- 金原勇『陸上競技のコーチング』大修館書店，1976年
- Pate, R. R. and Blair, S. N. "Physical fitness programming for health promotion at the worksite." Prevention Medicine, 12, pp. 632-643, 1983

■1-4
- 青柳領『テスト理論と体力測定』櫂歌書房，2005年
- 松浦義行『体力の発達』朝倉書店，1982年

■1-5
- 進藤宗洋，田中宏暁，志波和美他6名「トレッドミル走行中の心拍数による最大酸素摂取量推定法の基礎的研究」『福岡大学体育学研究10（2）』，pp. 201-211，1980年

■1-7
- 日本トレーニング指導者協会編著『トレーニング指導者テキスト実践編 改訂版』大修館書店，2014年
- 有賀誠『基礎から学ぶ！筋力トレーニング』ベースボール・マガジン社，2008年
- 鈴木正之『スポーツ筋力トレーニングの実際』ぎょうせい，1992年
- NSCAジャパン編『ストレングス＆コンディショニング Ⅰ【理論編】』大修館書店，2003年

■1-8
- 北嶋康雄，佐々木唯香，田中宏暁「スロージョギングの有効性に関する研究」『ランニング学研究25』，pp. 19-27，2014年

第2章

スポーツを
やってみよう

第2章 スポーツをやってみよう

1 ― 器械運動

1 ● 器械運動の歴史

　1811年，ドイツ体操の父と呼ばれているヤーン（Jahn, F. L.）がたくましい青少年を育成するための目的としてベルリン郊外のハーゼンハイデに体操場を開設した．そこでは，現在の器械運動の原型（Turnen）となる木・棒・あん馬・平行棒などが設置され，各々が練習に励んでいた．日本には1871年（明治4）年，近衛鎮台兵の訓練のために設置されたのが始まりといわれており，1889（明治22）年には兵式体操が学校体育の中に採用，大正時代になってマット運動，とび箱が学校体育の中で行われるようになった．このように1945（昭和20）年までは軍事訓練，兵式体操としての身体づくりを目的に行っていた器械運動であるが，その後，1955年（昭和30年）代に入り，運動の巧みさを競うスポーツとして捉えていくようになり，学習指導要領上，「巧技」という授業名称から「器械運動」と改められ今日に至っている．

2 ● 器械運動の特性

　器械運動は，マット，とび箱，鉄棒，平均台の4種目を利用して行う個人的な運動で，それぞれの器械種目特有の技を習得したり，組み合わせたりして，各人の能力に応じた運動課題を達成して楽しむスポーツである．また，そこで目標となる技は，回転，跳躍，支持，懸垂，バランスなど，動きが非日常的であることから，身体支配能力（動ける身体）の獲得，自己観察能力を育てるためにも大いに役立つ運動種目である．

3 ● マット運動

〈技の体系〉（図1）

1）回転系

　回転系は接転技群，翻転技群，宙返り技群の3つに大別される．接転技群はマットに背中を接触させて回転する運動．基本技術には，スムーズに回転す

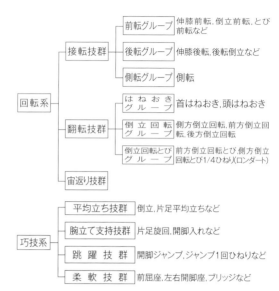

図1　マット運動の技の体系

る順次接触技術と回転力を生み出す回転加速技術が求められる．翻転技群は手と足を床について回転する運動．伸身姿勢が特徴で，回転経過の中に体の曲げ伸ばしの動作が見られる．その中のはねおきグループは頭・首を補助的に床に着ける．倒立回転グループは，手と足のみを使って回転する．一方，倒立回転とびグループは手と足のみを使って回転するが，主要局面において空中局面を示す．

2）巧技系

　巧技系は1回転未満の運動で構成され，平均立ち技群，腕立て支持技群，跳躍技群，柔軟技群に分けられる．平均立ち技群は，倒立や片足平均立ちなど体の一部を支点としてバランスをとって安定して立つ運動．腕立て支持技群は脚前挙支持や水平支持のような静止支持技と片足旋回のような動的支持技がある．跳躍技群は常に頭が上のままでジャンプが行われる単純跳躍と1回転未満の回転を伴って行われる反転跳躍に大別される．柔軟技群は柔軟度を示す運動でありブリッジ（脊柱柔軟）や前後開脚座（股関節柔軟）などが中心となる．

3) マット運動の技及び練習方法
① 色々な倒立

手倒立　　頭倒立　　首倒立　　前腕倒立　　足叩き　　補助倒立

② 前転技

前転　　手の甲を着いた前転　　手を着かない前転　　2人組で行う前転

倒立前転　　脚の振り上げ練習　　前転へ持ち込む練習

③ 後転技

坂道で　　マットの間で　　伸膝後転

後転倒立　　斜め上方にけり上げる　　補助で行う

④倒立回転技

・側方倒立回転

側方倒立回転

補助で行う

脚の入れ替え

左右に体重移動をする練習

倒立〜1/4ひねり

・前方倒立回転とび

前方倒立回転とび（ハンドスプリング）

ホップ

首はねおき（ネックスプリング）

倒立とブリッジで腕ジャンプの練習

真っ直ぐ倒れる

お尻を着けない
足の裏から着地

倒立回転から長座

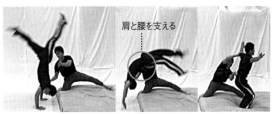
肩と腰を支える
補助で行う

踏切り板（段差）を利用して

4 ● 鉄棒

〈技の体系〉（図2）

1）支持回転系

支持回転系は，技の主要局面が手や足で体を支えて回転する特徴をもつ．支持姿勢は，腕で支持する場合を支持と呼び，鉄棒から腰が離れた姿勢を浮支持という．足かけの場合は脚のどの部分で支持するかによって，膝かけ，ももかけ，足裏支持になる．これら支持体勢から，体前面が先行する回転を前方回転，背面先行が後方回転になる．

2）懸垂振動系

懸垂振動系は，伸身体勢で振動する特徴をもつ．振動持ちかえは，前振りや後ろ振りで順手を逆手に，あるいは逆手を順手に持ちかえる運動である．振動ひねりは，前後の振動が切り返される局面で体をひねって振れ戻る運動である．

3）鉄棒の握り方

順手は両手の親指が内側に向く握り．逆手は両手の親指が外側に向く握り．片逆手は片方の手が順手で他方が逆手の握り．大逆手は逆手から手のひらを1回転，外転させた握り（図3）．

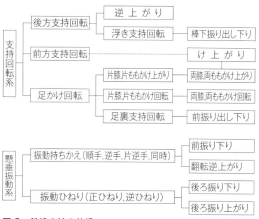

図2　鉄棒の技の体系

図3　鉄棒の握り方

5 ● とび箱

〈技の体系〉（図4）

1）支持跳躍

とび箱では，足で踏切って手を台上で支える「支持跳躍（手のジャンプ）」が特徴的で，段数の高さを競い合うのではなく「どんなとび方で」「どのようにとべたか」という課題を競い合う運動である．技の体系としては，「切り返し系」と「回転系」の2つの系統に分かれる．

2）切り返し（反転）系

「開脚とび」（図5）に代表されるとび方で，踏切りから着手までの前方左右軸回転から，着手後は後方左右軸回転へと切り返され着地に至る．

3）回転系

「前方倒立回転とび」（図6）に代表されるとび方で，踏切りから前方に左右軸回転をして着手し，そのまま回転方向を変えずに倒立回転を続け着地に至る．

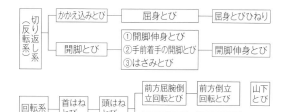

図4　とび箱の技の体系

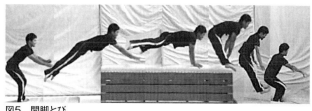

図5　開脚とび

図6　前方倒立回転とび

1｜器械運動——49

| 第2章 スポーツを やってみよう | **2─陸上競技:トラック** |

[陸上競技の歴史]

陸上競技では「走る」「跳ぶ」「投げる」といった能力を競い,「より速く,より高く,より遠く」という人間の可能性の限界に挑む.陸上競技は短距離競走やハードル競走などのトラック競技,跳躍競技と投てき競技があるフィールド競技,他にも道路競走(マラソンなど)や混成競技などに分けられる.それぞれの種目によってパフォーマンスを決定する体力要素や技能などが異なり,スピードやパワーだけでなく,洗練された動作,相手との駆け引き,記録への挑戦などの見どころがある.陸上競技の始まりは紀元前にギリシャで行われたオリンピア競技会(古代オリンピック)までさかのぼり,1896年にクーベルタン男爵の提唱で始まった近代オリンピックでは,第1回大会のアテネ大会から競技種目として行われている.日本は1912(明治45)年のストックホルム大会で初めてオリンピックの陸上競技に参加し,1928年のアムステルダム大会の男子三段跳で織田幹雄選手が日本選手初の金メダル,女子800mで人見絹枝選手が銀メダルを獲得した.それ以降,跳躍競技やマラソン,投てき競技,リレー競走などでメダルを獲得してきたが,現在でも多くの種目において日本初のファイナリストやメダリスト,大台記録の突破といった歴史的快挙が期待されている.

1●トラック種目の歴史

「走る」という運動を競うトラック種目の歴史は古く,紀元前776年の第1回古代オリンピックにおいて「スタディオン走」(192.27m)で競われたのが始まりである.やがて2倍の距離で競う「ディアウロス走」やいわゆる長距離種目として「ドリコス走」などが行われた.19世紀に入るとトラック競技の単位は「ヤード・マイル」で行われるのが主流となり,短距離走は100ヤード(約90m)で競われた.またこの時代に,牧草地を区切るために用いる柵を越えるレースが競技化され,現在のハードル走が生まれた.

近代オリンピックが行われるようになると,現在に近い形・種目となった.これまで日本人選手のメダル獲得種目としてはマラソンがあげられるが,近年は男子4×100mリレーにおいて,北京大会とリオ大会でメダルを獲得するなど,短距離種目も注目されている.

2●トラック種目の特性

トラック種目は決められた距離を走り切る時間を競う種目である.スピード系種目である短距離種目

(100m, 200m, 400m),持久系種目である中・長距離種目(800m, 1500m, 5000m, 10000mなど),走る能力だけでなく障害物を跳び越える巧緻性も求められるハードル種目(100mH, 110mH, 400mH, 3000m障害),そして団体種目としてリレー種目(4×100mリレー,4×400mリレー)に大別される.このように,各種目で走る距離が異なるため求められる体力要素も異なる.よって,運動中の各エネルギー供給機構によるエネルギー供給の比率も異なるため,各種目の技術的要素やエネルギー供給の特性と各自の課題とを照らし合わせてトレーニングを実施することが必要となる.また,トラック種目は他者とのレースになるため,能力の差だけでなく,レース展開によって結果が左右されることもある.さらに,風雨,気温,湿度,標高などの環境条件によって記録も大きく左右される.

3●トラック種目の楽しみ方
〈競技会の行い方〉

トラック種目は参加競技者数によってラウンド数(予選,準決勝),各ラウンドの組数,各ラウンドの通過者数が決められる.基本的には各組の決められ

た着順までの競技者と，上位記録から決められた人数の競技者が次のラウンドに進むことができる．短距離種目においては100分の1秒まで同タイムであった場合には1000分の1秒まで判定される．最終的に決勝での上位8位までが入賞となる．

4 ● トラック種目の基本技術

1) 短距離走

短距離走にはオリンピックの中でも花形種目の1つにあげられる100m，コーナー走の技術を要する200m，そしてスピード持久力やペース配分が鍵となる400mがある．それぞれ「スタートから加速していく局面」「最高速度に到達する局面」「スピードを維持する局面」「減速を抑えてゴールを目指す局面」の4つの局面から成り立っている．

〈技術ポイント〉

スタート：短距離では両手を地面につけた「クラウチングスタート」を用いる．3種類のパターンを基準に，スタートしやすい姿勢を探す（図1）．スタートから10～15m程度は前傾姿勢を保ち，徐々に上体を起こすようにする．現在のルール（国際陸上競技連盟）では，ピストルが鳴ってからの反応時間が0.1秒以内の場合にフライングと判定され，1回のフライングで失格となる．

[バンチスタート] 狭い足幅
ブロックを離れるまでの時間（反応時間）が短く，「用意（"set"）」の姿勢で腕にかかる負担が大きい．

[エロンゲーティッドスタート] 広めの足幅
反応時間は長いが，強い力でブロックをけることができる．腕への負担は小さく，バランスはとりやすい．

[ミディアムスタート] 最も一般的な方法
バンチとエロンゲーティッドの中間的なスタートで，最も一般的である．

図1　クラウチングスタートの3パターン

ピッチ型とストライド型：走るスピードは脚の回転数である「ピッチ（歩/秒）」と歩幅である「ストライド（m/歩）」を掛け合わせたものであり，相反する関係にある．つまり，自分に合った最適なピッチとストライドの組み合わせをみつけることが重要となり，目標とするストライドに合わせてマークを置いた練習（マーク走）を行うと効果的である．男子100mの世界記録（9秒58）を樹立したウサイン・ボルト選手はストライド型のスプリンターで，最大疾走速度時のストライドは2.75mであった．

シザース動作：地面を捉える瞬間の支持脚の動きと後方にある脚を前方に振り出す回復脚の動きのタイミングを合わせて挟み込む動作をシザース動作（図2）といい，速く走るために重要な技術である．シザース動作の利点として，支持脚で地面を押す力が大きくなる，回復脚の振り戻しが早くなる，などがある．支持脚の力は大きなストライド，回復脚の素早い振り戻しは高いピッチにつながり，走速度を高めることができる．

図2　シザース動作

2) 中・長距離走

800mはスタートから100mまでを決められた走路（セパレートレーン）を走ることになるが，それ以外の種目はスタート直後から規定されていない走路（オープンレーン）を走る．中距離走はコース取りの激しさから「走る格闘技」ともいわれ，レース中の順位の変動も多い．長距離走ではペース配分が鍵を握るため，レースでの駆け引きも多く，心理戦の要素も入ってくる．この種目は持久系体力の向上，効率の良いフォームの習得だけでなく，レースをプロデュースする能力も重要となる．

〈技術ポイント〉

スタート：短距離走とは違い「スタンディングスタート」を用いる（図3）．スタートの合図は「位置について（"on your marks"）」の後にピストルが鳴る．

フォーム：体の軸をやや前傾させて，腰の位置を高くして走るようにする．また，肩の力を抜いてリラックスして腕を振る．長距離走では，中距離走よりも

エネルギー消費を抑えるために腕や脚の動作をコンパクトにする.

3) ハードル走

ハードル走は走路に決められた間隔で置かれた10台のハードルを跳び越えながら走る種目である. 各種目のハードルの高さ, ハードルの間隔などは表1に示す通りである.

100mHや110mHは短距離種目で, インターバル（ハードル間の距離）も狭いため, 高い速度のまま一定の歩数でハードルを跳び続けるハードリング技術が求められる. 一方, 400mHではインターバルが長く, レース中のペース配分も異なるため, どちらの脚でもハードルを跳べる技術やコーナーでも上手くハードルを跳べる技術などが重要となる.

〈練習方法〉

・ハードルを使って柔軟体操を行う.
・ハードルに抜き脚を滑らせて, 抜き脚練習を行う.
・歩行ハードルでリード脚, 抜き脚, それぞれのフォームを練習する.
・踏み切り位置にマークを置いて, 遠くから踏み切る練習をする.
・「1歩ハードル」でハードルに慣れる.
・ハードルに恐怖心がある場合は, 低いハードルから始め, インターバルの距離を短くするなど段階を追って練習する. また, ハードルにタオルを巻くなど, 接触時に痛くならないようにするなどの工夫をすると恐怖心を持ちにくい.

4) リレー競走

個人種目がほとんどを占める陸上競技であるが,

図3　スタンディングスタート

図4　中・長距離走のフォーム

表1　各種目のハードルの高さと間隔

		距離	ハードルの高さ(cm)	スタートから第1ハードルまでの距離(m)	各ハードル間の距離(m)	最終ハードルからゴールまでの距離(m)
男		110mH	106.7	13.72	9.14	14.02
		400mH	91.4	45.00	35.00	40.00
女		100mH	83.8	13.00	8.50	10.50
		400mH	76.2	45.00	35.00	40.00

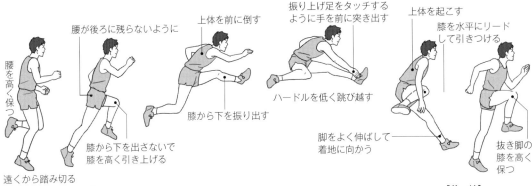

図5　ハードリング

リレーは4人でバトンを繋ぐ団体種目である．オリンピックをはじめ多くの競技会でフィナーレを飾る種目になることが多い．特に4×100mリレーでは高い速度のままバトンパスをする技術が求められ，4人の走力だけでは勝負が分からない点が魅力である．バトンパスは決められた範囲（テークオーバーゾーン内）で行わなければ失格となる．また，ゾーン内でパスが行われたかどうかの判定は，走者の胴体や手の位置ではなく，バトンの位置で判断される．

〈技術ポイント〉

4×400mリレーでは次走者が振り返ってバトンを受け取る方法もあるが，4×100mリレーでは基本的に次走者は振り返らない．前走者の合図（かけ声）によって，次走者が手を出してバトンパスを行うが，手の出し方には2種類の方法がある（図6）．

オーバーハンドパスは大きな利得距離によって記録の短縮が狙えるが，ミスに繋がる可能性もある．一方，アンダーハンドパスは利得距離は大きくないが，次走者がスムーズに加速できることや，両走者の距離が近いことからバトンパスを失敗する可能性が低いというメリットがある．どちらのバトンパス

図6　いろいろなバトンパス

を採用するかの判断はチーム戦術になるが，一般的には4人の走力に差がある場合はオーバーハンドパス，差がない場合はアンダーハンドパスを採用する場合が多い．いずれにせよ，バトンパスは高い速度のまま行うことが重要であるため，両走者の能力に応じて次走者が走り始める目印を適切に設定することが重要である．

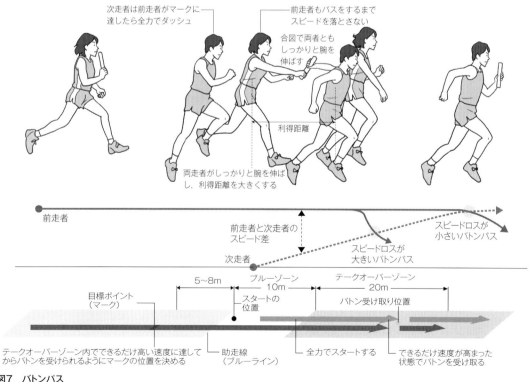

図7　バトンパス

3 — 陸上競技:フィールド

[跳躍種目]

1● 跳躍種目の歴史

　跳躍力を競う競技は紀元前の古代ギリシャ・オリンピックまで歴史をさかのぼるが，現在のような跳躍種目の始まりは1896年近代オリンピック大会からと考えられる．その後，走高跳ではフォームの変遷，棒高跳ではポールの材質の変化，さらにマットの普及や全天候トラックの出現など，時代と共に技術や用具が改良され，競技力が向上していった．

　かつてオリンピック三段跳においては，アムステルダム，ロサンゼルス，ベルリン大会で日本人選手は3連覇という偉業を成し遂げている．現在，日本人選手はスピード，筋力，技術ともに外国人に差をつけられているが，今後の跳躍ニッポンにおける活躍が期待されている．

2● 跳躍種目の特性

　跳躍種目は長さを競う水平跳躍種目である走幅跳と三段跳，そして高さを競う垂直跳躍種目の走高跳と棒高跳に大別される．一般的に跳躍種目の技術は助走，踏切準備，踏切，空中動作，着地の技術に分けられる．中でも踏切において助走スピードを水平距離や垂直距離に変換することが最も重要である．そのため跳躍種目は助走の設定が大切となり，本人の能力や助走スピードに合わせた助走距離や助走マークの設定位置も考えなければならない．さらに，競技パフォーマンスを向上させるためには，踏切位置の正確性と助走の再現性が求められる種目でもある（図1b）．

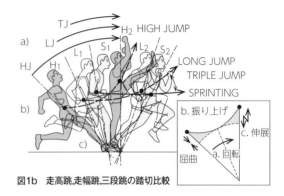

図1b　走高跳,走幅跳,三段跳の踏切比較

3● 跳躍種目の楽しみ方（競技会の在り方）

　他の種目と同様，記録の良い者が上位となる．走高跳と棒高跳は，どの高さから始めてもよく，基本的に1つの高さに3回挑戦することができる．また途中の試技をパスしても良いが続けて3回失敗すると，次の高さのラウンドに進めない．走幅跳と三段跳は，競技者が8名以下の場合は，各6回ずつ試技を行う．また8人を超える競技者がいる場合は，各3回ずつの予選試技を行って上位8名を決めた後，さらに3回ずつの決勝試技を行う．

4● 跳躍種目の基本技術

1) 走高跳

　走高跳の跳躍方法は，はさみ跳び，ベリーロール，背面跳びと歴史的に大きく跳躍フォームが変遷をしてきた．現在は，背面跳びが主流となり，世界記録及び日本記録共に背面跳びである．

〈技術ポイント〉

① はさみ跳び(図2)は，バーから遠い方の脚で踏み切り，反対脚を振り上げ，踏切脚を胸元に引きつけながら上体をねじり，体を寝かせてバーを越える．

② ベリーロール（図3）は，バーに近い方の脚で踏み切り，反対脚を高く振り上げ，体をうつ伏せに回転させながらバーを越える．

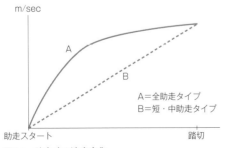

図1a　助走時の速度変化

③背面跳び（図4）は，Jの字助走を用い助走の前半は直線，後半はカーブを描き身体を内傾して踏切に向かう．バーから遠い方の脚で踏み切り，内後傾姿勢の踏み切りの後，バーに背中を向けてアーチを作り着地する．

2）棒高跳

棒高跳(図5)は，跳躍種目の中で唯一，道具を使う種目である．いかにポールをうまく使うかが課題の1つである．また，記録向上には，スピードや筋力等により，より硬いポールを使い，さらにポールの高い握りの位置が求められている．

〈技術ポイント〉

両手でポールを持ち上げ助走を開始する．ポールの先端をタイミングよくボックスに突っ込み，踏み切った後，ポールの弾性を利用して素早く腰を持ち上げクリアランスへ導く．

(注意) 背面跳び及び棒高跳は背中から着地するため，危険度も高い．必ず着地マットを使用し，安全を確認して行うことが大切である．

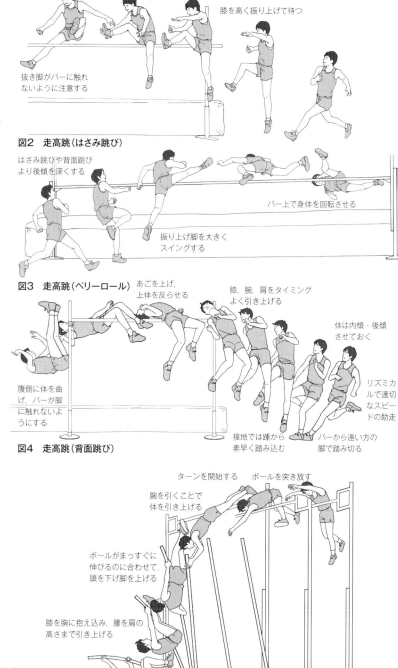

図2　走高跳（はさみ跳び）

図3　走高跳（ベリーロール）

図4　走高跳（背面跳び）

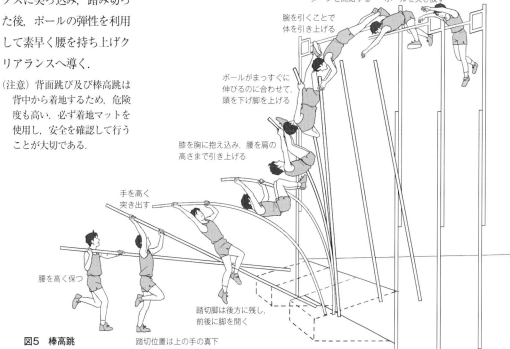

図5　棒高跳

3）走幅跳

走幅跳は，かがみ跳び（図6），そり跳び（図7），はさみ跳び（図8）の3つの跳躍方法がある．助走スピードと跳躍距離には高い相関があり，遠く跳ぶためにはスピードに乗った助走からの踏切が必要となる．

〈技術ポイント〉

助走，踏切，空中動作，着地と導く中，踏切準備の局面が非常に難しく減速をしない踏切を行うことが大切である．空中に跳び出すと前方回転が生じるが，効率よい空中動作が記録を伸ばすポイントとなる．

①かがみ跳び（図6）は，走ってきた姿勢のまま踏み切って跳び出しを行い，空中で膝を胸につけるよう両脚を抱え込み着地する．

②そり跳び（図7）は，ハングスタイルともいわれ，踏切後に空中で反りの姿勢から空中でぶら下がる姿勢をとり着地する．

③はさみ跳び（図8），シザースジャンプといわれ，空中で走るように脚を動かし着地する．

4）三段跳

三段跳（図9）は，ホップ，ステップ，ジャンプと片脚跳びの3歩でいかに遠くに跳べるかが課題となる．ホップ，ステップは同じ脚で連続跳躍し，ジャンプは反対脚で着地後，踏み切らなければならない．また，ホップ，ステップ，ジャンプの跳躍比率も大切な要因となる．

〈技術ポイント〉

走幅跳と異なり，三段跳はホップ，ステップ，ジャンプの3歩で砂場に着地しなければならないため，踏切板を走り抜けるようそれぞれの踏切で減速をしないことが大切となる．

図6　走幅跳（かがみ跳び）

図7　走幅跳（そり跳び）

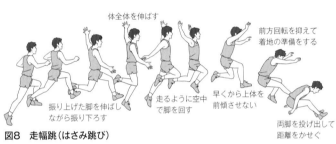

図8　走幅跳（はさみ跳び）

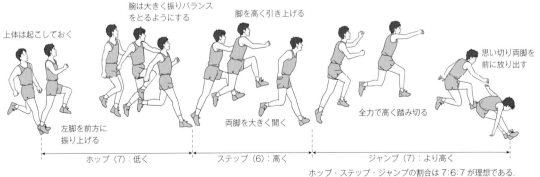

図9　三段跳

[投てき種目]

1●投てき種目の歴史

手を使って物体を遠くに投げる投てき種目の歴史は古く，古代オリンピックではやり投や円盤投が行われていた．また，砲丸投やハンマー投も民族の力比べとして行われていたが，19世紀にイギリスでアマチュア陸上競技連盟が結成された後，各投てき種目におけるルールの整備が始まり，陸上競技の正式種目となった．これ以降，各投てき種目で技術の進歩はもちろんのこと，ルールの改正や用具の改良に伴い，記録が大幅に向上していった．

投てき種目は体格的な要素が大きく影響するため，日本人には不利とされていたが，近年ではハンマー投やり投が世界大会で活躍している．

2●投てき種目の特性

投てき種目は，決められた位置から投てき物を投げ，その投距離を競うパワー系種目で，砲丸投は突き出し，円盤投は横投げ，ハンマー投は下投げ，やり投は上投げと投てき物を投げ出す方法（主要局面）が異なる．また，投てき物をより遠くへ投げるために行う体の勢いを作り出す方法（準備局面）も直線系のステップ動作や回転系のターン動作を用いるなど様々である．したがって，投てき種目には人間が行う「投げる動き」の全てが注ぎ込まれていると言っても過言ではない．さらに，投距離は手から投てき物が投げ出される時の高さ・角度・初速度で決定され，その中でも初速度が重要となるが，円盤投とやり投は風などの影響を受けやすいため，空気力学的な要素も考慮する必要がある．

なお，物理では物体を斜め上に投げ出した時，投距離が最大になるのは45度の角度とされている．しかし，実際の競技では投げ出す高さや空気抵抗の影響から，砲丸投とハンマー投は40～42度，やり投は30～35度，円盤投は35～40度が最適な投射角度となっている．

3●投てき種目の楽しみ方（競技の行い方）

砲丸投，円盤投，ハンマー投はサークル，やり投は助走路から順に投てきを行い，その投距離を競う．選手にはそれぞれ6回（もしくは3回）の試技が与えられ，最もよい記録がその選手の記録となる．

4●投てき物の規格

各種目における投てき物は性別や年齢によって重量などの規格が定められている（表1）．

表1　各種目の投てき物の規格

		中学	高校	一般	備考
男子	砲丸	5kg	6kg	7.26kg	直径100-130mm
	円盤	1.5kg	1.75kg	2kg	直径200-221mm
	ハンマー	—	6kg	7.26kg	ピアノ線1.175-1.215m
	やり	—	800g		長さ2.6-2.7m
女子	砲丸	2.72kg	4kg		直径85-110mm
	円盤		1kg		直径180-182mm
	ハンマー	—	4kg		ピアノ線1.160-1.195m
	やり	—	600g		長さ2.2-2.3m

5●投てき種目の基本技術

1）砲丸投

砲丸投は，グライドや回転などの準備局面で得た体の勢いを利用して砲丸を突き出し，その投距離を競う競技である．野球のピッチングのような投動作は禁止されており，砲丸を首につけた状態から片手での突き出し動作によって投射しなければならない．より遠くへ投げるには，リズミカルでスピードのある準備局面から上体の起こしとひねり戻しを利用した力強い突き出し動作が求められる．

〈技術ポイント（グライド投法）〉（図10）

砲丸は人差し指と中指の付け根あたりにのせ，あごの下につけて軽く脇を開ける．投げる方向に対して後ろ向きになり，左脚を大きく後方に送り出しながら股を開き，右脚を素早くサークル中央に引き込んで接地する．胸をはり，砲丸を前方に突き出した

図10　砲丸投（グライド投法）

後，右脚と左脚を入れ替える．

〈技術ポイント（回転投法）〉（図11）

投げる方向に対して後ろ向きになり，振り向きながら右脚をサークル中央へ振り込んだ後，素早く左脚が右脚を追い抜くことで体を回転させる．ターンの流れを止めないように，右足を回転させながら砲丸を押し上げるようにジャンプして突き出し動作を行い，右脚と左脚を入れ替える．

2）円盤投

円盤投（図12）は，体を1回転半ターンさせることによって円盤を振り切り，その投距離を競う競技である．より遠くへ円盤を投げるには，両手を大きく広げ，円盤の回転半径を保ち，ターンの加速と体のひねり戻しを利用した円盤の振り切りが求められる．また，円盤は空気抵抗の影響を受けやすいため，円盤を地面と平行に動かすイメージを作り，きれいに滑空させることも重要である．

〈技術ポイント〉

人差し指と薬指の第一関節を円盤の縁にかける．投げる方向に対して後ろ向きで構え，予備スイングを行う．ターンでは投げる方向に振り向き，右脚をサークル中央へ振り込んだ後，素早く左脚が右脚を追い抜く．上半身よりも下半身を先行させ，ターンの流れを止めないように，左脚を踏ん張りながら後方に残した円盤をしっかりと振り切る．

3）ハンマー投

ハンマー投（図13）は，スイングと主に3〜4回のターンを利用してハンマーを振り切り，その投距離を競う競技である．より遠くへ投げるには，正確でスピードのあるターン，ターン中のバランス維持，リリース時に力強いハンマーの振り切りが求められる．また，スイングとターンによって生じるハンマーの勢いを利用しながら大きな回転半径を作り出すことも重要である．

〈技術ポイント〉

左手の親指以外の4本で引っかけるようにして握り，その上に右手を重ねる．投げる方向に対して後ろ向きになり，腕だけで2回ほどスイングする．ターンでは，左脚を回転軸にして左かかとを中心に180度回転させた後，つま先に体重を移動させて180度回転する．最後のターンの着地から上体をひねり戻し，下肢の伸展にあわせてハンマーを振り切る．

図11　砲丸投（回転投法）

図12　円盤投

図13　ハンマー投

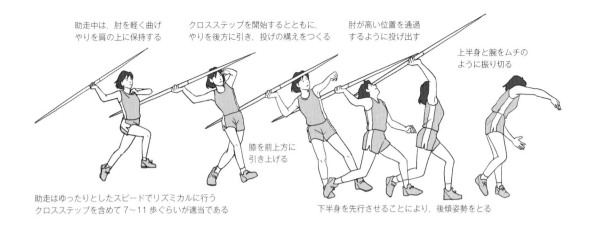

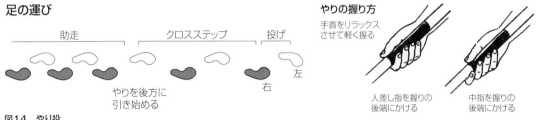

図14　やり投

4）やり投

やり投（図14）は，助走スピードを生かして上投げ（オーバーハンドスロー）で，やりを投げ出し，その投距離を競う競技である．より遠くに投げるためには，クロスステップにより助走のスピードを損なうことなく投げ動作に移ることが求められる．また，円盤投と同じで空気抵抗の影響を受けやすいため，やりを地面と平行に保持する意識を持つことも重要である．

〈技術ポイント〉

グリップの後ろ側に指をかけるようにして軽く握り，やりを肩の上に保持し，リラックスして助走する．正面を向いた助走から上半身を横向きにしてやりを後方へ引き，クロスステップを行う．やりを投げ出す3歩前のステップを大きくし，ステップ最後の着地後，やり先に力を加えるようにして振り切る．

［混成競技］
1●混成競技の歴史

男子混成競技の歴史は，古代オリンピックの五種競技（スタディオン走〈短距離走〉，走幅跳，円盤投，やり投，レスリング）にさかのぼる．近代オリンピックでも五種競技や十種競技が実施されてきた．一方，女子の混成競技の歴史は浅く，五種競技がオリンピック種目として採用されたのは1964（昭和39）年の東京大会であった．

2●混成競技の特性

走，跳，投の種目をいくつか組みあわせ，1人で全種目を行い，各種目の得点の合計を競う競技である．男子では十種競技，女子では七種競技が主に実施されており，勝者は「キング・オブ・アスリート」「クイーン・オブ・アスリート」と称賛される．

〈競技の行い方〉

男子の十種競技，女子の七種競技ともに連続する2日間で行われる．十種競技では，1日目に100m走，走幅跳，砲丸投，走高跳，400m走，2日目に110mH，円盤投，棒高跳，やり投，1500m競走の順で実施される．七種競技では，1日目に100mH，走高跳，砲丸投，200m走，2日目に走幅跳，やり投，800m走の順で実施される．

4──水泳

第2章
スポーツを
やってみよう

1●水泳の歴史

水泳は，人類の歴史において日常生活で欠かすことのできない身体活動として営まれ，海や河川や湖などを横断し，海中から食料を採集してきた．また，自然災害や水難事故から身を守り，さらに衛生のための洗身や入浴など，日常の実用術として用いられてきた．

日本における水泳は游泳と呼ばれ，古くから武芸の術として営まれてきた．歴史的に日本泳法（古式泳法）が継承され，江戸時代には水練として，のちに隊列を組んで泳ぐ遠泳が発展し，明治時代以降は，学校体育の教材として教育的に普及した．

2●水泳の特性

水泳は，水面または水中で行われる身体活動で，陸上で行われる身体活動とは異なり，水を媒体とした特殊な環境で行われる．近年は，水の特性（浮力・抵抗・水圧・水温）を利用し，様々な運動が展開されている．また，生涯スポーツとしての普及も著しく，体力の向上，健康の維持増進を目的として，幼児から高齢者まで，幅広い年齢層で行われている．

ヨーロッパでは，1800年代に競泳の賞金レースが行われ，1869年にはイギリスで水泳クラブ協会が創立され，テムズ川でマイルレースが行われた．そしてアマチュア競技規則が制定され，ヨーロッパ各地に川を利用したプールが作られて近代スポーツとして発展した．当時は，河川・池・湖・海などで簡易的にコースを作って行われたが，次第に人工的なプールが普及し，現在は競技会のほとんどが公認の室内プールで行われている．水泳の競技種目は，主に「競泳」「飛込」「シンクロナイズドスイミング」「水球」「オープンウォータースイミング」「日本泳法」があげられる．競泳は，「自由形」「背泳ぎ」「平泳ぎ」「バタフライ」の4泳法で構成されており，この4泳法を全て泳ぐ「個人メドレー」も正式種目である．

3●水泳の基本技術

1) 浮遊動作

人体は，肺に空気を入れることによって水面に浮くことができ，水中での呼吸運動は，常に随意的に行われ，その呼吸法によっては浮くことも沈むことも可能である．しかし，人体の組織で水よりも比重が軽いのは脂肪だけなので，肺に空気が入っていない場合は一般的に人の身体は沈んでしまう．

2) 呼吸動作

水中の呼吸は，基本的に口で吸気，鼻から呼気を行い（ボビング動作），水中ジャンプなどでボビング動作を行うことで呼吸法を習得する．

3) スカーリング動作

スカーリング動作は，揚力によって推進力を得るための基本動作である．水を押さえながら左右に8の字を描くような動作で，揚力を利用して進む．

4) 基本姿勢（ストリームライン）

4泳法を泳ぐ時には，壁を蹴った時の蹴伸びで，最も抵抗の少ない姿勢（流線型：ストリームライン）を保つ．この姿勢では，身体が反らないように腹圧を高め，顎を引きすぎないよう目線に気をつける．なるべくリラックスした状態で姿勢を保持し，水の流れがスムーズになる姿勢を保つことが重要である．

5) ストローク動作とキック動作

競泳の4泳法は，基本姿勢をもとにストローク動作（腕の動き）とキック動作（足の動き）が行われ，これらの動作内容とタイミングによって，それぞれの泳法の特徴がある．一般的にストロークは，グライド，キャッチ，プル，プッシュ，リカバリーといった5つの技術局面で構成されている．

4●クロール（自由形）

クロールは，一般的に自由形の種目で泳がれている泳法で，競泳4種目の中で最も速く泳げる泳法である．

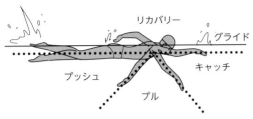

図1　クロールにおけるストローク

1)ストローク動作

クロールのストローク動作は，指先を進行方向に向け，気泡を切るようにしっかりと手を伸ばし（グライド），手のひらを下に向けた状態でキャッチが行われる．この時に肘を水面に保ち，水を押さえながら肩をローリングし，手のひらは少し外に向け，再び外から内，そして腹部を過ぎて再び外に向け，出水後に加速した状態でリカバリーに移行する．さらに速く泳ぐためには，手の入水で指先を前方に伸ばすことなく，素早くキャッチを行うことが重要である．ストロークの軌跡はI字を描くようにまっすぐ水を捉えるが，結果的に肩がローリングするため，S字ストロークの軌跡をたどることになる．

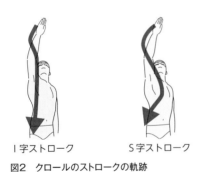

図2　クロールのストロークの軌跡

2)キック動作

クロールのキック動作は，大腿部の筋肉量が多いため，下肢が沈まないように，足の甲でリズム良くキック動作を行う．身体をフラットにして，水面に近い位置に保持することが大切である．またキック動作は，太ももからムチを打つような，しなりのあるダウンキックとアップキックを交互に行う．この時，ローリングによって身体が傾くため，キックの軌跡も斜めに傾くことになる．

3)ストローク動作とキック動作のタイミング

ストローク動作とキック動作のタイミングは，個人差があり，左右1ストロークずつ行う際に，様々なタイミングでキック動作が行われる．このタイミングは，泳ぐ距離や速度，個人にあったリズムを優先し，泳ぎやすいタイミングを選択する．一般的に行われる6ビートは，片方のストローク中に3回のキックで，1ストローク中に計6回のキックを行い，速く泳ぐのに適している．

5●背泳ぎ

背泳ぎは，古くは仰向けで泳ぐ平泳ぎであったが，後に腕を水面からリカバリーするようになった．

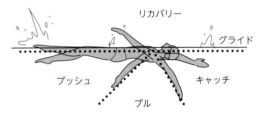

図3　背泳ぎにおけるストローク

1)ストローク動作

背泳ぎのストローク動作は，推進力を得るポイントが1ストローク中に2回ある．入水後にグライドし，水を押さえながらキャッチが行われてプルに移行する．ここが推進力を得る第1ポイントである．そして，プルで腰の位置まで手を戻してプッシュに移行する．ここが推進力を得る第2ポイントである．プッシュは，手のひらで水を押し切るように行う．その後，出水時に親指から素早く水を切るようにリカバリーに移行する．

2)キック動作

背泳ぎのキック動作は，クロールと同様に下半身が沈まないようにリズム良く行うことによって，身体を水面に近い位置に保持する．ここでは，仰向けの体勢でクロールと同様にダウンキックとアップキックを行う．その時に，腰を高く保つために，ダウンキックに重点を置いて行うことが望ましい．

3)ストローク動作とキック動作のタイミング

ストローク動作とキック動作のタイミングは，1ストローク行う際に6ビートで行われるのが一般的

で，クロールと同様に片方のストローク中に3回，1ストローク中に計6回のキックが行われる．

6● 平泳ぎ

平泳ぎは，歴史的に最も古い泳法で，4種目の中で最もスピードが遅く，左右対称の動作で行われる．また平泳ぎは，1ストローク中の速度変化が大きく，減速と加速が繰り返される泳法である．

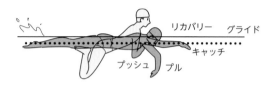

図4　平泳ぎにおけるストローク

1) ストローク動作

平泳ぎのストローク動作は，最初に前方に手をグライドし，その後両手を左右に広げ，手が肩よりも外側に開いた後にキャッチに入る．その後は再び両手を内側に向け，プッシュを行う．両手は顔の下で揃えるようにリカバリーへ移行し，そのまま前方へ突き出す．手を突き出した後は，ストリームラインを保ちながら，再びグライドに入る．リカバリーは，水面付近にて水の抵抗を受けないように素早く前方へ戻すことが重要である．

2) キック動作

平泳ぎのキック動作は，他の泳法と異なり，進行方向とは逆に足を引き付けることで前方から大きな水の抵抗を受ける．また，膝下と足の裏で水を捉えることによって，他の種目よりも大きな推進力を得ることができ，4泳法でも平泳ぎだけが，ストローク動作よりもキック動作で大きな推進力を得る．さらに，平泳ぎのキック動作は3つの関節（股関節，膝関節，足関節）が関与し，これらの関節可動域が推進力に影響し，足首と膝の引付け，蹴り出す時の膝の位置，足裏全体で蹴り出すことで推進力が得られる．

3) ストローク動作とキック動作のタイミング

平泳ぎは，ストローク動作とキック動作のタイミングが極めて重要である．平泳ぎのタイミングには「グライド型」「連続型」「オーバーラップ型」の3種類がある．これは，グライドで手を開くタイミングに違いがあり，短距離型の選手は，すぐに手を左右に開くオーバーラップ型で，ストローク数を増やしてスピードを上げるタイプが多い．また，長距離型の選手は，グライドで手を前方に伸ばし，しっかりとしたストリームラインでストローク数を少なくして泳ぐタイプが多い．

7● バタフライ

バタフライは，歴史的に最も新しい泳法で，平泳ぎと同様に左右対称の動作で行われる．

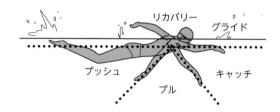

図6　バタフライにおけるストローク

1) ストローク動作

バタフライのストローク動作は，最初に両手を前方にグライドし，左右の手を外側に広げながらキャッチに移行し，さらに手首を内側に返す動作が行われる．その後，クロールと同様に腹部までプルが行われ，再び手のひらを外側に向けながらプッシュに入る．その際に手の掻きを加速させてリカバリーに移行する．その後，前方に手が入水した後は，両手を揃えてグライドでより推進力を得るために抵抗の少ない姿勢を保つ．

2) キック動作

バタフライのキック動作は，両足を揃えて同時に

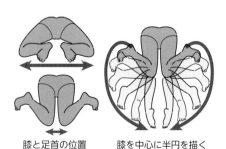

膝と足首の位置　　膝を中心に半円を描く

図5　平泳ぎにおけるキック動作

打つドルフィンキックが行われる．この際に，クロールと同様に足の甲でリズム良くキックを行うが，身体のうねりに合わせて下半身を水面に近い位置に保持し，ドルフィンキックもしなりのあるダウンキックと，アップキックが行われる．

3）ストローク動作とキック動作のタイミング

キック動作は，一般的に1ストロークで2回のドルフィンキックを行う．第1キックは，リカバリーで手が入水した後に行い，このキック動作がグライド時の推進力を加速させる．第2キックは，プッシュで手が出水する時に行われ，このキック動作がプッシュの推進力を加速させ，同時に腰の位置を水面に保つ役割がある．

これら4泳法を基本として，競泳には「個人メドレー」という種目もあり，バタフライ，背泳ぎ，平泳ぎ，クロールの順に泳ぐ．また，4名で4泳法を泳ぐ「メドレーリレー」は，背泳ぎ，平泳ぎ，バタフライ，クロールの順番で行われる．

8 ● プールにおける安全管理

水泳指導で大きな事故につながる可能性が最も高いのは飛び込みである．飛び込みの事故は，プールの水底に身体の一部を強打するような事故で，頭部を強打した際の頚椎損傷などがあげられる．一般的

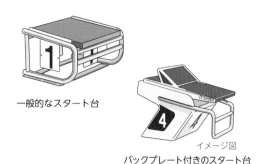

一般的なスタート台

バックプレート付きのスタート台
イメージ図

図7 スタート台

なプールに設置されているスタート台の高さは「0.50m以上0.70m以下」と定められており，端壁前方6mまでの水深が1.35m未満である時は，スタート台を設置してはならない．従来の競泳競技における飛び込み動作は，腕を振って飛び出すモーションスタートであったが，のちにスタート台前方を握って両足を揃えて飛び出すグラブスタートが主流となった．しかし近年では，バックプレート付きのスタート台が導入され，ほとんどの選手が片足を後方に下げて行うクラウチングスタートを用いるようになった．飛び込みの練習は，水泳競技を専門とする指導者のもと，十分な水深（2.0m以上）で注意して行わなければならない．

---

column

■高速水着の誕生と記録の向上

2008年に，NASA（アメリカ航空宇宙局）を筆頭に，多くの専門家の協力によって，これまでの競泳用水着の常識を覆す高速水着が発売されました．この高速水着の誕生は，英国の水着メーカーのSPEEDO社が開発したレーザー・レーサー（LZR Racer）に始まり，その後もポリウレタン素材の水着を様々なコンセプトで開発されました（日本国内でも山本化学工業がバイオラバースイムという新素材を開発しています）．そして，2009年の世界水泳選手権競技大会（イタリア：ローマ）において異例の世界記録43個が誕生しました．

これらの水着は，縫い目がなく撥水性に優れており，抵抗が大きく軽減されるのが特徴で，従来は各選手の身体形状に合わせて水着が開発・製造されてきました．高速水着は最も抵抗の少ない形状にすることを目指し，その水着に選手の身体を押し込んで泳がせるといった発想でした．したがって，体の凹凸を軽減するために，水着の締め付けが非常に強く，着用にも時間がかかり，一人では着ることも難しく，時には水着が破れてしまうこともありました．この時期から競泳用水着は各メーカーの希少価値により高額となります．そして，選手がパフォーマンスを発揮する上での不平等性が問題点となり，翌年の2010年に高速水着が禁止されることになりました．しかし近年，高速水着問題が解消された後も世界記録は更新されています．このことから，水泳の技術は今もなお進化し，今後も記録が向上していく可能性が十分な競技であることがわかります．

5 — バスケットボール

1● バスケットボールの歴史

バスケットボールは，1891年アメリカ・マサチューセッツ州スプリングフィールドの国際YMCAトレーニングスクールで，学生たちの要望から冬季に室内で行えるスポーツとして，ジェイムズ・ネイスミスが創案したものが始まりである．

我が国に初めて伝えたとされるのは大森兵蔵で，1908（明治41）年に東京YMCAで，公式に会員たちに教えられた．さらに，1913（大正2）年に来日したフランクリン・ブラウンが本格的に各地で指導，日本中に普及した．当初は大学の部活動で盛んに行われていたが，次第に中学校・高等学校の体育授業でも取り上げられるようになり，競技人口が増加した．

現在では，全米プロバスケットボールリーグ（NBA）が世界的に人気を博し，我が国でも人気スポーツの上位にランクされている．また，パラリンピックの正式種目である車椅子バスケットボールをはじめ，アダプテッドスポーツの種目としても広がりをみせている．

2● バスケットボールの特性

バスケットボールは，ボールの所有とシュートの

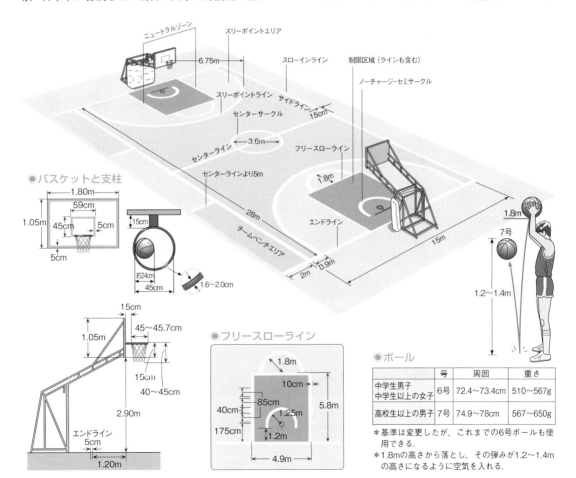

図1　バスケットボールのコート

攻防をめぐり，相対する2チーム（各チーム5名）が，コート内で対峙しながら，一定時間内に得点を競い合うゲームである．得点は，フロアから3.05mに設置されたゴールにシュートし，成功するごとに加算される（スリーポイントラインの内側2点，外側3点，フリースロー1点）．このことから，多く得点し勝利に近づくためにはシュートがうまくなることが重要になる．しかし，ゲームにおいては，個人プレイに終始していては攻守ともうまくいかない．チームメイトと協力することが必要で，チームワークの良し悪しが勝敗に大きく影響してくるのもバスケットボールの魅力である．

3 ● バスケットボールの主なルール

1）開始

コート中央のセンターサークルで挨拶．それぞれのチームがシュートするゴールを確認後，レフリーによるジャンプボールで始める．

2）主な反則

①トラベリング

ボールを持って3歩以上歩いた時．

②ダブルドリブル

ドリブル終了後，再びドリブルを行った時．または両手でドリブルをした時．

③3秒オーバータイム

オフェンス側の選手が，制限区域内に3秒以上いた時．

④プッシング

手や体で相手を無理に押しのけたり，押し動かしたりした時．

⑤イリーガルユースオブハンズ

相手の手や腕を叩いたり押さえつけたりした時．

⑥チャージング

オフェンス側の選手が，無理に進行してディフェンダーに突き当たったり押したりした時．

4 ● 技術（オフェンス）

1）トリプルスレット（図2）

シュート，パス，ドリブルのいずれにも速やかに移行できる基本姿勢を示す．この姿勢は，ディフェンダーにとってボール保持者が次にどのようなプレイをするのか，予測しにくい構えであることから，「3

図2　トリプルスレット

つの脅威（スレット）を与える姿勢」と呼ばれる．膝を曲げ，ボールをあごの下に構え，両腕の肘を軽く張る．あらかじめ手首を返しておくことが重要になる．

2）パスとキャッチ

レシーバーは，手のひらをパッサーに向け，準備する．パッサーはレシーバーの胸にめがけスピンをかけ投げることが基本となる．実戦では空いている空間にパスをする場合もあるが，まずは味方の取りやすいパスを出す練習が必要であろう．レシーバーは，飛んでくるボールに対し，腕を突っ張らず引く動作（緩衝動作）でボールをキャッチする．

3）シュート

①トリプルスレットから行うシュート

膝を軽く曲げ（135度前後）ボールをセットする．リングの前縁を狙い45度のアーチをイメージし，肘を上方に上げながらボールをリリースする．リリース後，人差し指をリングに向け肘を伸ばすことが重要である．飛距離が出ない場合は，膝の曲げ伸ばしの力を利用することと，セットからリリースまでのスピードを上げることを意識すると良い．

②ランニングシュート

走りながら，あるいはドリブルをしながら，ボールをキャッチし，2カウントのランニングステップで腿を上方に引き上げジャンプし放つシュートである．肘を伸ばしボールを下から支え放つアンダーハンドの場合も，肘と手首を曲げオーバーハンドで放つ場合も，ボールにスピンをかけ，「そっと投げ上げる」イメージでシュートすると確率が上がる．

4）ドリブル

ドリブルは，体の横で，腰の高さより低く行うことが基本である．ディフェンダーとの対峙関係を崩すためには，ドリブルをするリズムに変化を加える技術（チェンジオブペース），ボールの側方に手を置きドリブルの方向を素早く変える技術（チェンジオブディレクション）を身につける必要がある．

5）ピボット

片方の足は床についたままで，もう片方の足だけを何度でも動かすことができる技術である．

6）1対1フェイント

フェイントとは相手ディフェンダーを迷わせる動作である．パス動作からドリブルやシュート，シュート動作からドリブル等有効に使うと，良い攻撃につながっていく．

5●戦術（オフェンス）

1）ファーストブレイク

ディフェンスで，ボールをスティール，もしくはリバウンドボールを獲得した後，素早く攻撃に転じ，数的有利な場面を作り出し攻め込むオフェンスをファーストブレイクという．

最も有効かつシュート確率が高いファーストブレイクは，縦にロングパスをつなげるワンマンブレイクである．しかしながら，ディフェンスのレベルが高くなると，このプレイで得点することは容易でなくなる．リバウンド確保からボールハンドリング能力の高いプレイヤーにボールを預け，スリーレーン（真ん中をミドルレーン，両端の2つをサイドレーン）を有効に使い，攻め込む練習を行っていくと，より多くの得点が望める．

2）インサイドアウトプレイ

アウトサイドから，インサイドにポジションをとる味方にパスし，ディフェンスを収縮させてチャンスを作っていくプレイは，有効になる．

3）パスアンドランプレイ（ギブアンドゴー）

パスした直後にゴールに駆け込み（パスアンドラン），味方からボールを受けるプレイは有効なオフェンスとなる．

4）オンボールスクリーンプレイ

スクリーンを利用した2人（ボールマンと味方1

インサイドスクリーンプレイ：パスしたボールを追いかけるようにして走り，ボールを持っているチームメイトのマークマンへスクリーンをかけ，そのすぐわきを抜いていく．

アウトサイドスクリーンプレイ：パスしたボールを追いかけるようにして走り，ボールをキャッチしたチームメイトのすぐ外側をすり抜けてボールをもらう．

図4　オンボールスクリーンプレイ

人）のコンビプレイには，ピックプレイ（インサイドスクリーンプレイ）とアラウンドプレイ（アウトサイドスクリーンプレイ）とがある．

5）オフボールスクリーン

オフボールスクリーンとは，ボールマン以外のオフェンス同士でのスクリーンプレイで，3人でのコンビプレイとなる．パスしたオフェンスがボールから離れ，すぐ自分の隣にいるオフェンスにスクリーンに行くアウェイスクリーンプレイは，ボールマンにスペースを与えることにもつながり，多くの

図5　アウェイスクリーン

シュートチャンスを生む代表的なプレイである.

6● ディフェンスにおける基本技術

1) スタンス

ボールマンのディフェンダーは，ゴールライン（ボールマンとゴールを結んだ線）上に位置して守ることが原則である．左右いずれかの足を少し前に出し，足を前後させて構える．間合いは，手を伸ばしてボールマンに触れるか触れないかの距離がよい．

2) フットワーク

図6　マンツーマンディフェンスのポジションの原則

スライドステップやクロスステップを用いた防御技術の1つである．ボールマンの動作に，できるだけスライドステップで対応し，対峙関係を崩されることなく，また間合いを空けすぎてシュートを打たれないようにする．

3) ブロックショット

相手のシュートが最高到達点に達する前にディフェンスがボールに触れることである．ただし，むやみやたらにジャンプしてもよいブロックにはつながらない．

4) リバウンド

シュートが外れたボールのことをさす．飛び込もうとしてくる相手にコンタクト（ボックスアウト）し，確実にボールを獲得する．その際，腕は広げるが自分の手は肩より上に保持する．

7● チームディフェンス

1) 種類

マンツーマンディフェンス（対人防御）とゾーンディフェンス（地域防御）がある．

① マンツーマンディフェンス

まず，ポジションの原則を理解する．つぎに，常に自分の視野の中にボールを入れておくことが重要となる．さらに，ボールの移動とオフェンスプレイヤーの移動に伴い自分のポジションも素早く変えていくことが，ディフェンスに厚みを持たせていくことにつながる．

常に自分の視野の中にボールを入れておくということは，ヘルプディフェンス実践のためにも重要である．

② ゾーンディフェンス

スリーポイントシュート試投可能なエリアからボールマンに接近して守ることが基本であるが，ハーフライン近辺やバックコートから積極的にボールを奪いにいくディフェンスへと発展させることもできるディフェンスである．その種類は無数にあるが，代表的なものとして2-3ゾーン，3-2ゾーン，1-3-1ゾーンの3つがあげられよう．

2-3ゾーンはインサイドに強く，3-2ゾーンはアウトサイドからのシュートを抑制するのに効果的である．1-3-1ゾーンは，ボールマンへの接近の仕方でその効果は大きく異なってくるが，ボールマンにダブルチーム（ディフェンダー2人で左右から囲む）を形成しやすく，攻撃的なディフェンスとなる．

2) ヘルプディフェンス

ディフェンスは，マンツーマンディフェンス，ゾーンディフェンス，いずれも相手に簡単なシュートを許さず，隙があればボールを奪い，素早くオフェンスにつなげていくことが目的であることはいうまでもない．ボールマンは1人であり，ボールは1つである．ディフェンスは，味方の誰かが相手オフェンスに対峙関係を崩され，ノーマークのシュートを打たれそうになったらヘルプする．さらに，その時できた穴をまた誰かが埋めていけるよう全員がハッスルしてプレイすると，有効なディフェンスとなる．

6 — ハンドボール

第2章 スポーツをやってみよう

1 ● ハンドボールの歴史

ハンドボール発祥には，デンマーク説とドイツ説がある．1897年デンマークのニューボーという町で，教師のラスムス・ニコライ・エアンストが足を使わないで手のみ使うサッカーを体育館で始めたのが最初だそうで，国際ハンドボール連盟も承認している．1906年にホルガー・ニールセンによって競技規則が制定され，当初16人制であったが，デンマークの気候条件下で室内スポーツとして普及，1918年クヌッセンの競技規則制定により，7人制の室内競技として北欧を中心に発展した．一方，1915年ドイツ（ベルリン）のマックス・ヘイジュアがラグビーに似たラフバルを改良した女性のためのトーアバルを考案，1919年カール・シェレンツによってハンデバールと命名した競技規則が制定され，11人制としてヨーロッパ諸国で発展した．いずれも，女性や青少年も簡単に楽しめるボールゲームが考案の主旨にあったようである．その後，1960年代に7人制への移行，統一へと動き，1972年ミュンヘンオリンピックで7人制の正式種目として採用された．2015（平成27）年現在で世界186カ国，約3000万人の競技者となり，ヨーロッパではサッカーに次ぐ人気スポーツである．

日本への移入は，1922（大正11）年，大谷武一が大日本体育学会夏期講習会でハンデバール・シュピーレの名称で11人制を紹介したことに始まる．

2 ● ハンドボールの特性

ハンドボールには，器用な手で握れるサイズのボールを扱い，走・跳・投・捕などの人間の自然な運動が組み込まれた運動特性がある．また，1チー

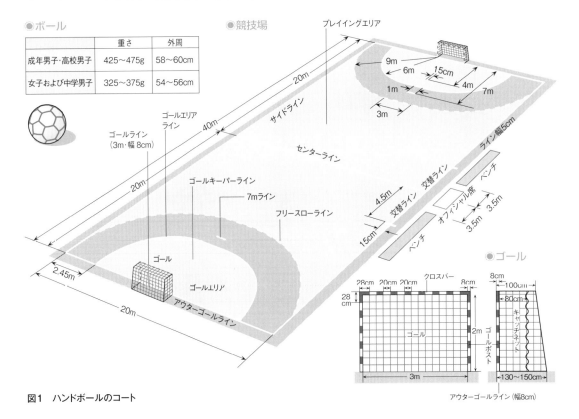

図1　ハンドボールのコート

ム7名(コートプレイヤー6名,ゴールキーパー1名)の競技者が40m×20mのコート内の攻防に参加する対人・混戦型,そしてゴール型の競技特性がある.

このような特性から,女性や青少年も気軽に楽しむことができ,発育期の青少年には身心の発達にふさわしく,技術や戦術面からマスターズを含めたあらゆる年代層で楽しめるボールゲームの特性を持つ.

図2 片手ショルダーパス(左)・ラテラルパス(右)

3● ハンドボールの主なルール

1チーム6名のコートプレイヤー(以下,CP)と1名のゴールキーパー(以下,GK)で構成される.センターライン中央からホイッスルでスローオフし,ゴールイン後もこれを繰り返す.パスとドリブルでボールを前進させ,ゴールポストから6mの範囲(ゴールエリア)へ進入することなく相手ゴール(高さ2m×幅3m)へシュートをしてゴールすれば1得点になる.ボール保持は3秒以内,ボールを保持したままのステップは3歩以内が許される.明らかな得点チャンスに反則された場合は,GKと1対1の7mスローが与えられる.

攻撃を阻止する防御は,押したり,つかんだり,保持しているボールを奪ったりしてはいけない.攻撃側のパスをインターセプトしてボールを奪うか,シュートをゴール外へはずす,あるいはGKが阻止してボールがゴール側ラインの外に出た場合は,攻防が入れ替わる.その際はGKによるゴールエリアからのスローで再開する.

反則があった場合,基本的には反則地点からフリースローを行う.相手選手は,パサーから3m以上離れないといけない.

4● ハンドボールの基本技術と戦術

1) 攻撃技術

① パステクニック

パスは,図2のように片手ショルダーパスを基本とし,バウンドパス,サイドハンドパス,アンダーハンドパス,バックパスなどの方法がある.

② シュートテクニック

シュートには,図3のようにステップシュート,

●ステップシュート

●ジャンプシュート

●シュートのねらいどころ

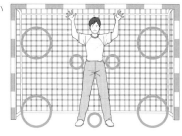

図3 シュート①

---

column

■デンマークの強風がハンドボールを生み出す?

デンマークは,たくさんの島からなる九州サイズの国で,山がなく丘がある程度の平坦な地形です.したがって,強風が吹くと遮るものがないことから風力発電が盛んなことで有名です.1897年デンマークのニューボーという町で,教師のラスムス・ニコライ・エアンストが校庭で子どもたちとサッカーをしていたところに強風が吹かなかったら体育館に入ることなくハンドボールは誕生しなかったかも….

●サイドシュート

図5 ボディフェイント

●ループシュート

●サイドハンドステップシュート

図4 シュート②

ジャンプシュートがある．防御者を活用してGKからボールを隠すブラインドシュート（図4，サイドハンドステップシュート）なども効果的である．

　また，シュートを打つエリアを変えてロングシュート，サイドシュート，ポストシュートなどもシュート技術の基本である．上達してくると，ゴールエリア上空を活用したスカイシュートやGKとの至近距離でのループシュート，バウンドに変化を加えたスピンシュートなどがみられるようになり，これらもハンドボールシュートの醍醐味である．

③フェイントテクニック

　フェイントとは相手を欺くことであり，パスフェイント，シュートフェイント，ボディフェイントなどがある．図5のように，防御者の右側を攻めると見せかけ，直後に左側へ突破していく．1対1を突破するために，シュートあるいはフェイントを用いた「駆け引き」も大切である．

④コンビネーションプレイ

　2人の基本的コンビネーションプレイとして，図6，7のように，味方同士が横の位置関係によるパラレル（平行）攻撃とクロス（交差）攻撃，縦の位置関係によるポストプレイとスクリーンプレイがある．

●パラレル（平行）カットイン

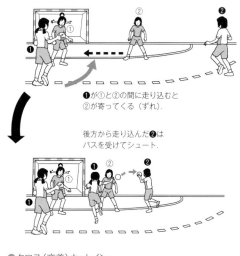

❶が①と②の間に走り込むと②が寄ってくる（ずれ）．

後方から走り込んだ❷はパスを受けてシュート．

●クロス（交差）カットイン

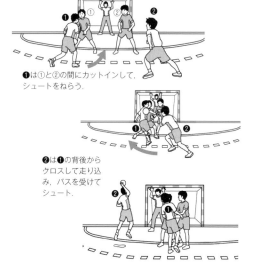

❶は①と②の間にカットインして，シュートをねらう．

❷は❶の背後からクロスして走り込み，パスを受けてシュート．

図6 基本的コンビネーションプレイ①

●スクリーンプレイ

図7　基本的コンビネーションプレイ②

⑤速攻

マイボールになったら，相手防御が組織的に整う前に速く相手コートへ攻め込む速攻（図8）が，効果的な得点チャンスとなり得る．

図8　速攻

2）防御技術

基本的には1対1の関係で攻撃者をマークし，突破とシュートを防ぐことが原則である（図9）．ゴールポスト前にはGKがいること，さらにCPが進入できないゴールエリアがあるハンドボール競技では，各防御者が防御するエリアを分担する「ゾーン防御」が効果的である．その中で，個人ではパスインターセプトやドリブルカット，シュートブロックを狙う．

図9　防御技術

味方の防御者が1対1を破られた場合には，そのカバーをすることやマークする攻撃者を変えるチェンジ防御など，チームとしてのコンビネーション防御も重要となる．

3）GK技術

GKは，図10のように全身を使ってシュートを阻止することが許されている．わざとシュートコースを誘ったり，前に詰めてシュートコースをなくすことなど，シューターと駆け引きすることもGK戦術の1つである．

図10　GKの技術

---

column

■ボールを握るために世界では松やにを，日本では両面テープを使用する

ハンドボール界では，ボールを握るために粘着力が極めて高い松やにを使用することが認められています．しかし，屋内用と屋外用シューズを分けて使用する日本の体育館では，松やに使用によるフロア等の汚れをきらうため松やに使用禁止になっているのがほとんどで，日本のみ両面テープを使用するようになりました．

7 — サッカー

第2章 スポーツをやってみよう

1 ● サッカーの歴史

　サッカーという競技の直接の起源とされるのは，12世紀よりイギリス各地で祭りとして行われていた「マス・フットボール」である．数百人の住民が数km隔てた2つのゴールをめざしてボールを運ぶというもので，当時はボールを持っても蹴っても，相手をつかんだり殴ったりしても構わなかった．

　18世紀には，イギリスのパブリックスクールで盛んに行われるようになった．この時点では，各校独自のルールで競技化されていたが，やがて対校試合を行うにあたって，統一ルールが必要となり，1863（昭和38）年のフットボール協会設立と同時に，協会式ルールが制定された．その後，ルールの容易さ，競技の面白さから急速に普及し，世界ナンバーワンのスポーツへと発展した．

　日本へは，1873（明治6）年，イギリスのダグラス少佐によって紹介され，イギリス人教師の指導を受けた日本人教師により，学校体育を中心に全国へ広がった．1936年のベルリン五輪に日本代表が初出場し，1968年のメキシコ大会で銅メダルを獲得している．

　1993年には，国内プロサッカーリーグ（Jリーグ）が発足し，1998年初出場のW杯フランス大会以来，5大会連続出場し，2002年日韓共催のW杯では，ベスト16進出を果たした．また，2011年には女子W杯で女子代表（なでしこジャパン）が初優勝を果たした．

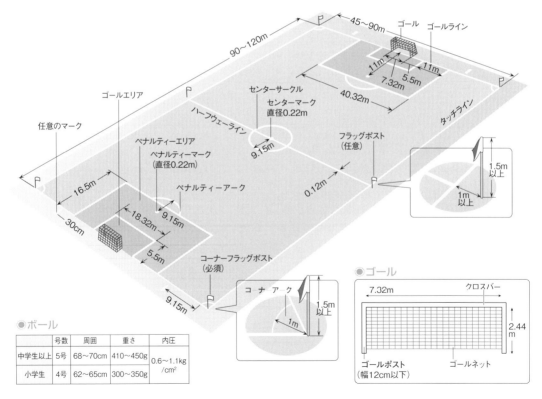

図1　サッカーのコート

2 ● サッカーの特性

- 手以外の足・頭などでボールを扱うため，ボールスキル（技術力）が求められる．パスやドリブルでボールを運び，一定の競技時間内で相手ゴールにシュートし，得点を競うゴール型ゲームである．
- 広いピッチを全力で走りボールを奪い合うため，攻撃と守備が素早く切り替わり，瞬時の状況判断とチームメイトとのダイナミックな連係プレイが求められる．
- プレイの決断〜実行は，個々の選手に判断が任されているため，チームメイトや相手の位置，ゴール，スペース，ボールなど複数の状況の変化を絶えず，「観る」ことが重要である．

3 ● サッカーの主なルール

1) 直接フリーキックになる場合（10の反則）

①相手を蹴る，または蹴ろうとする（キッキング）．
②相手をつまずかせる，またはつまずかせようとする（トリッピング）．
③相手にとびかかる（ジャンピング・アット）．
④タックルする（ファール・タックル）．
⑤相手にチャージする（ファール・チャージ）．
⑥相手を打つ，または打とうとする（ストライキング）．
⑦相手を押す（プッシング）．
⑧相手を押さえる（ホールディング）．
⑨相手につばを吐きかける（スピッティング）．
⑩意図的に手または腕でボールを扱う（ハンドリング）．

2) 間接フリーキックになる場合（6つの反則）

①危険な方法でプレイする．
②相手の前進を妨げる．
③ゴールキーパーがボールを手から離すのを妨げる．
④自陣ペナルティーエリアのゴールキーパーの反則
　a．ボールを6秒以上持つ．
　b．ボールを手から離して再び持つ．
　c．味方プレイヤーからの意図的キックパスを手で触れる．
　d．味方がスローインしたボールを直接手で受ける．
⑤オフサイド
⑥フリーキック，ペナルティーキック，キックオフ，ゴールキック，コーナーキック，スローインのいずれかを行ったプレイヤーが他のプレイヤーが触れるかプレイする前にボールに触れる．

3) ペナルティーキックとなる場合

守備側プレイヤーが自陣のペナルティーエリア内で直接フリーキックに相当する反則をする．

4) 警告・退場

反則や不正行為の程度によって，警告または退場（2度の警告も同じ）になる．

4 ● サッカーの基本戦術

〈攻撃と守備のプレイの原則〉

常に攻守が切り替わるサッカーでは，攻撃と守備が表裏一体となっており，「ゴールを奪う」と「ゴールを守る」という基本戦術から成り立っている．

表1　攻撃と守備の原則

攻　撃		守　備
ゴールを奪うために		ボールを奪い返すためにゴールを守るために
突　破	⇔	遅らせる
厚み，幅	⇔	厚み，集中，集結
活動性	⇔	バランス
即興性	⇔	コントロール

5 ● サッカーの基本技術の練習法

1) ドリブルを用いたミニゲーム

〈ドリブルコーン通過ゲーム〉（図2）

周囲の状況を観察しながら，顔を上げてドリブルする．相手をドリブルでかわし，コーンの間を通過

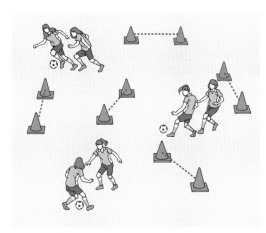

図2　ドリブルコーン通過ゲーム

できればゴール．

2）パスを用いたミニゲーム
〈3対3の4ゴールゲーム〉（図3）

3対3で左右どちらかのコーンゴールをドリブルで通過すればゴール．味方，相手，ゴールの位置を把握しながら，パスやドリブルを用いてゴールを奪い合うゲーム．

3）シュート技術を磨くミニゲーム
〈3対3＋サイドフリーマン〉（図4）

ゴール正面での中央突破と左右両サイドからのクロスボールに対するシュート技術を高めるためのゲーム．実戦的シュート技術の向上をねらいとする．

6 ●サッカーのチーム戦術（ゲームの進め方）
1）ボールや味方との関係からゴールを奪う．（図5）

図3　3対3の4ゴールゲーム

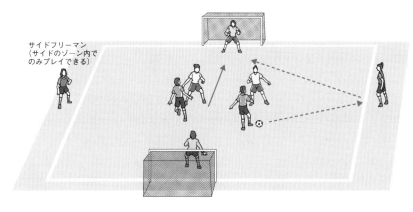

図4　3対3＋サイドフリーマン

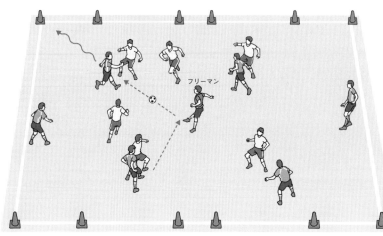

図5　ボールや味方との関係からゴールを奪う

［ゲームの行い方］
・6人対6人＋フリーマン（ボールを持っているチームの味方）1人．5分間．
・中央のコーン間にパス，あるいはサイドのコーン間をドリブル通過したら得点．

［ルール］
・オフサイドのルールは適用しない．

2）相手の状況を観て,判断してゲームを意図的に展開する.（図6）

3）フルコート11対11でシステムを意識してゲームをする.（図7）

7●セットプレイから攻撃する

サッカーのゲームでは，CK（コーナーキック），FK（フリーキック），PK（ペナルティーキック），スローインなどのセットプレイからの得点が勝敗を大きく左右する．セットプレイからの直接ゴールだけでなく，そのこぼれ球や二次攻撃からも多くの得点が生まれる．W杯などの世界大会でも全ゴール数の3割近くのゴールがセットプレイによるものである．

[ゲームの行い方]
・8人対8人,10分間.
・中央からのキックオフでゲーム開始.
・得点後は,得点されたチームのセンターサークルからキックオフでゲーム再開.
[ルール]
・得点がなかなか入らない場合は,フリーマン（ボールを持っているチームの味方）を1人入れる.

図6　相手の状況を観て,判断して意図的に展開する

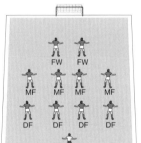

図7　フルコート11対11でシステムを意識してゲームをする

表2　セットプレイからの得点の割合
（年代別比較:FIFAのデータより）

	2014 ワールドカップ（ブラジル）	2013 U20ワールドカップ（トルコ）	2013 U17ワールドカップ（UAE）
総得点	171	152	172
セットプレイからの得点	38(22.2%)	45(29.6%)	34(19.8%)
CK	18(10.5%)	13(8.6%)	12(7.0%)
FK	8(4.7%)	15(9.9%)	10(5.8%)
PK	12(7.0%)	13(8.6%)	8(4.7%)
スローイン	0(0.0%)	4(2.6%)	4(2.3%)

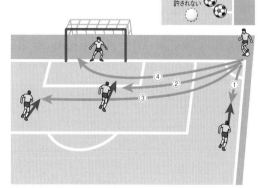

図8　セットプレイからの攻撃

8 — ラグビー

第2章
スポーツを
やってみよう

1●ラグビーの歴史

　ラグビーフットボール（以下，ラグビー）は，1800年代，フットボールが盛んに行われていたイギリスのラグビー校（パブリックスクール）で，禁止されていたボールを手に持って走る行為（ランニングイン）を行ったことから始まったとされる．この時に「サッカーの試合中」という説明をよく行うが，「フットボールの試合中」であり，決してサッカーの試合中ではない．ラグビー校は，ハーフタイムにサイドをチェンジする習慣や，H型のゴールポスト，横木のクロスバーの発祥とされている．そして，ラグビーに欠かせない楕円球の形をしたボールの起源もラグビー校である．

　競技としての形成は，1871年にラグビーフットボールユニオン（現ワールドラグビー）が発足し，イングランドを中心に国際的な競技として広まった．1987年より4年ごとに開催されているワールドカップ（表1）は，世界で延べ40〜42億人が視聴するスポーツイベントとして，サッカーワールドカップ，夏季オリンピックに次ぐ世界3大スポーツの祭典といわれている．

　日本には1899（明治32）年，慶應義塾大学の英語教師B.クラークと田中銀之助によって伝えられた．最初の試合は，1901年12月7日に慶應義塾と

YCAC（Yokohama Country & Athletic Club）の間で行われ，5-41でYCACが勝利している．競技人口は約12万人とされるが，1990年代前半をピークに減少傾向にある．2019年ワールドカップ日本大会に向けて，女子ラグビーの育成や強化，タグラグビーの普及推進活動，ワールドラグビーや日本体育協会と連携した指導者育成など，ラグビーに関わる人を増やす取り組みも行われている．日本ラグビーフットボール協会では，競技者，ファン，サポートする人を含めて「ラグビーファミリー」として，ラグビーの裾野を広げていくことを掲げ，競技人口を20万人に増やす計画も立てている．

2●ラグビーの特性

　ラグビーのゲームは，正式には1チーム15名，双方合わせて30名のプレイヤーが，1個のボールを奪い合う格闘的ゲームである．このゲームは，世界的に行われる近代スポーツのボールゲームの中では最も多人数のゲームである．多人数がグラウンドをいっぱいに使って，相手のゴールをめざすには，少人数では想像できないようなコミュニケーションに基づく連携プレイが必要である．また，個々のポジショナルなプレイが直接・間接に関わってチームの戦術として発揮される．そのことから，15名のプレイヤーが，お互いを信じ，お互いを助け合い，お

表1　ラグビーワールドカップの開催地と結果

大会（開催年）	開催国（ホスト国・地域）	優　勝	2　位	3　位	4　位
第1回（1987年）	オーストラリア　ニュージーランド	ニュージーランド	フランス	ウエールズ	オーストラリア
第2回（1991年）	イングランド　ウエールズ　スコットランド　アイルランド　フランス	オーストラリア	イングランド	ニュージーランド	スコットランド
第3回（1995年）	南アフリカ	南アフリカ	ニュージーランド	フランス	イングランド
第4回（1999年）	ウエールズ	オーストラリア	フランス	南アフリカ	ニュージーランド
第5回（2003年）	オーストラリア	イングランド	オーストラリア	ニュージーランド	フランス
第6回（2007年）	フランス	南アフリカ	イングランド	アルゼンチン	フランス
第7回（2011年）	ニュージーランド	ニュージーランド	フランス	オーストラリア	ウエールズ
第8回（2015年）	イングランド	ニュージーランド	オーストラリア	南アフリカ	アルゼンチン
第9回（2019年）	日　本				

図1 ポジション

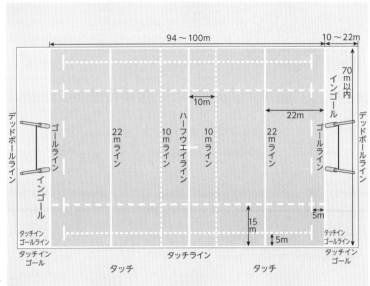

図2 ラグビーグラウンド

互いを理解することが重要なチームワークにつながる．まさに，"All for one, One for all" を具体化する競技である．

3●ラグビーの主なルール

1）得点

攻撃側のプレイヤーが相手のインゴール内でボールをグランディングするとトライ（ペナルティトライもある）で5点が入る．トライ後，トライをした地点の延長線上の好きな場所からキックでゴールを狙い，成功すれば2点．ペナルティキックを得た際，その地点からキックでゴールを狙い成功すれば3点．プレイ中に，ドロップキック（いったん地面に落としたボールを蹴る）によってゴールを狙い成功すれば3点が入る．

2）主な反則

大きく4つの区分がある．

①相手を危険にさらす行為やゲームの精神を冒瀆するような反則（重大な反則；危険なタックル，相手を殴る，故意の反則など）で，当事者に一時退場（シンビン）や退場を命ずる場合もあり，相手チームにはペナルティキックが与えられる．

②相手の選択肢を奪う，またはゲームの流れを止めるような反則（一般的な反則；オフサイド，ノットリリースザボール，ノットロールアウェイなど）では，相手チームにペナルティキックが与えられる．

③ゲームの流れに直接影響を与えないが，不公平を生む反則（軽微な反則；アーリーエンゲージ，ノットストレートなど）では，相手チームにフリーキッ

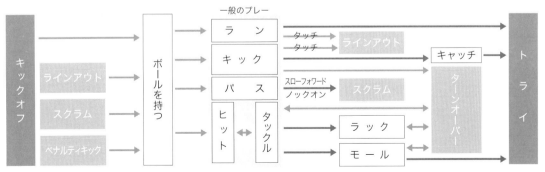

図3 ゲーム展開

クが与えられる．
④自分たちのミスで，ゲームの流れを止める反則（軽い反則：ノックオン，スローフォワードなど）で，相手チームにスクラムのボール投入権が与えられる．

3）ゲームの進め方

ラグビーはキックオフから始める．その他，スクラム，ラインアウト，ペナルティキックなどのセットプレイからも攻防が始まる．その後，ボールを持つプレイヤーは，①ランニング，②パス，③キック，④コンタクト（接触プレイ）のいずれかを選択する．相手とコンタクトした後は，ラックやモールという攻撃の起点となる密集プレイになることがあるが，プレイは継続される．途中，自分たちの反則やミスがなければ，いつまでも継続してボールを保持し続けることができる．そして，攻撃側の目的はトライをあげることである．防御側は，タックルを最大の武器にしながら相手のミスと反則を誘いボールを奪い返すことを目的に，防御を行う．

4●ラグビーの基本技術

1）ランニング

ボールを持った時には，向かってくるディフェンダーとまずは勝負し，相手を抜き去ることを考える．サイドステップ，スワーブ（弧を描くように，相手のタックルが届かないところをトップスピードで走り，抜き去る），ハンドオフ（サイドステップやスワーブで相手を抜き去ろうとしても，ディフェンダーはタックルしてくる．その時は，タイミングよく掌を出してタックルをかわす）などが代表的である．

2）パス

ボールを保持してランニングしていると，ディフェンダーがタックルで行く手を阻む．その時は味方にボールをパスする．この場合，ボールを受け取る側もパスを効果的に受け取れる場所に位置することが重要である．パスの種類としては，ストレートパス，スクリューパス，コンタクト時に行うオフロードパス（ボール保持者がタックルを受ける時に，芯をずらして当たり，自分の体重を預け，腕を自由に使えるように当たりながら，後方から走りこんでくる味方にパスを投げる）が代表的である．

3）キック

ラグビーはフットボールであり，キックでボールを前進させることも重要である．

試合中は，ハイパント（ボールを高く蹴り上げ，滞空時間を長くし，落下地点へ味方を走らせて，ボールの再獲得を狙うキック）を用い，得点を狙う場面ではプレースキックやドロップキックなどが代表的である．

4）コンタクトプレー（接触プレイ）

攻撃側はタックルを受けた後，密集からボールを継続し，再び前進を図る．そのため，タックルされて立ったまま密集を作り前進するのか（モール），タックルされて倒れた状況で密集をつくりボール継続の起点を作るのか（ラック）が，重要となる．

①モール

相手につかまり前進できなくなったら，倒れずに素早くボールを渡す．ボールを持ち込んだ1人目は，その後もしっかり踏ん張って味方の土台となる．2人目の選手は低い姿勢でボールを確保する．さらに味方がかけつけたら，2人目の両側に1人ずつサポートに入る．左右前後につながり，強固な塊となる．

②ラック

タックルによってプレイヤーが倒れると，他のプレイヤーは味方側の後方から倒れたプレイヤーのボールの上をまたいで相手にボールを奪われないように確保する．防御側もボールを奪いにくるので，低い姿勢で構えることが重要である．ゲート（ラックに参加するためにオフサイドをしない）を守ること，倒れこまないこと（膝をつかないこと）が重要である．

5）タックル

ボールを持った相手の攻撃を止め，攻撃権を奪い

図4　タックルの基本姿勢

返すための最大のテクニックである．安全対策面でも最も重要なプレイである．

①タックルの基本姿勢（図4）

頭は相手のお尻側にあてる．視線は常に相手から外さない．背中をまっすぐにし，首の付け根あたりを相手にあてるつもりで，ヒットする．あてる肩と同じ方の足を前に出し（パワーフット），力を前に押し出す．

②フロントタックル（図5）

正面の相手をまっすぐに倒す．低い姿勢で，しっかり踏み込んで相手の足に回した腕を絞り込むように締めながら足を掻いて前進し，相手の上に乗るようにして倒す．

6）スクラム（図6）

ボールを前に落とす「ノックオン」や前に投げる「スローフォワード」などの軽い反則があった時，再開されるためのリセットプレーとして行われる．FWの8名が塊になって，ボールの争奪を行う．

7）ラインアウト（図7）

ボールがタッチラインまたはタッチラインの外側の何かに触れる，またはボール保持者がタッチラインかタッチラインの外側の地面に触れればタッチとなり，ラインアウトからの再開となる．ラインアウトではスロワーの投げたボールを各チーム1列に並んだプレイヤーが競って取り合う．空中でキャッチする時には，サポートしたプレイヤーがリフトして，より高い位置でボールを確保し，確保後は，バックスにボールを渡すことやモールを作ってそのままボールを前進させることもできる．

5●ラグビーを楽しむ

ラグビーはコンタクト型のボールゲームで，怪我の発生率も高く危険な競技と思われがちである．事実，鍛錬されていない者や，ルールを知らない者がプレイすると大きな事故につながることもある．授業等での取り組みでは，安全管理に十分気を配り，専門的な指導者から正しいスキルを学び，プレイすることが重要である．しかし，身体接触をしないルールでラグビーを楽しむこともできる．それが「タグラグビー」や「タッチラグビー」である．小学校体育の授業にも導入されているタグラグビーは，タックルの代わりに腰に付けたタグを取ることで，攻撃を止める．タグを取られたプレイヤーは，その場に止まり，ボールをパスする．キックやセットプレイもなく，パスとランニングで攻撃を行い，チームでトライをめざす．安全でラグビーのテクニックを盛り込み，小学生から大人まで，さらに運動の苦手な人でもボールを持つ機会が多く，人気の競技になっている．ワールドカップでの日本代表の活躍や，オリンピックでの7人制ラグビーの活躍などで，ラグビーを観る機会も増えている．是非，楕円球に触って，ラグビーに親しんでみよう．

図5　フロントタックル

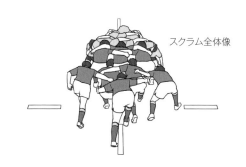

図6　スクラム

図7　ラインアウト

9 ― バレーボール

1 ● バレーボールの歴史

バレーボールは，1895年にアメリカのYMCA体育指導者であったモーガン（William G. Morgan）によって考案された．老若男女ができるレクリエーショナルなスポーツとして，全米各地に普及していった．

日本へは，1908年，アメリカのYMCAトレーニングスクールで学んで帰国した大森兵蔵によって紹介されたが，その後，1913年にアメリカのYMCAから派遣されたF. H.ブラウンがバレーボールを公開したのが，実質的始まりとされている．当初は16人制であったが，9人制へと移行し，1927年には日本排球協会が設立され，全国的に普及していくことになる．9人制は，現在も競技としてもレクリエーションとしても広く普及している．

第二次世界大戦後の1947年に国際バレーボール連盟（FIVB）が発足し，1949年に第1回世界選手権大会（男子）が行われた．1964年の東京オリンピックに公式競技となったことで，多くの国がFIVBに加盟し，世界的に普及発展するきっかけとなった．

1964年の東京オリンピックでは，日本の女子が金メダルを獲得し，1972年のミュンヘンオリンピックでは，男子が金メダルを獲得，続く1976年のモントリオールオリンピックでは，女子が2度目の金メダルを獲得し，国内におけるバレーボール人気が大いに高まった．

その後，女子ではソ連（現ロシア）に次いで，中国，キューバ，ブラジルといった国々がオリンピックでチャンピオンになり，選手の大型化と戦術などの男子化が特徴となってきている．男子では，ソ連（現ロシア）に次いで，アメリカ，ブラジル，オランダといった国々がオリンピックでチャンピオンになり，選手の大型化，高速で複雑な攻撃戦術とそれに対抗するためのディフェンスシステムが高度化し，男女ともデータを基にした戦術が構築されている．

2 ● バレーボールの特性

① ネットを境にして，主に腕や手を用いてボールを操作し，お互いにボールを落とさないようにネッ

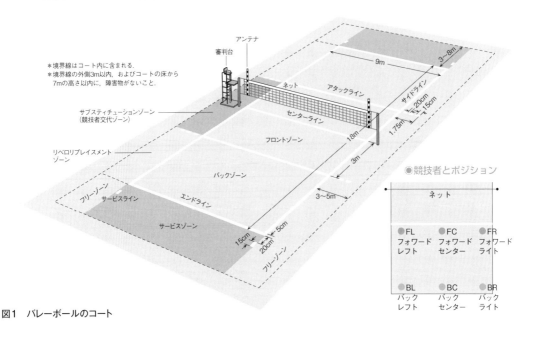

図1 バレーボールのコート

ト越しで，ボレーし合う競技である．
②サーブ，パス，トス，スパイク，ブロック，レシーブなどの技術を用いて，集団として攻撃と防御を繰り返し，得点を競うチームゲームである．
③ダイレクトでボレーするので，レシーブやトスの正確さと，相手のブロックやコートの空いているところにスパイクを打つための瞬間的な洞察力や判断力が必要とされる．
④バレーボールのそれぞれの技能を習得し，ゲームでその技能を発揮するために，筋力，瞬発力，敏捷性及び持久力といった体力が必要とされる．
⑤バレーボールの楽しさは，チームで協力して，レシーブからトス，そしてスパイクへつなげる三段攻撃によって得点を取ること．また，ディフェンス側は，相手の攻撃をブロックとレシーブからスパイクで切り返して，ラリーを制して得点を取ることが大きな喜びとなる．
⑥ゲームで三段攻撃やディフェンスから切り返して得点を取るために，攻撃や守備のフォーメーション等の戦術を理解することが重要である．

3 ● バレーボールの主なルール

①ゲームの開始と得点：サービスから行われ，ラリーを獲得したチームが得点を取り（ラリーポイント制），サービスを行う．
②ローテーション：得点とサービスを得たチームは，時計回りにプレイヤーが1つずつポジションを移動する．
③フォア・ヒット：同じチームがボールに4回以上触れて相手コートに返球した場合は反則（ブロックで触れた場合は数えない）．
④ダブル・コンタクト：同じ選手が2回連続してボールに触れた場合は反則（ブロックを除く）．
⑤キャッチ・ボール：ボールをヒットせず，つかんだり投げたりした場合は反則．
⑥タッチ・ネット：プレイ中にアンテナを含むネットに触れた場合は反則．
⑦ペネトレーション・フォールト：センターラインを越えて相手コートに入った場合は反則．

4 ● 基本技術からゲームへ

1) オーバーハンドパス

① 手の構え

親指と人差し指で三角形を作り，両肘をリラックスして開き，ハの字を描くように構える．

図2　手の構え（オーバーハンド）

② 直上パス

おでこの位置で構え，1～2mの高さで頂上パスを行う．ボールが落ちてくる前にパスする位置に移動して構える．構えた時に足首や膝を軽く曲げ，身体のバネが使えるようにする．

図3　直上パス（オーバーハンド）

2) アンダーハンドパス

① 手の構え

手のひらを合わせて，腕を伸ばすために手首を下に下げる．肩から腕と手で作られる三角形を面といい，手首を下に曲げると，肘が曲がらず，面を平らにすることができる．

アンダーハンドパスの構えは，膝が軽く曲がり，体重が足の親指の付け根あたり（母指球）にかかる．手と肘は体の前にくるようにして構える．

図4　手の構え（アンダーハンド）

② 直上パス

ボールの落下に合わせて，ボールを引きつけてから足首，膝を伸ばしてインパクトする．腕を振り上げたりせず，軽く膝の曲げ伸ばしを使ってパスをする．

図5　直上パス（アンダーハンド）

③ レシーブ

ボールの勢いをコントロールするために，腕を上から下におろしてレシーブをする．

図6　レシーブ

3）サーブ

① アンダーハンドサーブ

アンダーハンドサーブは，スイングとボールの捉え方が簡単なので，初心者や女性でも打ちやすい．

身体は，利き手と反対側の足を前に出し，やや半身になって立つ．

腕は後ろに引いた時に「イチ」，ボールをヒットする時が「ニー」．ボールをトスするのではなく，打つ位置にボールを置くようにする．

図7　アンダーハンドサーブ

② フローターサーブ

フローターサーブは，相手コートに正対して構えるため，方向が安定するので，正確に狙って打つことができる．

後ろ足から前足に体重を移動し始めたら，トスを上げ，体の前でボールをヒットする．腕を後方に引いてから，トスを低くしてボールの真ん中をヒットする．

図8　フローターサーブ

4）スパイク

① スイング

スパイクのスイングは，ボールを投げる動作に近く，肘を引いたテイクバックの時は，手だけでなく，上半身をひねり体幹のひねり戻しを使ってスイングする．

図9　スパイクのスイング

② 助走（ホップ→ツーステップ）

助走は，右利きの場合，右足を少し前に出して構え，左足を出して開始する．次に右足を大きく踏み出し，右足，左足の順に床につき，そのまま上にジャンプする．この時，後ろに引かれた両手は，身体を持ち上げるように腕を振り上げ，スイング動作に入る．

図10　スパイクの助走

③ トスの高さと助走開始のタイミング

ネット上の2mぐらいの高さのトスからスパイクを打ち始める．セッターの手からボールが離れると

ほぼ同時に助走を開始するとタイミングが合う．

④ ボールのインパクトと着地

　ボールをヒットするインパクトの位置は，右肩の前で，肘が落ちないように高い位置でボールを捉える．着地は身体全体のバランスを保って，両足で着地する．

5) ブロック

① 構え

　手を肘よりも高い位置に上げ，足首，膝を軽く曲げて，いつでもジャンできるように構える．

図11　ブロックの構え

② 移動のステップと手の突き出し

　左右に移動する場合は，サイドステップもしくは，移動する足を出して，クロスステップで移動する．手と腕はネットに沿って，できるだけ前方に出すようにする．ブロックの形を残したまま，空中のブロック姿勢を維持して着地をする．

6) ミニゲーム

① ミニゲーム（2対2）

　三段攻撃を数多く実施し，バレーボールの楽しさや面白さを体験することが目的のミニゲーム．

　相手からのファーストボール（サーブ，スパイク）に対しては，キャッチ，その後素早くセッターに投げ，1本目キャッチしたプレイヤーがスパイクを行う．三段攻撃を可能にするため，1本目のキャッチをOKにするなど，ルールなどの工夫が必要である．

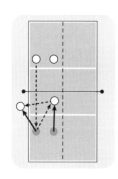

--→ : ボールの動き
→ : 人の動き
〈ルール〉
・コートは半分の広さ
・1本目はキャッチ
・2本目はトス
・3本目はスパイクで返球

図12　ミニゲーム（2対2）

② ミニゲームⅡ（4対4）

　レセプション（サーブレシーブ）側は，三段攻撃で攻めること．ディフェンス側は，ブロックから切り返して，スパイクで得点が取れるようになることが目的のミニゲーム．

　三段攻撃を多く行うために，レセプション側の隊形はV字形にし，セッターはネット際に位置する．

　ディフェンス側は，前衛の2人がネット際に立ち，相手のスパイクに対して，ブロックを行い，レシーブをセッターに返球して，スパイクで攻め返す．

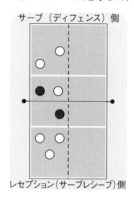

〈ルール〉
・コートは半分の広さ
・サーブはアンダーハンドサーブ
・ディフェンス側の前衛は，ネット際で構えてブロック
●：前衛右サイドはセッター
・レセプションの隊形はセッター以外はV字形
●：レセプション側の前衛右サイドのセッターは，ネット際で構える

図13　ミニゲームⅡ（4対4）

7) ゲーム（6対6）

　セッターとリベロを固定し，三段攻撃を多く発揮できるようにすることが目的のゲーム．また，ディフェンス側は，相手のスパイクをブロックし，レシーブからスパイクで切り返せるようになることが目的のゲーム．

　6対6のゲームの中で，三段攻撃を多く発揮するため，相手のスパイクをブロック，レシーブ，トス，スパイクで切り返すためには，セッターやレシーブ専門のリベロプレイヤーのポジションを固定するなど，ルールを工夫する必要がある．

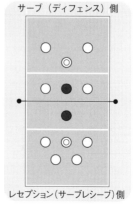

〈ルール〉
・コートは正規の広さ
・サーブはアンダーハンドサーブ
●：前衛真ん中はセッター
・ディフェンス側の前衛は，ネット際でブロックの構え
◎：後衛の真ん中はリベロプレイヤー（レシーブ専門）
・レセプションの隊形はセッター以外はW型

図14　ゲーム（6対6）

10 — テニス

1 ● テニスの歴史

テニスは800年以上にわたる長い歴史をもつ．その原型とされる「ジュ・ド・ポーム（手のひらのゲーム）」は，11世紀にフランス修道院で考え出されたとされる．また，スポーツ史の研究によれば，12世紀の小説にフランスの一地方で行われたテニス大会の記述があるという．これらのことから，テニスはフランス発祥のスポーツとされている．その後14-15世紀にかけて，ヨーロッパ各地に広まった．16世紀以降は手のひらではなくラケットが使用され始めた．この当時は様々なローカルルールが存在したが，19世紀における国際大会の普及とともにルールも統一され始め，名称は「ローンテニス」に定着した．そして1877年のウィンブルドン大会創設により，近代テニスの幕が開ける．

日本で正式に硬式テニスが紹介されたのは，1878（明治11）年に文部省（現文部科学省）に体育伝習所が開設されてからである．その後，コストの問題から日本ではソフトテニスを中心に，全国の学校に広がった．硬式テニスは，1913（大正2）年より大学で本格的に導入され，1967（昭和42）年の民間テニスクラブ開設とともに学校以外の場でも次第に普及していった．現在では，高校の部活で硬式テニスを行う学生は10万人を超え，他競技と比較しても5番目に競技人口の多いスポーツとなっている．

テニスの発展とともに技術・戦術も変化していった．第1回のウィンブルドン大会では，全選手がアンダーハンドサーブであったが，翌年の第2回大会では上から振り下ろすオーバーヘッドサーブが登場する．その後はサーブの優位性を活かし，サーブ・アンド・ボレーが有効な戦術となる．次いでこの戦術を打ち砕くために，ボールを上に上げるロビング

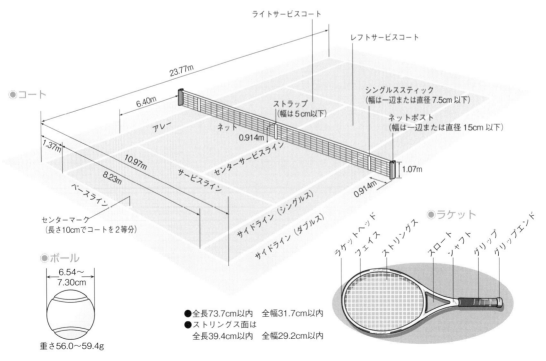

図1　テニスのコート

が使われ始め，ボレー攻撃をかわすようになる．最終的にはロビングを打ち抜くスマッシュが使われ始め，現代テニスの基本的な技術が確立する．

2 ● テニスの特性

テニスはネットを挟んで相対し，1人または2人でラケットを使用して行われるスポーツである．またラリーがつながる楽しさがあり，幼児から高齢者まで幅広い年齢層で行えるスポーツでもある．

パワーで戦う，遅いボールでもコントロールを重視して勝負することができ，ボールタッチや回転を工夫し，相手を揺さぶる戦い方も可能である．テニス上級者の試合中における平均心拍数は140拍/分であり，最高心拍数は170-180拍/分となり，強い運動が間欠的に行われる．試合中の1点を取るために必要な平均ポイント時間は6秒前後であるが，試合時間は2時間を超えることも多い．つまりテニスでは瞬発力と全身持久力の両方が必要となる．テニス技術の中心となるストローク動作において，ラケットとボールの接触時間は1000分の4～6秒であり，一瞬でボールの行方が決まる．ボール回転数は普通のトップスピンボールで，27.1～35.7回転/秒，ヘビーなトップスピンでは43.5～66.6回転/秒になる．

3 ● テニスの主なルール

サーバーは必ず1ポイント目を，コートの右サイドからネットを挟んで斜め前方のサービスエリアに入れるようにサーブする．1球目のサーブが入らなければフォルトとなり，もう1球同じサイドからセカンドサーブを行う．連続して2回フォルトした場合，サーバー側の失点となる．1ポイント終了毎に，サーバー及びレシーバーのサイドは変わる．ダブルスの場合はリターンするサイドが決まっており，必ず2人が交互にリターンする．4ポイントを先に取った方がそのゲームを取るが，3対3以降は，2ポイント離れるまでゲームを続ける（デュース）．

またサーバー側のポイントを先にコールする．硬式テニスのポイントコールは長い歴史の中で独特に発展してきている．例えば，1対0をフィフティーン・ラブ（つまり15対0），2対1はサーティ・フィフティーン（30対15）とコールする．3点目は非常に特殊であり，フォーティ（40）とコールする．つまり1対3はフィフティーン・フォーティ（フォーティファイブではなく）というコールとなる．多くの試合では公式戦であってもセルフジャッジとなる．そのためポイントコールはサーバーが大きな声で相手に聞こえるようにする．

コートチェンジは，ゲーム数が足して奇数になる場合に行う（1-0, 1-2, 3-4など）．試合はワンセットマッチの場合は，基本6ゲームを先に取った方が勝ちとなり，スリーセットマッチの場合は2セット取った方が勝ちとなる．

4 ● テニスの基本技術

テニスの基本技術として，サーブ，グラウンドストローク，ボレーがあげられる．

1）グラウンドストローク

グラウンドストロークにはコートにバウンドしたボールを利き手側で打つフォアハンドストロークと，その反対側で打つバックハンドストロークの2種類がある．現代テニスではフォアハンドは片手で，バックハンドは両手で打つスタイルが主流である．ストロークでは，①ボールの方向を判断した時点でボ

図2　フォアハンドストローク

図3　バックハンドストローク

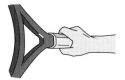
●ウエスタングリップ

上向きのスイングで，回転量の多いトップスピン系（順回転）のボールを打つ時に用いる．

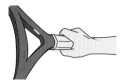
●セミウエスタングリップ

やや上向きのスイングで，ある程度回転量の多いトップスピン系のボールを打つことができる．

●イースタングリップ

回転数の少ない順回転のボールを打つ時や，フラット系あるいはスライス系のボールを打つ時に用いる．

●コンチネンタルグリップ

当てて返すだけのグラウンドストロークやスライスボレー，サービス，スマッシュに適した握りである．

図4　グリップを理解しよう

ディターン開始，②ボールがバウンドした時点でテイクバック完了，③インパクト，という3段階をタイミングよく行う．練習や試合では，ボールのコースをストレートとクロスに打ち分けることが必要である．ストレートに打つ場合は，ラケット面がベースラインとほぼ平行の時にインパクトする必要があるが，クロスボールを打つ場合は，打点がストレートの場合より13-30cm前方で，かつ5cmほど体に近くなる．

2）サーブ

サーブは相手に関係なく自分から始められる唯一の技術であり，多くの場合，サーブの入る確率は試合結果を大きく左右する．基本的な動きは投球動作に類似しており，下半身のひねり，のび上がりをうまく上半身に伝え，ラケットを加速させる必要がある．最初に重要な課題は，安定してボールを上に投げ上げるトスアップである．サーブでは基本的に前足を固定した状態でトスアップを行うため，最適な打点の位置は限定される．そのため，前後左右の体のぶれを少なくした状態で，トスアップし，上方向へのボールリリース時に手のひらは，地面と平行になるよう安定させる．トスの高さは，インパクト時の高さのさらに20-30cm上になるように行う．トスアップとほぼ同時にラケットを後ろ方向に引き，トスしたボールが頂点に達した時点で，テイクバックは終了しておかなければならない．スイングは，肘が先行して腕を振り出し，前腕の回内動作（スナップ）を利用する．全体としては，膝—腰—肩—肘—手首のひねり・運動連鎖をうまく作り出し，ラケットスピードを上げてインパクトする．

3）ボレー

ボレーはノーバウンドでボールを打つ技術である．基本はスライス面であてる打ち方をするが，近年では下からボールをこすりあげるドライブボレーも多く使われている．ボレーで必要なことは，適切な状況判断とスピードボールに対応できる安定したコンパクトなスイングである．相手が打つ直前にスプリットステップ（軽くて小さい両足ジャンプ）を行い，ボディターンして，軸足を決め，踏み込みながらボールをヒットする．

図5　サーブ

5● 練習方法

　初心者・初級者では，まずラリーを続けることが目標となる．初回の練習ではボールのバウンド，ラケットの握り方や扱いに慣れることから始める．導入段階で身につけるラケットの握り方は重要である．グラウンドストロークでは，イースタングリップかセミウエスタングリップかその中間が望ましい．サーブ，ボレー，オーバーヘッドスマッシュでは，コンチネンタルグリップがよい．グラウンドストロークでは適切な打点を意識しながら短い距離で打ち合うことや，ボールスピードが遅いスポンジボールを利用することもよい練習となる．基本練習として，その場で適切な打点の真上でボールをペアに落としてもらい，まっすぐボールを飛ばすことや，2，3m先からボールを手投げしてもらい，確実にボールをコントロールすることから始めるとよい．その後，ネット越しに球出しされたボールをストレートとクロスに打ち分け，コート反面で相手とストレートで打ち合う練習に進む．

　サーブでは，フラット系とスライス系を練習するとよい．練習では自分の身長に合った力の入りやすい最適な打点をまず確認する．次に軽く万歳をするような動きで，トスアップと同時にラケットを素早く後ろに引き，体の右前方でインパクトできるようにタイミングを合わせて腕を振り出し，インパクト直前でスナップを使う．サーブ練習では，サービスエリアに入る確率を重視すべきで，入るようになったら，右左にコースを打ち分け，相手の苦手コース（特にバックサイド）を狙える練習をする．ボールスピードが出ない場合は，グリップに力が入りすぎ

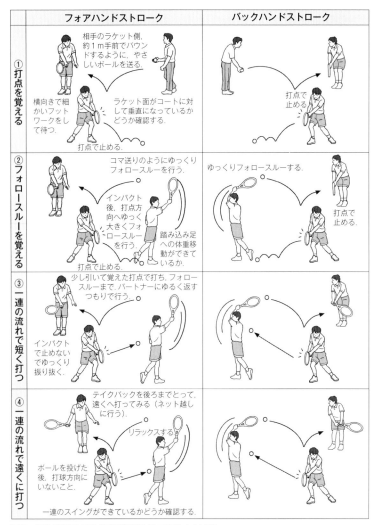

図6　初心者導入の具体例（『新版 テニス教本』より）

ている可能性があるので，小指や，中指を少し離して軽く握り，インパクト直前に強く握りしめるとよい．

6● テニスの戦い方

　テニスの試合におけるポイントは，8割程度がラリー中のミスで決まる．サーブやストロークでのエースは気持ちがよく，狙いたくなるが，テニスの基本的な戦術は自分がミスせず，相手にミスさせるというものである．そのため，①相手のいないところにボールを打って相手を走らせる，②早いタイミングで返球することで，時間的な余裕を与えない，③相手の裏をかいてドロップショットをする，ボディショットを打つ，ペースを変える，といった戦術が有効である．

11 — 卓球

1 ● 卓球の歴史

19世紀，イギリスの貴族の間で大きな食堂のテーブルを台にして，球状のコルクをボールに，木の蓋をラケット代わりにしてテニスのミニチュア版として遊んだのが卓球の始まりとされている．その後，室内の狭いスペースでも実施可能な新しい遊戯として紹介され，ボールはコルクからゴム製になり，ラケットは中が空洞で皮が張っているものに柄がついたものを使用するようになった．ボールがテーブルに触れた時に「ピン」，ラケットに当たった時に「ポン」という音の響きから「ピンポン」とされたと，その名前に由来が説明されており，その後に「テーブルテニス」と呼ばれるようになった．日本では，1902（明治35）年に東京高等師範学校教授の坪井玄道が，欧州留学からの帰国の際に用具を持ち帰ったことにより普及したといわれている．

2 ● 卓球の特性

卓球は，初心者から気軽に楽しめる競技として，手軽に取り組める最適で身近なスポーツである．卓球は，ネット型スポーツに分類され，ネットを挟み，向かい合ったプレイヤーがラケットでボールを打ち合う競技である．比較的狭い範囲で行うことができる中，その近い距離の間で，瞬時に相手の動きやボールのコース，スピード，回転を見極め，打ち返さなければならないため，瞬間的な判断力が必要な競技である．また，「ボールの回転」と「ボールのスピードのコントロール」は卓球の技術向上の基本であり，理解が進むと卓球の面白さも広がっていく．

ゲームには，シングルスとダブルスがある．ダブルスでは，パートナーと交互に打つためコース取りも大切な戦術となり，シングルスにはないペア同士の駆け引きの面白さも得られる．

3 ● 卓球の主なルール

1）基本ルール

・1ゲーム11点先取となり，10対10以降は2点リードした方が勝ちとなる．
・相手側のサービスやリターンの失敗，反則によって1点を得るラリーポイント制である．

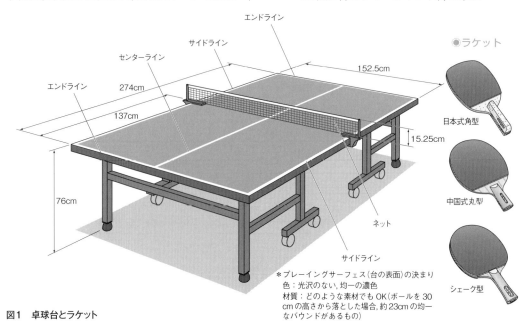

図1　卓球台とラケット

- 1マッチのゲーム数は，5ゲーム（3ゲーム先取），または7ゲーム（4ゲーム先取）で実施する．
- サービスは2本交代，10対10以降及び促進ルールを適用する場合は1本交代となる．
- 自分のコートにワンバウンドしたものを，相手コートに返す．
- ラリー中はネットに触れて入ってきても，そのまま続行することができる．
- サーブも含め，ラケットとそれを持つ手首から先までの打球は有効となる．

2）ダブルスのルール

- ペアの二人が交互に打球を行う．
- サービスを出せるエリアは自陣の右コートから対角にある相手側の右コートのみとする．
- サービスとレシーブには順番があり，その順番を必ず守らなければならない．サービスとレシーブは図2の順序で行う．
- 得点が10対10以降，もしくは促進ルール適用後は，サービスは1本ずつ，同じ順序で行う．

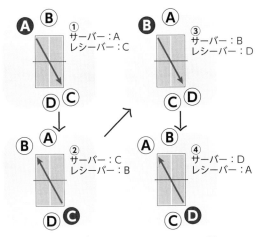

＊サーブは2本交代で，A→C→B→Dの順
必ず，サーブレシーブ後，サーブが回ってくる

図2　ダブルでのサービスとレシーブの順序

3）サービスのルール

- ボールは16cm以上真上に投げ上げ，エンドラインよりも後方（横や下からは無効）から打たなければならない．
- サービスは，自陣のコートと相手のコートにワンバウンドさせなければならない．
- ネットに触れて入った場合は，何度でもやり直しができる．
- 打ったボールが台のふち（エッジ）に当たった場合を「エッジボール」と言い，正規のリターンとみなされる．ただし，ボールが台の側面（サイド）に当たった場合は失点となる．

4）その他のルール

①促進ルール

- ゲーム開始後，10分経ってもそのゲームが終了しない場合，「促進ルール」が適用される（両者のスコアの合計が18点以上の時は適用されない）．
- サービスを受けるレシーブ側が13回返球すると，レシーブ側のポイントとなる．
- サービスも1本交替に変更される．

②主なプレイのやりなおし（レット）

- レシーブ側コートにワンバウンドする前に，ボールが相手の体やラケットに当たった場合．
- レシーブ側の選手が準備する前にサービスを行った場合．
- プレイ中にボールが破損した場合．
- サービスやレシーブの順序の間違いがわかった場合．

4●卓球の基本の動作

1）基本姿勢

両足の位置は，肩幅よりやや広めに開き，膝は軽く曲げる．目は相手を見てあごを少し引き，上体は背筋を伸ばして前傾させ重心をやや前に移す．

2）基本ストローク

①フォアハンドストローク

利き腕の方へきたボールを打ち返す打法．右利きの場合，体重を右足に移動させながら肘を後ろへまわす．次に，体重を左足へ移動させながら，インパクトの瞬間にボールに体重を乗せるようにして，最後に腕を振り切る．フォアハンドの基本姿勢は，ラケットを体の正面に戻すことを意識する．

②ハーフボレー

シェークハンドによるフォアハンドの反対側から打ち返す打法である．レシーブ時にボールの正面にまわりこみ，肘を支点にラケットを持つ腕の肘を素早く下から押し出す．

③ショート

ペンホルダーによるフォアハンドの反対側から打

ち返す打法である．ラケットの角度を垂直にして，バウンドしたボールをすぐに打ち返す．

④ショートカット（ツッツキ）

台上で小さくカットする技術であり，フォア側，バック側のそれぞれに打法がある．ラケットの向きは，打球面を45度程度上向きにして，ラケットの先の方でボールを送り出すように打ち返す．

⑤スマッシュ

ボールをたたきつけるように速く振り抜く打法．相手のコートにボールを強く打ち込むように腕を振り抜く．ドライブは，スマッシュと同様に相手側に強く打ち込むストロークであるが，下から上へスイングさせて回転を意識することが重要になるため，スマッシュとは区別される．

5●試合を楽しむために

1）ボールの回転を理解する

卓球では，ラケットをどう動かすかによってボールに回転をかけることができる．上回転は，前方向に強く進ませる回転である．ボールの上の頭の部分を手前から相手の方向へラケットを動かすことで前進回転（トップスピン）となる．下回転は，レシーブ側のラケットに当たると下向きに落ちてネットにかかりやすくなってしまう回転である．ボールの底部を，手前から前方に向かってラケットを動かすと，後退回転（バックスピン）となる．横回転は，横に曲がる回転である．レシーブ側から見て右に曲がってくるカーブの回転がかかっている場合と，レシーブ側から見て左に曲がってくるシュートの回転がかかっている場合の左右両方の回転がある．ボールの側面を捉えてラケットを左から右方向（または，右から左方向）に動かすと横回転（サイドスピン）となる．

2）回転ボールを返すには

相手からのボールに回転がかかっていることを理解できないと，ボールを返すことは難しい．回転とはね返る方向について理解することで，卓球はさらに楽しくなってくる．

上回転は，そのまま受けてしまうと上方向へはね返るため，上回転を返すには，ラケットをかぶせるように振り抜くとよい．下回転を返すには，ショートカット（ツッツキ）で対応し，下回転をさらに強い下回転で返す，または下回転に負けない前進回転（ドライブ）をかけるとよい．そして，横回転には，そのまま受けると飛んでいく方向に対して，その反対の方向へラケット角度を作り打つように意識する．

3）練習のバリエーション

①エリアゲーム

1対1のペアを作り，コート半分のエリアのみ（正面，対角）に限定してゲームを行う．

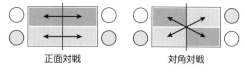

図4　エリアゲーム

②ランニング卓球

コートを挟んで2～3名で並ぶ．打った後に反対

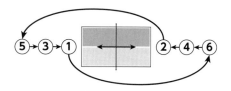

図5　ランニング卓球

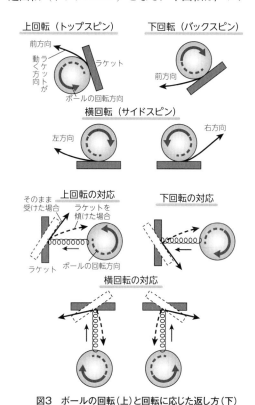

図3　ボールの回転（上）と回転に応じた返し方（下）

コートの最後尾に移動する．ぶつからないように，打った後に移動する方向を決めておく．

③チーム対抗ミス抜けラリー

コートを挟んで並び（2〜4人程度），1回打球後，自分のチームの最後尾に移動する．ミスが3回になった者は，チームから抜けていく．相手を全員抜けさせる，もしくは，時間制限にて，多く残ったチームが勝利．

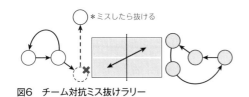

図6　チーム対抗ミス抜けラリー

④時間制多対戦ゲーム

3〜5分間の制限時間の中で，得点の多い方を勝者とする．下図の要領で移動し，対戦相手を変えていく．多くの対戦が可能になるため，試合経験を積むことや，コミュニケーション促進のために行うのもよい．

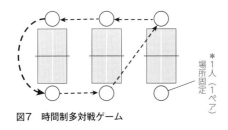

図7　時間制多対戦ゲーム

6●もっと卓球を知ろう

1）ラージボール

初心者から高齢者まで楽しめるようにという発想から誕生した競技．通常のボールよりも大きめで軽く，回転数も少ないため，ラリーが続きやすい．

2）パラリンピック卓球

一般の競技ルールに準じて行われるが，障がいの種類や程度によって一部のルールが変更されている．例えば，サービス時にトスが困難な選手の場合は，一度自陣のコート上にボールを落としてからサービスするなどのルールが認められている．

3）サウンドテーブルテニス

一般の卓球が困難な視覚障がい者（視力が0〜0.03及び視野5度以内）用に開発された卓球．視力の差をなくすためアイマスクを着けて競技するため，健常者でも同じ条件下で試合ができる．ラバーの貼られていない卓球ラケットで，転がると音がする金属入りのボールを転がし打ちすることによって得点を競い合う．四方に木枠のついた台上で，ネットの下（4.2cm）を通して打ち合う．

4）うちわ卓球

うちわをラケット代わりに使用して行うレクリエーション卓球．テーブルはどんなものでもよく，幼児から高齢者まで場所を問わず楽しむことができる．うちわは，私たちの身近にあり，その上，紙製のため安全も確保され，どこででも簡単に実践することができる．

---

column

■卓球がもっと面白くなる！―あなたの知らない毎秒120回転の世界―

皆さんは，「チキータレシーブ」という言葉を聞いたことがありますか？（なんだか美味しそうな名前ですね）ピーター・コルベル選手（チェコ）が生み出した打法で，ボールの弾道がバナナのように曲がることから，バナナのブランド「チキータ」の名が付けられたレシーブの1つです．チキータは，バックハンドでボールに強い横回転を加えてカーブをさせながら相手のコートに返す攻撃的な打法で，世界のトップ選手たちも多用しています．かつて，国立スポーツ科学センターは，チキータ対策のためにマシン開発を依頼しました．そこで，生まれた練習マシンが「チキー太くん」（スナガ開発株式会社製）です．機械工学の見地からも，ボールの回転とスピード，そして強弱を再現するために多くの苦労が重ねられ，ついにロンドン五輪前に，毎秒120回転にも達するチキータの鋭い球筋を再現するマシンが完成しました．その後の日本卓球界の目覚ましい躍進は，みなさんもご存知でしょう．人の複雑な動作を再現する日本の技術力の高さもさることながら，複雑で難解な軌道のボールを瞬時に打ち分けることのできるトップ選手の姿にも魅了されます．これからも期待高まる日本選手のひと振りに注目して，その凄さを堪能しましょう！

12――バドミントン

第2章 スポーツをやってみよう

1●バドミントンの歴史

　バドミントンの起源は，イギリスに古くから伝わるバトルドーアンドシャトルコックという羽根突き遊びである．19世紀の中頃には，この遊びがイギリスのバドミントン村にあるボーフォート公爵家の邸宅，バドミントンハウスの大広間で盛んに行われていた．最初は，1人または2人で打ち合い楽しんでいたが，その後，競技化していった．これをきっかけに，この新しいゲームはバドミントンハウス以外の所でも楽しまれるようになり，様々なルールが作られていった．当初，この競技には確たる名前が存在しなかった．しかし，バドミントンハウスでのバトルドーアンドシャトルコック遊びがこの競技の始まりだったことから，1870年代にバドミントンという名称が定着したといわれている．

2●バドミントンの特性

　バドミントンは，現行の学習指導要領では球技領域の「ネット型」に位置づけられている．ネットを挟み，1対1または2対2でシャトルを打ち合う競技で，種目には，男女別に行われるシングルスとダブルスがある．さらに，男女がペアを組んで競技するミックスダブルスがある．

　バドミントンの特徴は，天然の鳥の羽根で作られたシャトルが使われることである．このシャトルの最大の特徴は，飛行速度の緩急差で，世界のトップレベル選手になると，スマッシュの初速が時速400kmを超える．これは球技種目のボール飛行速度では最速である．しかし，これが相手の手元に達する頃には，時速60kmぐらいに減速する．この飛行速度の緩急差は他のスポーツ種目にはみられない

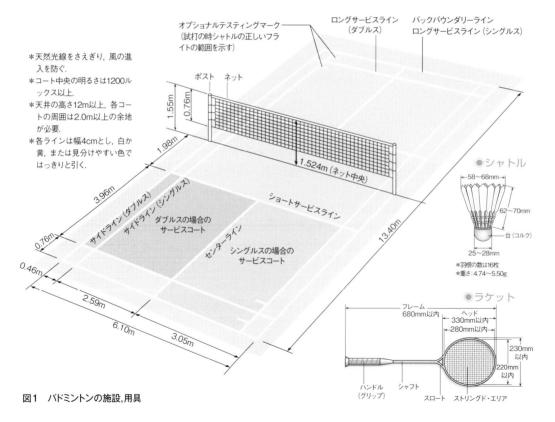

図1　バドミントンの施設，用具

もので，このスピード感がバドミントン最大の魅力
といえる.

3●バドミントンの主なルール

1）ゲーム開始の方法

①トス（ジャンケンなど）で勝った方が，第1ゲーム開始の（a）最初にサービスをするか，レシーブをするか，（b）コートのどちら側のエンドを選ぶか，を選択する.

②主審の「ラブオールプレイ」の合図でサービスをして，ゲームを開始する.

③第2，3ゲーム開始のサービスは，前のゲームに勝った方が行う.

2）得点と勝敗

①相手側のサービスや返球の失敗，フォルト（反則）によって1点を得る.

②1ゲームは，21点先取で勝ちとなる．ただし，20対20となった場合（セッティング：デュースと同じ意味）は，2点先取するか，先に30点目を得点した方が勝ちとなる.

③2ゲーム先取した方が勝ちとなる.

3）チェンジエンド

①ゲーム終了ごとに交替する.

②第3ゲームでは，どちらかが11点に達した時に交替する.

4）インターバル（休憩）

①各ゲームでどちらかが11点に達した時，60秒を超えないインターバルをとることができる.

②ゲームとゲームの間に，120秒を超えないインターバルをとることができる.

5）サービスに関するルール

①ゲーム開始のサービスは，右サービスコートから対角の相手側のサービスコートに入れる.

②ゲーム中のサービスは，得点によって左右交互のサービスコートから打つ（サーバー側の得点が0または偶数なら右側から，奇数なら左側から打つ）.

③サービス側がラリーに勝った時は，同じ人が左右サービスコートを替えながら続けてサービスを打つ.

④レシーブ側がラリーに勝った時は，サービス権が移り，自分（自ペア）の得点が偶数なら右側，奇数なら左側のサービスコートからサービスを打つ.

6）サービス時の主なフォルト

①アバブ・ザ・ウェスト：シャトルを打った時，シャトル全体が腰よりも低くなかった時.

②フット・フォルト：サービスが終わるまでサーバーまたはサービスレシーバーの両足の一部がコート

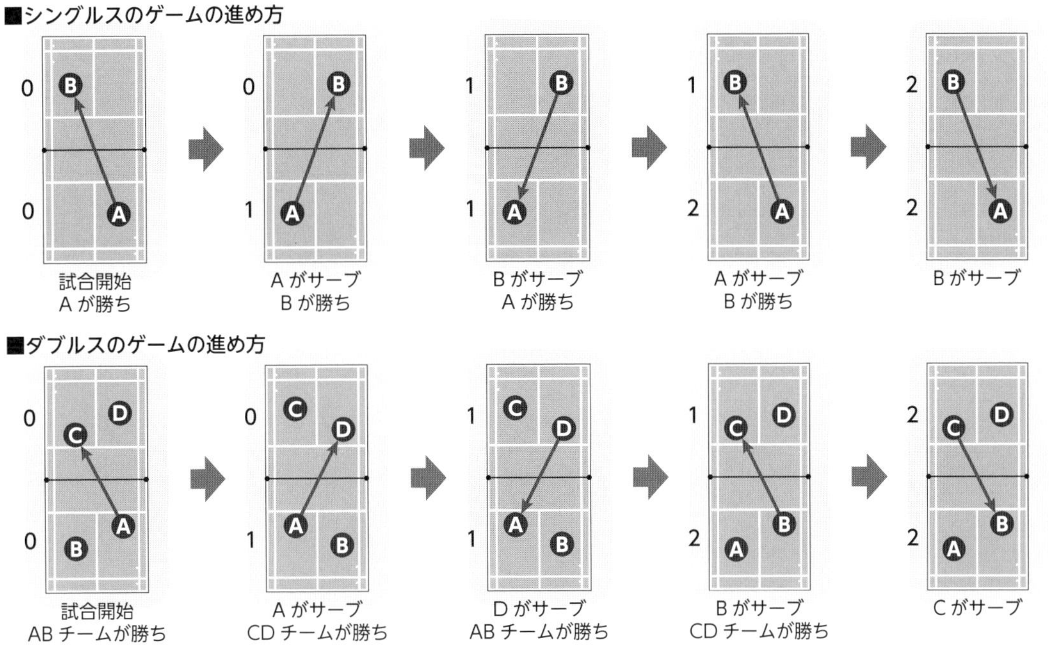

■シングルスのゲームの進め方

試合開始 A が勝ち	A がサーブ B が勝ち	B がサーブ A が勝ち	A がサーブ B が勝ち	B がサーブ

■ダブルスのゲームの進め方

試合開始 AB チームが勝ち	A がサーブ CD チームが勝ち	D がサーブ AB チームが勝ち	B がサーブ CD チームが勝ち	C がサーブ

図2　ゲームの進め方

面に接してなかったり，位置が移動した時．
③サーブ・ミス：サーブを空振りした時．
④アウト：ネットの上を越えなかったり，サービスコートに落ちなかった時．

4●バドミントンの基本技術
1）グリップの握り方（図3）
バドミントンラケットを上手く使えない最たる理由は，正しいグリップの握り方ができていない場合が多い．グリップの握り方にはいくつかの方法があるが，代表的なのはイースタングリップ，サムアップグリップ，リストスタンドである．
①イースタングリップ：親指と人差し指でVの字ができるように握るグリップである．多くのショットに対応でき，力強いストロークができる．
②サムアップグリップ：親指を立て，それを支点にした力を使うグリップである．バックハンドストロークの際に多用される．
③リストスタンド：手首を立て，ラケットと腕をV字型に保つ．ストロークではこの状態を保つことが重要である．

2）個人練習
①直上打ち
シャトルを落とさないように，連続で高く打ったり，低く打ったり，フォアハンド，バックハンド，オーバーハンドで打ったりする．
②シャトルキャッチ
ラケットにシャトルを乗せ，投げ上げたシャトルをラケットでキャッチする．最初は低い位置から少しだけ浮かしたものをキャッチし，最終的には高く打ち上げたシャトルをフォアハンド，バックハンドでキャッチする．
③シャトルすくい
床に置いてあるシャトルをラケットですくい上げる．フォアハンドだけでなく，バックハンドでもすくい上げる．

5●ペア練習
①サイドラインに向かい合って立ち，ロングハイサービス，ショートサービスのフォアハンド・バックハンドを打つ．その際，サービスはシャトルキャッチし，交互にサービスを行う．
②サイドライン上に向かい合って立ち，アンダーハンドサービスから始めて，連続で打ち合う．慣れ

●イースタングリップ　●サムアップグリップ
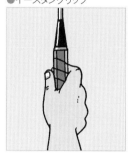
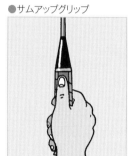

●リストスタンド

図3　グリップの握り方

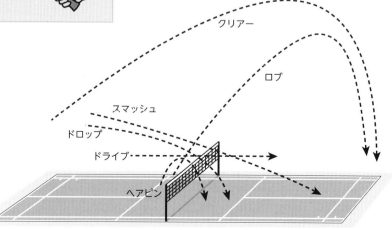

図4　フライト（シャトルの飛び方）

てきたらフォアハンドだけでなく，バックハンドでも打つ．

③コートに2～3ペアが入り，ネットを挟んでサービスコートからサービスエリアに，ロングハイサービス，ショートサービスのフォアハンド・バックハンドを打つ．その際，サービスはシャトルキャッチし，交互にサービスを行う．

④コートに2～3ペアが入り，アンダーハンドサービスから始めて，連続で打ち合う．慣れてきたらフォアハンドだけでなく，バックハンドでも打つ．

⑤コートに2～3ペアが入り，ハイクリアー，クリアー，ドロップ，スマッシュ，ドライブなどのいろいろな球種を用いてラリーを組み立てる．

⑥コートに2～3ペアが入り，お互いが必ず片足をサービスライン上に残して，ヘアピンのラリーを行う．その際，サービスから行うとシャトルが飛びすぎる場合があるため，アンダースローでシャトルを相手コートに投げ入れて始める．

⑦コートに2～3ペアが入り，お互いサービスライン上に立ち，前方に一歩大きく踏み出し，腕を伸ばしてラケットの先端でネットに触れる．その後，前に踏み出した足を軸足後方に大きく一歩引き，軸足を後方にクロスさせ，さらに後方に一歩引いてラケットを大きく振る．このフットワークを連続して5回ペアで競争する．この場合，視線は常に前方の相手に向けておくことが必要である．

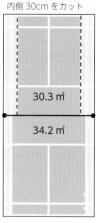 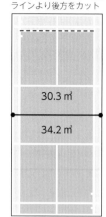

図5　縮小コートの概要

6●ルールの工夫

技能レベルの異なる相手との技能差を補う知恵の1つとして，「ハンディキャップ制」がある．これは，「勝敗の未確定性」の保障を企画し，お互いが最後まで全力で競い合うための工夫であり，「弱者」へのお情けルールではない．

7●バドミントンの安全管理

①ラケットを振る時は，周りに人がいないか確認する．
②ダブルスの前衛は，後衛が打つ時に後ろを振り向かない．
③プレイ中のコートには入らない．
④使わないシャトルをコートに放置しない．

column

■「バドミントン伝来之地」の真偽

長崎市の出島には，「バドミントン伝来之地」と書かれた石碑が建立されています．確かに1780年代に画かれた「長崎阿蘭陀屋敷絵図」には，ラケットのようなものを持ち，2人で羽根を突く様子をみることができます．その絵中には「羽撞體」や「はねつく」といった文字はみられますが，「バドミントン」とは書かれていません．そもそも，バドミントンの起源は，イギリスに古くから伝わるバトルドーアンドシャトルコックという羽根突き遊びであり，19世紀の中頃には，この遊びがイギリスのバドミントン村にあるボーフォート公爵家の邸宅，バドミントンハウスの大広間で盛んに行われていました．最初は，1人または2人で打ち合い楽しんでいましたが，その後，競技化していきました．これをきっかけに，この新しいゲームはバドミントンハウス以外の所でも楽しまれるようになり，様々なルールが作られていきました．当初，この競技には確たる名前が存在しませんでしたが，バドミントンハウスでのバトルドーアンドシャトルコック遊びがこの競技の始まりであったことから，1870年代に「バドミントン」という名称が定着したといわれています．つまり，長崎出島図に画かれた羽根突き遊びは，バドミントンが誕生するより100年近く古いのです．したがって，出島が「バドミントン伝来之地」である可能性は限りなく低いと考えられます．

13 — ソフトボール

第2章 スポーツをやってみよう

1● ソフトボールの歴史

ソフトボールの前身のいくつかのゲームのうち，今日知られている最も古いものが「インドアベースボール」である．インドアベースボールは，1887年にアメリカのシカゴにあるファラガット・ボートクラブに所属していたジョージ・ハンコック（G. Hancock）が，クラブの体育館でクラブ員たちがボクシングのグラブをボールに，ほうきをバットにして，野球のまねごとに興じていたのをみて，クラブ員の冬の運動のためにルールを考案したのが始まりとされている．また「ソフトボール」という名称は，1926年にアメリカのコロラド州デンバーのYMCA主事であったウォルター・ハケンソン（W. Hakanson）によって名付けられた．そして1933年には「アマチュア・ソフトボール協会」が設立され，初代会長にシカゴのジャーナリストであったフィッシャー（L. H. Fisher）が就任した．

日本におけるソフトボールの歴史は，当時，東京高等師範学校の教授であった大谷武一が，1921（大正10）年に留学先のアメリカから帰国後に紹介したことが始まりといわれている．そして1926（昭和元）年の学校体操教授要目改正の際に，ソフトボールは遊戯として採用され，小・中学校に導入された．

その後，1949年に日本ソフトボール協会が設立

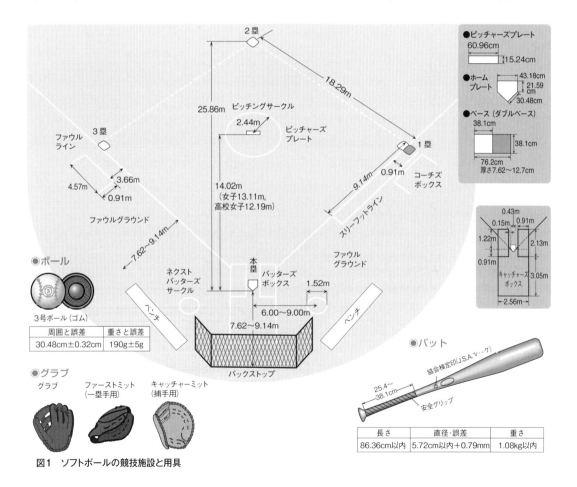

図1　ソフトボールの競技施設と用具

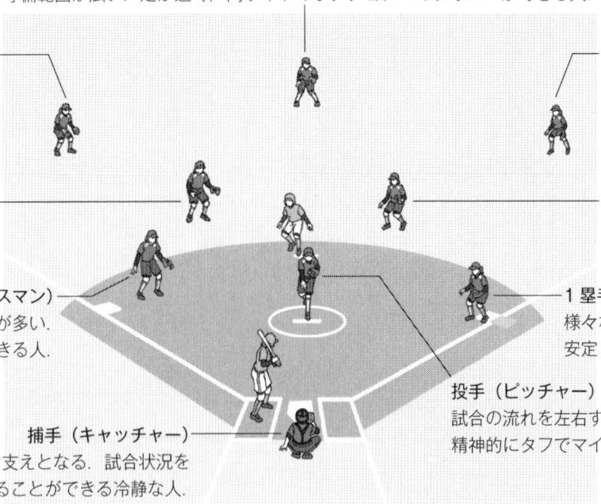

中堅手（センターフィルダー）
守備範囲が広い．足が速く，両サイドのポジションへのフォローができる人．

左翼手（レフトフィルダー）
打球が飛んでくる確率が高い．キャッチングのうまい人．

右翼手（ライトフィルダー）
3塁やホームへの送球でランナーをアウトにする可能性が高いポジション．肩が強い人．

遊撃手（ショートストップ）
守備力が期待されるポジション．スピーディーかつ正確な守備のできる人．

2塁手（セカンドベースマン）
連携プレイをすることが多い．プレイが繊細で器用な人．

3塁手（サードベースマン）
速くて強い球を処理する機会が多い．素早い動き出しができる人．

1塁手（ファーストベースマン）
様々な位置からの送球をしっかり捕球できる安定したキャッチングができる人．

投手（ピッチャー）
試合の流れを左右する重要な役割を担う．精神的にタフでマイペースな人．

捕手（キャッチャー）
チームの精神的な支えとなる．試合状況を客観的に見ることができる冷静な人．

図2　守備のポジションにおける役割と適性

され，同年8月には第1回全日本女子選手権大会が開催された．

2●ソフトボールの特性

同人数の2チームに分かれ，投手が投げたボールを打つ攻撃と打ったボールを処理して打者や走者をアウトにする守備を交互に行い，規定の回数内で得点を競うベースボール型の球技である．特にバットでボールを打ち，ボールが遠くへ飛んでいく楽しさや，打球を上手くとって相手打者をアウトにできた時の楽しさが魅力である．

3●ソフトボールの主なルール

1）試合の進め方

①チーム編成：フィールド上のプレイヤーは9人．

②ゲームの開始：守備側が守備位置についた後，攻撃側の打者がバッターボックスに入り，審判の「プレイボール」の宣告により開始となる．

③得点：攻撃側のチームが第3アウトになる前に走者が1塁，2塁，3塁，本塁の順に触れると得点となる．

④攻撃と守備の交代：攻撃側の打者が3人アウトになるとその回の攻撃は終了し，攻撃と守備が交代となる．

⑤試合の終了と勝敗：7回ずつ攻撃と守備を終えて，得点の多いチームが勝ちとなる．7回を終了して得点が同点の場合，タイブレーク制を用いた延長戦を行う．この場合，前の回の最後の打者が2塁走者となりノーアウトの状況で，次の打者から攻撃を始める．

2）野球（ベースボール）との違い

①塁間が短い：野球が27.431mに対しソフトボールは18.29mと約3分の2の距離である．ピッチャーの投球距離も，野球が18.44mに対してソフトボールは男子で14.02m，女子では13.11mである．

②1塁ベースがダブルベース：1塁ベースは他の塁ベースと違い長方形の形であり，中心から半分ずつ白色とオレンジ色に色分けされている．基本的には白色が守備側，オレンジ色は攻撃側が踏む．これはお互いが接触するのを防ぐためである．

③走者はリードをとってはいけない：走者は，ピッチャーの手からボールが離れるまでベースからリードできない．もし，リードした場合，その走者はアウトとなる．

④リエントリー（再出場）：試合開始時にオーダー表に書かれた選手のみ，一度ベンチに退いてからもう一度同じ打順で試合に出場することができる．

⑤指名選手（DP・FP）：DP（Designated Player：守備を行わずに打撃を専門に行う選手）は，いつでもFP（Flex Player：打撃をせずに守備を専門に行う選手）の守備を兼ねることができ，反対にFPがDPの打席を兼務することもできる．またDPはFP以外の選手の守備も兼ねることができる．その場合DPとして兼務する守備の選手は打撃のみとなる．

図3　キャッチボールにおける捕り方と投げ方の基本

4●ソフトボールの基本動作

1）キャッチボール

①体の正面でボールをキャッチする

グラブを胸のあたりに構えて，投げてくる相手の目印となるようにする．その際，軽く膝を曲げておき，投げられたボールに対応できるようにする．

図4　バッティングの構えとスイングの基本

②投げる時は相手の胸に目掛けて投げる

相手に対して身体を横向きにし，ボールを持った手と反対側の足（右手で投げる時は左足）を相手に向かってまっすぐ踏み出して投げる．投げ終わりには身体を相手に向けるようにする．

2）バッティング

①構え方

バットを両手で持ち，肩より高い位置で構える．その時，両脇を軽く締め，あごを上げないようにし，顔はピッチャーに対してなるべく正対させる．膝を軽く曲げて，足の力を抜いておく．

②打つ（スイングする）

ピッチャーの投げたボールに対して，タイミングを合わせて体の前でボールを打つ．

③スラップ打法（ソフトボール特有の打ち方）

打席の後ろから前へステップしながら三遊間方向へ打つ打ち方．左打者に有利な打法．

④バント

投球に対してバットを振らずに当てにいく．その

図5　スラップ打法

図6 バント

際に目線はバットの高さに合わせ，投球されたボールの高さに膝を使って調節する．バットの先端に当てて打球の勢いを弱くする．

3）ピッチャーの投げ方

①スリングショット投法

振り子のように腕を下から振り上げて，その反動で球を投げるという投法である．このスリングショット投法はソフトボールの投球の原点ともいわれているものでもある．

②ウインドミル投法

腕を風車のように回して下から投げる投法．腕を大きく1回転させて，その遠心力で投げるためスピードのある球を投げることができる．今では一番ポピュラーな投法である．

③エイトフィギュア投法

グラブの中でボールを握ったまま，腕を大きく8の字を描いて投げる投法である．スリングショットの変形でもあり，これはとても難易度の高い投法でもある．

図7 スリングショット投法

図8 ウインドミル投法

図9 エイトフィギュア投法

column

■2020年東京オリンピックにおいてソフトボール復活

2016年8月3日にリオデジャネイロで開かれた国際オリンピック委員会（IOC）総会で東京オリンピックの追加種目の1つとして野球・ソフトボールが正式に承認されました．ソフトボールは1996年のアトランタオリンピックで正式採用され，日本は2000年シドニーオリンピックで銀メダル，2004年アテネオリンピックでは銅メダル，そして2008年北京オリンピックでは金メダルと各オリンピックでメダルを獲得してきた種目でした．しかし，その後，削減競技種目となり，2012年ロンドンオリンピック，2016年リオデジャネイロオリンピックでは実施競技から外されていました．

今回の復活により北京で金メダルを獲得した日本が再びメダルを取ることを期待できる種目となっています．ただ，東京オリンピック以降の2024年のオリンピックに関してはソフトボールが継続されるかどうかは今のところ不明です．せっかく復活した種目なので，このまま続いてほしいのですが．

14 — 柔道

1● 柔道の歴史（柔道の創始と嘉納治五郎）

柔道は，1882（明治15）年嘉納治五郎により創始された．嘉納は，1860（万延元）年，兵庫県御影に生まれるが，もともと虚弱であった自身の身体鍛錬のため，天神真楊流，起倒流の柔術を学んだ．これらの柔術修行を通じて，自らの身体的発達や精神的発育に著しく効果があることを自覚するようになった．また，柔術をいくらか改良することによって武術の他に智育，徳育，体育として社会的にも有意義なものになると考えた．嘉納は，他の柔術流派についても研究し，創意工夫を加え，そして，1882（明治15）年「講道館柔道」を創始した．

1949年5月に国内において全日本柔道連盟が発足し，1952年には国際柔道連盟（以下，IJF）が結成された．その後オリンピックにおいては，1964年東京大会から男子が正式種目に採用され，1992年バルセロナ大会から女子が正式種目として追加された．こうしてオリンピックを通して世界的に広く普及した柔道は，国際柔道連盟の加盟国・地域が約200に達し，世界有数の競技スポーツとして位置づけられるまでになった．また，2008（平成20）年には，文部科学省が中学校学習指導要領の改訂を告示し，保健体育において，第1学年，第2学年の生徒に武道を履修させることとした．武道に内在する教育的価値により「生きる力」の育成が期待され，2012（平成24）年より完全実施されている．

2● 柔道の特性

柔道は，柔道衣を着用し互いに組み，投げる，抑える，受け身をとるなどの独特な運動形式を用いて勝敗を競う武道である．嘉納は，柔道を修行する目的に体育，勝負，修身の3つを掲げ，柔道修行を通して社会に役立つ人間づくりを目指すことが柔道修行の窮境の目的であると述べている．

○体育：投げる，抑える，受け身をとるなどの独特な動きを通して身体の調和的な発達や体力の向上をはかることができる．

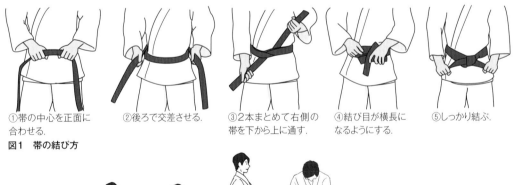

①帯の中心を正面に合わせる．　②後ろで交差させる．　③2本まとめて右側の帯を下から上に通す．　④結び目が横長になるようにする．　⑤しっかり結ぶ．

図1　帯の結び方

右起　　　　　　　　　　　立礼　　座礼　　正座

左座右起と呼ばれ，左足から座り，右足から立つ．正座は，両足の親指を重ね合わせ，軽く胸を張って背筋を伸ばし，手は太もも付け根部分に指先を内側に向けて置く．座礼は，両手を太もも付け根から前方に滑らせるように移動させ，ゆっくりと頭を下げる（約30度）．

図2　柔道の礼法

○勝負：投げ技，固め技などの格闘形式の中で，相手を制し，相手に制されない感覚を養うことができる．
○修身：柔道の練習を通じ，自分を制し相手を尊重する態度や規則を守る，協力するなどの公正な社会的態度を身に付けることができる．

また，柔道に限らず武道は，礼に始まり，礼に終わるといわれている．「礼」の趣旨について松本（1975）は，「人と人との交際をととのえ，社会秩序を保つ道であり，礼法は，この精神を現す作法である」と述べている．柔道は，対人競技であるため，相手がいることではじめて取り組むことができる．このことから，柔道を学ぶ者は，常に相手に対し感謝や尊敬の気持ちを持たなければならない．また，どんな時でも謙虚さや冷静さを失うことなく，自身の感情をコントロールできる人間でなければならないとされている．それらの鍛錬方法として「礼」は大切と考えられている．

3●柔道の基本動作

1）姿勢

柔道の基本姿勢には「自然体」と「自護体」がある（図3）．「自然体」は，安定したバランスを維持し，攻めにも守りにもすぐに移ることができ，「自護体」は，防御を目的としたものである．

2）組み方

柔道の攻撃防御は相手と組んではじめて成立する．

組み方には，右組みと左組みが存在し，それぞれ相手と自然本体で正対し，一方の手で相手の袖，他方の手で襟を握る．同じ自然体同士で組み合う形を相四つ，右自然体と左自然体が相対する組み方をケンカ四つと呼ぶ（図4）．

いろいろな組み方があるが，授業では全員「右組み」にした方が，安全面，授業の進行を考えると合理的である．

3）進退動作

柔道の攻防においては，どの方向へも安定したバランスで素早く移動できるように足を運ぶことが求められる．移動法の基本は，すり足になる．このすり足を使った動き方に，歩み足や継ぎ足がある（図5）．

4）崩し

相手を押したり引いたりして移動させ，自然体を崩し技のかけやすい状況を作ることを「崩し」という．一般的な練習方法として，8方向へ崩す「八方の崩し」がある（図5）．

自然体　　自護体
図3　自然体・自護体

相四つ（右対右）　ケンカ四つ（右対左）
図4　基本的な組み方

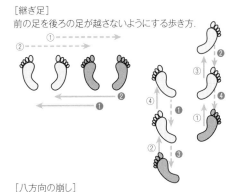

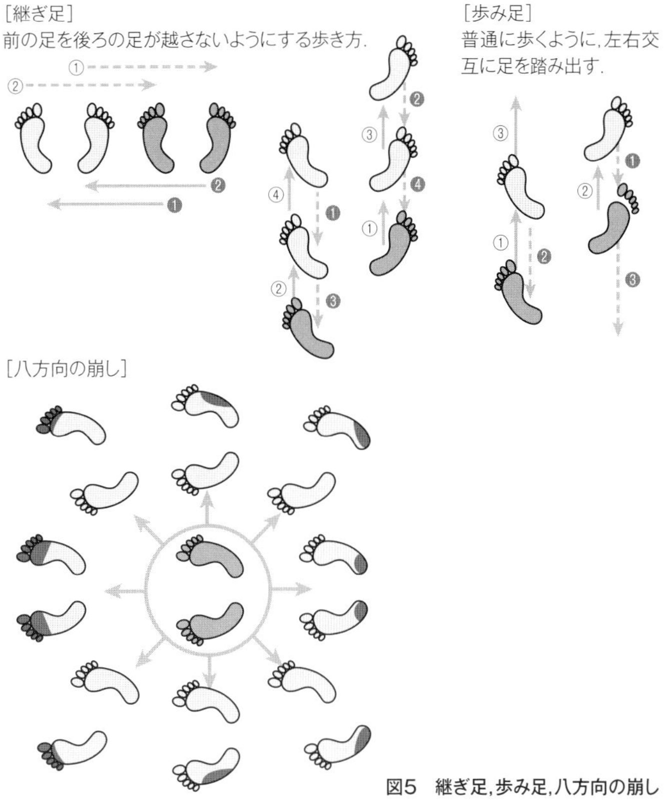

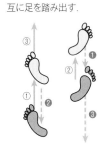

図5　継ぎ足，歩み足，八方向の崩し

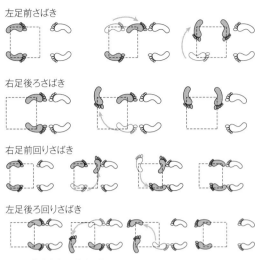

図6　基本となる体さばき

5) 体さばき

体の移動や方向転換を用い，相手を崩して技をかけやすくする動きを体さばきという（図6）．

6) 受け身

相手に投げられた時，その衝撃から身を守る役割を果たすのが受け身である．かけられた技によって受け身のとり方が違うので，様々なケースに対応できるようにしておく必要がある．

①後ろ受け身：帯の結び目を見てあごを引き，頭を打たないようにする（図7）．
②横受け身：足は交差しないように少し開き，腕と足で畳を打つ（図8）．
③前回り受け身：身体を丸くし，腕，肩，背中の順で転がり，畳を打つ（図9）．

4●柔道の基本技術

柔道の技術には，相手を制して投げる投げ技と，相手を制して抑え込む，絞める，関節を極める固め技に分類される．

1) 投げ技

〈支え技系〉

①膝車：足の裏を相手の膝にあて，そこを支点にして投げる技（図10）．

〈まわし技系〉

①体落とし：後ろ回りさばきや前回りさばきから，足を1歩踏み出して投げる技（図11）．
②大腰：相手を前に崩し，右手で受の腰を抱き寄せて腰にのせ前方に投げる技（図12）．

図7　後ろ受け身

図8　横受け身

図9　前回り受け身

図10　膝車

図11　体落とし

図12　大腰

図13　大外刈り

図14　大内刈り

〈刈り技系〉

①大外刈り：相手の横に踏み込みながら，相手の重心を後方に崩し，外側から大きく刈って投げる技．
②大内刈り：相手の足を内側から刈って投げる技．

2）固め技
〈抑え込み技〉
①けさ固め：相手の上体を僧侶のけさ衣のように肩から脇へ体側部分で制して抑える技．

図15　けさ固め

②横四方固め：相手の側方から首と上体を制して抑える技．

図16　横四方固め

③上四方固め：相手の頭部の方からその上体を制して抑える技．

図17　上四方固め

④縦四方固め：相手の上体に馬乗りになり，上半身を制して抑える技．

図18　縦四方固め

5●技の連絡・変化
1）連絡技〈投げ技→投げ技（大内刈り→体落とし）〉

大内刈りで後方に安定を崩された相手が，それを立て直そうと前へ出てくるところに体落としをかける．
図19　連絡技（大内刈り→体落とし）

2）変化技〈投げ技→投げ技（相手の大内刈り→体落とし）〉

相手の大内刈りをかわし，技の勢いを止めないようにして，左足後ろ回りさばき（図6）で体落としをかける．
図20　変化技（相手の大内刈り→体落とし）

6●柔道の試合規則（IJF試合審判規定：2016年12月現在）
1）試合場
試合場内の大きさは，最小8m×8mから最大10m×10mとされている．オリンピック競技大会，世界選手権大会，ワールドマスターズにおける試合場内の大きさは10m×10mと決められている．

2）試合時間
試合時間は，シニアは男子5分間，女子4分間，ジュニア（21歳未満），カデ（18歳未満）は男女とも4分間で行われる．

3）勝負の判定
柔道の勝負は，試合者のどちらかが「一本」，または「指導4」，「反則負け」を取れば，そこで試合終了となる．これらで決着がつかない場合は，試合時間内で取得した「技あり」「有効」「指導1，2，3」のいずれかを取ったものが勝者となる．その内容も同等であった場合は，試合時間無制限の延長戦で決着をつける．

図21　技の評価基準

一本	投げ技で：相手を制しながら，相手が背中を大きく畳に着くように，相当な強さと速さで投げた時 固め技で：相手を抑え込み，20秒間逃げられなかった時
技あり	投げ技で：相手を制しながら投げたが，「一本」に必要な3つの要素のうち，1つが不足している時 固め技で：相手を抑え込み，15秒以上20秒未満，逃げられなかった時
有効	投げ技で：相手を制しながら投げたが，「一本」に必要な3つの要素のうち，2つが不足している時 固め技で：相手を抑え込み，10秒以上15秒未満，逃げられなかった時

4）主な禁止事項
柔道の罰則は，軽微な違反行為に関する「指導」と，重大な違反行為に対する「反則負け」の2つに分類される．

※近年では規定の見直しが五輪周期で行われている．今後もその変化に順応していくことが求められる．

---

column

■柔道の形

皆さんは，柔道の練習方法に「乱取り」と「形」というものがあるのをご存知ですか？　皆さんがオリンピックなどでよく目にしている柔道は，乱取りが試合化されたものになります．形は，技術や基本的な身体表現など，柔道を構成する動きが集約されたものであり，それらをあらかじめ定めた順序方法で行います．この両者の関係は，文法と作文にも例えられ，柔道の修行において，そのいずれが欠けても不十分とされています．柔道の形は，全部で9種類あります．2009年には第1回世界柔道形選手権大会が開催され，現在は，「投の形」「固の形」「極の形」「柔の形」「講道館護身術」の5種で競われています．乱取りと同様，形においても国際的競技化にむけた機運が高まっています．

15―剣道

1●剣道の歴史

剣道は，平安時代後期に鎬と反りがある日本刀の発明を源として発展した日本の伝統文化である．室町時代には剣術の源流といわれる流派が成立し，江戸時代正徳年間（1710年代）に面，小手，胴，垂全ての剣道具が出揃い，それらを着用して竹刀で打突しあう「竹刀打ち込み稽古」が行われるようになった．明治28年大日本武徳会が創立し，剣術緒流派が組織として統合され，大正元年，大日本帝国剣道形（のちの日本剣道形）が流派統合の象徴として制定された．第二次世界大戦後，GHQにより剣道は全面禁止となったが，その後1950年剣道形式を取り入れた「撓競技」が設立され，学校体育に格技教材として採用された．1952年剣道禁止の解除に伴い全日本剣道連盟が創立，1970年国際剣道連盟が結成され，世界剣道大会が開催されるようになり剣道の国際化が進む．1975年全日本剣道連盟が「剣道の理念」を制定し剣道の歩むべき方向を明示し，現在に至っている．

2●剣道の特性

剣道は，竹刀の打突部位で，約束の部位を打突し合い，有効打突を競い合う対人競技である．相手の動きや技に対応して，自己の技の能力を工夫し，「気・剣・体」一致での打ち合いが必要である．自然体の姿勢を保ちながら，間合いに注意し，常に相手の動きや技を観察しながら，相手の内面的な心の働きを洞察する目付けというものが必要で，そこに剣道の奥深さがある．剣道は，自己の精神の働きを欠かせない競技で，集中力や注意力，そして瞬間的な決断が必要とされるので不屈の精神や積極的な行動が求められる．老若男女を問わず誰をも相手にでき，技を競い合うことを通して，相手の立場を尊重しながら礼法や安全に注意し，節度ある態度で稽古に臨む必要がある．

3●剣道の基本動作

1）姿勢（自然体）

自然体は，剣道のあらゆる姿勢の基礎となるもので，無理なく自然で均整のとれた体様のことをいう．

2）礼法

①座礼

正座の姿勢で行う礼のことを座礼という．座礼は背筋を伸ばしたまま首を曲げず，腰を上げたりしないように両手をついて，静かに頭を下げ一呼吸程度保った後，静かに上体を起こす．

図1　座礼

②立礼

立った姿勢で行う礼のことを立礼という．相互の礼は，相手に注目しながら上体を約15度前傾し，一呼吸程度その姿勢を保った後，静かに上体を起こす．

図2　立礼

③立ち方と座り方

座る時は左足から，立ち上がる時は右足から行う．これを「左座右起」という．座る時は左足を1歩後ろに引き，床に左膝，次に右膝の順につけ座る．立

ち上がる時は，両膝を床につけたまま腰を上げ，つま先を立てて右足を前に出しながら，左足を揃えて立ち上がる．

図3　左座右起

④稽古及び試合における礼法

提げ刀のまま相手と向き合って立礼をし，帯刀し3歩目で竹刀を抜いて，剣先を交えながら蹲踞する（試合の際には，開始線で蹲踞する）．稽古が終わると中段に構え，蹲踞して竹刀を納める（試合後は，開始線へ戻り中段に構え，主審の宣告後，蹲踞して竹刀を納める）．竹刀を納めたら立ち上がり，帯刀したまま後ろへ5歩下がって提げ刀をし，立礼をする．

図4　稽古及び試合での礼法

3) 構え

①竹刀の持ち方

柄頭を余さないように左手の小指を柄頭にかけて上から握り，小指，薬指を締め，中指，人差し指，親指は軽く添えるようにする．右手は小指，薬指を軽く竹刀につけて鍔元を握る．手首を緩めて，肩の力を抜くことが重要である．

②中段の構え

自然体より右足を前に出し，左足の踵を上げる．右足の踵の位置に左足のつま先を置き，右足と左足の間は，片足の横幅ほど離す．左手の拳を臍の前から拳1つ分ほど離した位置に置く．剣先は相手の喉の高さに位置し，剣先の延長は相手の目を指すように構える．

4) 足さばき

①歩み足

前後に遠く速く移動する場合や，遠い間合いから打突する場合の足さばき．体の上下前後動を極力減らす．

②つぎ足

遠い間合いから素早く攻め込んで打突する場合の足さばき．相手に悟られないよう自然に行う．

③送り足

前後，左右，斜め方向に近距離を素早く移動する場合に用いられ，多くの技とつながる足さばきである．前足をまず踏み出し，後ろ足を素早く引き付ける．

④開き足

体をかわしながら相手に打突したり防いだりして，体を左右に捌く時の足さばき．腰のひねりで開き，相手に正対する．

5) 素振り

①上下振り

中段の構えから竹刀を頭上まで大きく振りかぶり，剣先を膝下まで振り下ろす．

②斜め振り

中段の構えから頭上まで大きく振りかぶり，竹刀を頭上で右（左）斜め45度の角度で返し，剣先を左（右）膝下まで下ろす．左手の拳は正中線上からずらさない．

③正面振り

中段の構えから頭上まで大きく振りかぶり，面の高さまで振り下ろす．左腕を伸ばし右腕を緩ませ，

図5　中段の構え

図6　正面振り

体と竹刀(腕)を一致させる．素振りは打突の方向を知り，腕と体の一致的動作を身に着けるようにする．

6) 打突の仕方

①打突部位（中段の構えに対して）

面，小手，胴，突き

②打ち方

- 面打ち（図7）：竹刀を頭上に振りかぶり，左足の蹴りを強くして右足を踏み込み，刃筋正しく面を打つ．
- 小手打ち（図8）：竹刀を頭上に振りかぶり，相手の右足の方向に右足を踏み込み，左手が正中線上から離れないようにし，刃筋正しく体全体で右小手を打つ．
- 胴打ち（図9）：竹刀を頭上に振りかぶり，右足で踏み込み相手の右胴を打つ．打突した瞬間は背筋を伸ばし，左拳を腰の高さにして，体の中心から外れないようにする．
- 突き（図10）：踏み込みながら両手を絞り，両腕を伸ばして相手の咽喉部を突く．左手に力を入れて，左拳が上がらないように注意し，体全体で突く．

4●剣道の応用動作（対人的技能）

対人的技能は，しかけ技と応じ技に分類することができる．

1) しかけ技

しかけ技は単に積極的に打突することではなく，打突する前の積極的な行動（攻め）に意味がある．一本打ちの技，連続技，払い技，引き技等がある．

①連続技（小手→面）

相手の右小手を打つ．その後相手が引いて剣先を下げたところを，すかさず面を打つ．手を早く動かすよりも足を早く動かし，左足の引き付けを早くし，一呼吸で攻撃すれば容易に打つことができる（図11）．

②引き技（引き面）

鍔ぜり合いから相手の体勢を崩して攻撃の機会を作り，後方へ引きながら面を打つ．相手の体勢や構えの働きを無効にし，手首を十分に利かせて早く強く打ち，相手に正対して引く（図12）．

2) 応じ技

応じ技は相手の攻撃に対して，反撃する技をいう．すり上げ，返し，抜き技などがある．

①すり上げ技

心身ともリラックスして，いつでも迎えるような

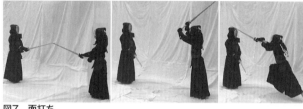

図7　面打ち

図8　小手打ち

図9　胴打ち

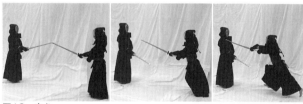

図10　突き

図11　連続技

図12　引き技

気持ちで相手を十分引き付ける．足を使って体のさばきを行い，半円を描くように相手の竹刀をすり上げる．

② 返し技

相手の攻撃を受けて応じた反対側に竹刀を返して打つ技である．前上でしっかりと応じ，手首を柔らかくして前に出て返すようにする．

③ 抜き技

相手が打ち込んでくる竹刀を体でかわし，相手に竹刀や体に当たらないように打たせ，技や体が止まったところを打つ技．十分に引き付けて，相手が打とうとする瞬間に抜く．打突後は，相手から目をそらさない．

5●日本剣道形

日本剣道形は技術の根本理合を示し，基本的な技術を組み立てられたものであるから，剣道に必要な礼法，構え，打突の刃筋，間合い，打突の機会及び残心，攻防の理合等を習得することができ，姿勢を正し，気位を高め，気合いを練るなど剣道を学ぶ上で有効であり必要である．

種類としては，太刀の形7本，小太刀の形3本の計10本で構成されている．打太刀は「師の位」，仕太刀は「弟子の位」とされ，上級者が打太刀，下級者が仕太刀とされている．

6●試合規則

1) 試合時間

試合時間は5分，延長戦は3分を基準とする．

2) 勝負の判定

【個人試合】

・3本勝負が原則で，2本先取した方が勝ち．

・時間切れの場合は1本先取している方が勝ち．
・制限時間内に勝負が決まらない時は延長戦で1本先取した方が勝ち．

【団体戦】

基本的には，先鋒，次鋒，中堅，副将，大将で構成された5人制で行う．

① 勝者数法：勝者の多い方が勝ち．勝者が同数の場合は総取得本数の多い方，同数なら代表者戦で決める．

② 勝ち抜き法：勝者が続けて試合を行い，相手チーム全員を勝ち抜いた方が勝ち．

3) 主な反則及び罰則

① 相手または審判員の人格を無視するような言動をすること．

（この行為を犯した者は，相手方に2本与え退場を命じる．）

② 場外にでること．

③ 竹刀を落とすこと．

④ 打突の意思がないつばぜり合い．

⑤ その他不正な行為．

（これらの行為を犯した者は，反則を2回犯すと相手方に1本を与える．）

4) 有効打突

有効打突とは「充実した気勢，適正な姿勢をもって，竹刀の打突部（弦の反対側のも物打ちを中心とした刃部）で，打突部位を刃筋正しく打突し残心あるものとする」とあり，有効打突を放った後も気を抜かず相手の反撃に備えことを残心という．何事も最後までやり遂げることを意味している．できる限り反則を犯さずに，有効打突で試合を決めたい．

---

column

■日本刀

日本刀は反りがあり，棟が鎬（刀の刃と峰との間の小高い部分をいう）つくりでできているのが特徴です．もの打ち（切先三寸）で打てば切れ，鎬があることで切ったものが離れるように機能しています．さしみ包丁と出刃包丁の形状や機能をあわせたものが日本刀ともいえます．2つの包丁の刃や形状等をよく観察し，一度魚を捌いてみては．また，刀剣用語から生まれた「鎬を削る」という言葉があります．これは，激しく争うことを意味しています．他にも，「相槌を打つ」「切羽詰る」「反りが合わぬ」などの現代に生きる言葉がたくさんあります．

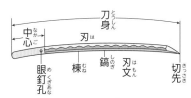

16──レスリング

第2章 スポーツをやってみよう

1●レスリングの歴史

1) 古代から近代へのレスリング

古代の社会においてレスリングは，ランニングや球技と同様に祭りや宗教儀式と併せて行われた．また，初期の文明が生まれた5000年前から現在に至るまで，採用されたルールこそ時代や社会ごとに変化してきたが，基本的な技術はほとんど変わらないと考えられる．例えば，近・現代のレスリングにみられる固め技は，古代エジプト中王国時代（紀元前2040～紀元前1782年頃）につくられたとされるベニ・ハッサンの古墳から発掘された壁画に確認することができる．

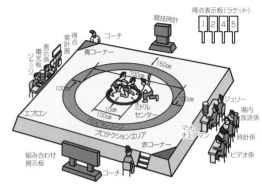

図1　レスリング競技場の図

ギリシア・ローマ時代の到来と共にレスリングは，当時の文明社会を反映する新しいルールが採用されていった．そこでは，儀礼に精通したシャーマンや聖職者に代わり，宗教とは無関係で公平な判定を行うレフリーが登場した．また，それまでは，儀礼的側面が重視されていたが，ギリシア人やローマ人は，勝利を主たる目的とした．

中世ヨーロッパにおいてレスリングは，社会的エリートによって宮殿や城の中で盛んに行われた．1512年にドイツ人画家，アルブレヒト・デューラー（Albrecht Dürer，1471-1528）により出版されたレスリングの手引き書から当時の技術をうかがい知ることができるだろう．世界レスリング連合（United World Wrestling：以下，UWW）は現在，この手引書について，「レスリングに関する最古の紙媒体資料である」と認めている．同時に，本資料は中世ヨーロッパを巡る暗黒史観を否定するための一裏付けとなるだろう．

図2　デューラー（1512）「Albrecht Dürers Fechtbuch」

19世紀の中頃になるとイギリスを中心に，3つの近代的なスタイルが成立した．1つ目はイギリス北部で盛んに行われ，技術展開を重視したカンバーランド・ウェストモーランド・スタイルである．2つ目に南部で行われていたデヴォンシャー・コーンウォール・スタイルがあげられ，3つ目は，より技術が洗練され，イギリスの至るところでみられるようになったランカシャースタイルである．ランカシャースタイルは，現在のフリースタイルやプロレスの源流であると考えられている．

同じ頃，フランスで行われたスタイルを確認すると，相手の腰より下を掴む，相手を蹴る，つまずかせる等の動作，つまり，下肢への攻撃，及び下肢による攻防が禁止されていたことがわかる．ここにグレコローマンスタイルの萌芽をみることができるだろう．

他方，アメリカでは，フランスで成立したスタイルの実施に加え，このスタイルに改良を加えた結果，キャッチ・アズ・キャッチ・キャン，カラーアンドエルボーというスタイルを誕生させていった．また，これらのスタイルを高校や大学におけるレスリングの指導にあてたことから，これらを基点にし，カレッジスタイル（別称，フォークスタイル）が成立して

いったと考えられる．一方で，全米各地でプロレスと田舎レスリング（共にリアルファイトのレスリング）が盛んに行われ，当時，日本人が渡米し，参戦した記録が多数，残存している．

このような中で，レスリングはいかにして，我が国へ伝播，普及していったのだろうか．

2）日本のレスリング

我が国におけるレスリングが，組織的かつ継続的に実践されるようになるのは，1931年4月の早稲田大学レスリング部の創部を待たなければならない．

というのは，早大レスリング部創設に遡ること7年，1924年に開催されたパリ・オリンピックにおいて柔道3段の内藤克俊が出場し，銅メダルを獲得しているからである．帰国後，内藤は講道館においてレスリングの実演を行ったが（朝日新聞夕刊1924年10月21日付），日本にレスリングを定着させるには至らなかった．また，1928年に開催されたアムステルダム・オリンピックにも柔道6段の新免伊助がフリースタイルのライト（66kg以下）級に出場したが惨敗し，一時的な活動に終わった．このように，早大レスリング部の創設以前は，講道館柔道の有段者によってオリンピックの開催にあわせ，断続的に実践されていたことがわかる．当時の情勢に詳しい山本は，「柔道の猛者が出場すれば，優勝は容易であるという見当違いの自信をもっていた」（山本，1952，pp.10-11）と酷評した．

では，組織的かつ継続的な実践とは，いかなるものなのか．1928年，柔道の世界的普及を目的とした早稲田大学柔道部によるアメリカ遠征が実施された．メンバーの一員であった八田一朗（1906-1983）が，レスリング選手との他流試合において敗北したことを理由に「これまでレスリングを馬鹿にしていたが，外国の格闘技を研究しておかなければ，日本の柔道が将来，大変なことになる」（八田，1964，p.57）と思い，レスリングの研究を開始した．以後，八田は生涯をかけて我が国におけるレスリングの普及・発展を担っていった．

早大レスリング部創設当時，監督を務めたのは庄司彦男（1896-1960），主将を勤めたのが八田である．両者はオリンピックを前に外国人と対戦しておく必要があると考え，1931年12月にフィリピン代表チームを招き，対抗試合を開催した．この招聘を巡り勃発した金銭的トラブルを契機に，また，レスリングに対する認識の違いから両者は，対立していった．プロレスを内包し，庄司は大日本レスリング協会を創設したが，一方で，オリンピック出場を唯一の活動理念に掲げた八田は，大日本アマチュアレスリング協会を設立した．これに加え，講道館から選出された数名の選手によって日本レスリングチームが結成され，専門的な技術やルールを知らないまま，1932年のロサンゼルス・オリンピックへ出場した．結果は，惨敗であった．この混乱について後に，八田は，「オリンピックの出場を目論んだ団体が雨後のタケノコのように名乗りをあげた」（八田，1965，p.102）と批判・揶揄した．

いずれにせよ，1920年代後半から1930年代の初め，我が国におけるオリンピック熱の増大に伴い，急速にスポーツの近代化が図られる中，他の種目同様，各大学にレスリング部が創部され，また，国内統括団体が創設された．これらの組織は，今日に至るまで我が国におけるレスリングの振興の中心を担ってきている．

戦後，オリンピックの参加が認められた1952年のヘルシンキ・オリンピックにおいて石井庄八（1926-1980）が我が国に唯一の金メダルをもたらし，敗戦に打ちひしがれていた国民に勇気と希望を与えた．以後，日本のレスリング界はオリンピック

図3　八田一朗と講道館柔道創始者，嘉納治五郎（左），1933年に撮影された早大レスリング部のメンバー（右）（筆者所有）

図4　早稲田大学柔道部によるアメリカ遠征：1924年6月7日撮影（左），船内における柔道のデモンストレーション（右）（筆者所有）

においてメダルを獲得し続けることで，今日，「お家芸」（朝日新聞夕刊2013年2月23日付）としての地位を確立している．現在，協会の会長を務める福田富昭は，創立80周年に際し，日本レスリング史を概観した上で，「戦後から1964年の東京オリンピックにおける数々の功績は，八田の強い意志と熱い情熱，反骨精神によるものであり，私はこの伝統を継承していく」（福田，2012, pp.4-5）と述懐した．

2●レスリングの特性

レスリングは，2名の競技者がマット上において素手で組合い，相手の両肩をマットにつけることを競うコンバットスポーツである．国際競技連盟であるUWWはレスリングについて，オリンピックや世界選手権で競技される「Olympic Style」（以下，オリンピックスタイル）と民族スポーツやニュースポーツの価値を内包した「Grappling」「Pankration」「Belt Wrestling Alysh」「Pahlavani Wrestling」「Beach Wrestling」等の「Associated Styles」に分類している．我が国で中心的に行われているのはオリンピックスタイルであるため，一般的に，レスリングというとオリンピックスタイルを指す．オリンピックスタイルには，男子のみで競技される「グレコローマンスタイル」，男女共に競技される「フリースタイル」の計3種目がある．

3●レスリングの主なルール

1）グレコローマンスタイル

相手の下半身（腰から下）への攻撃，自身の下半身を使った攻撃及び防御を禁じている種目である．

2）フリースタイル

相手の下半身（腰から下）への攻撃，自分の両脚を使った攻防が自由にできる種目である．

図5　グレコローマンスタイル　　図6　フリースタイル

3）競技の進行

①メディカル検査・計量：試合前日，選手は試合着姿で医師による身体検査を受けた上で，計量を行う．

②競技の開始：コールされてマットのコーナーに入り，レフリーの点検を受けた後，握手を交わす．レフリーの笛の合図でマット中央に出て，スタンドレスリング（立ち技の攻防）から競技を始める．

図7　競技の開始

③競技時間：3分×2ピリオドで行われる．ピリオド間の休憩は30秒で，この時，水の補給をすることができる．また，コーチは選手の汗を拭わなければならない．

④停止：競技の終了はレフリーの笛の合図による．合図の後の技は，全て無効となる．

⑤一時停止：次にあげる状態になった際，レフリーによる笛の合図のもと一時停止となり，中央に戻り競技が再開される．プロテクションエリアに出た時，パシビティゾーンに停留した時，パッシブ（消極的選手に対しての注意）を受けた時．

⑥タイムアウト：出血によって競技が続けられない時は，タイムアウトが認められる．なお，遅延行為防止の観点から出血の伴わない怪我の場合，タイムアウトが認められない場合がある．

⑦チャレンジ：コーチは，事前に用意されたカラーボックスを競技場に投げ込むことで，採点に対し不服申立を行うことができる．ただし，競技者はチャレンジを却下する場合もある．その場合は，チャレンジが不成立となり試合が再開される．競技者の同意によってチャレンジが成立すると，審判団が採点に関連する場面の動画映像を確認し，再評価する．審判団による審議の後，マットチェアマンが再決定した点数をラケットで示す．この際，事前の採点と違いがあると，チャレンジ成功となり，カラーボックスはコーチに戻される．しかし，失敗すると1点を失い，かつ，以後，チャレンジをすることができなくなる．

⑧終了：フォール，警告失格，負傷等の危険による場合．

4）勝敗の決定

①フォール：相手の両肩（肩甲骨）を1秒間マット

につけると試合の勝者になる.

②テクニカルフォール:「フリースタイル」ではテクニカルポイントで10点差,「グレコローマンスタイル」では8点差をつけると試合の勝者となる.

③失格:相手が3回の警告を受けると勝者になる.

④判定:6分間が経過した時に,①〜③による勝敗が決定していない場合,2ピリオドの合計テクニカルポイントの多い選手が勝利となる.

図8　フォールの体勢

5) テクニカルポイント

ポイントの評価は次の基準で行う.

①1点:相手がプロテクションエリアに1足分,出た時のポイント.

②2点:グラウンドレスリング(寝技の攻防)において相手の肩(左右の肩甲骨を結んだ線)がマットに90度以上傾斜した時(=デンジャラスポジション)のポイント.また,自らの攻撃によりテイクダウンを得た時のポイント.

グレコローマンスタイルにおいて投げた際,相手の身体が移動したもののデンジャラスポジションで着地しなかった時のポイント.

③4点:スタンドレスリング(立技の攻防)から相手をデンジャラスポジションに着地させた時のポイント.

④5点:(「グレコローマンスタイル」のみに採用) パーテールポジション等から相手を持ち上げてダイナミックな技術展開を行った時のポイント.

4 ● レスリングの基本動作,基本戦術

ここでは,UWWが採用するルールにおいて男女共に実施されている「フリースタイル」の基本的な動作及び戦術について「攻撃への姿勢」「攻撃へのアプローチ」「攻撃へのテクニック」(日本体育大学レスリング研究会,1984,p.31)という枠組みから説明する.なお,戦術の構築にあたっては,攻撃の姿勢→アプローチ→テクニックという流れに沿って攻撃ができるように練習するとよい.その際,前後左右・斜めの方向への反作用の力を利用すると効果的である.

1) スタンドレスリング

①攻撃への姿勢:構え

②攻撃へのアプローチ:組み手,崩し,がぶり

③攻撃へのテクニック:両足タックル,片足タックル,ハイクラッチ,投げ技

2) グラウンドレスリング

①攻撃への姿勢:立ち位置の確認

②攻撃へのアプローチ:上肢の使い方,下肢の使い方

③攻撃へのテクニック:ローリング,アンクルホールド,股さき,ネルソン

図9　テクニカルポイントの1点

図11　テクニカルポイントの4点(首投げの動作)

図10　テクニカルポイントの2点

図12　テクニカルポイントの4点(飛行機投げの動作)

図13　構え(左:並行スタンス,中:左構え,右:右構え)

図14　攻撃へのアプローチ:①組み手,②崩し,③がぶり

第2章 スポーツをやってみよう

17―ダンス

1●ダンスの歴史と特性

ダンスとは,「desire of life ＝生命の欲求」といわれるように,生きる喜びや祈り願いなどの様々な感情や思想を身体で表現することである.ダンスは,人類の誕生とともに生まれ,人々は様々な感情を動きで表現し,誕生や結婚,戦いなどあらゆる機会に利用されていた.

現代では,芸術的な観点からダンスが発展し,バレエやモダンダンス,コンテンポラリーダンスへと進化していった.また,民族的発生によるフォークダンスだけでなく,社交ダンス,ヒップホップダンスも親しまれ,常に新しいダンススタイルが生み出されている.

学習指導要領2012（平成24）年には,学校体育（中学校）の中にダンスが男女とも必修になった.その中では,表したいイメージやテーマを身体で自由に表現する「創作ダンス」,伝承された踊りを身につけみんなで一緒に踊る「フォークダンス」,現代的なリズムに乗って自由に踊る「現代的なリズムのダンス」が位置付けられている.ダンスは,仲間とともに感じを込めて踊ったり,イメージを捉えて自己を表現したりすることに楽しさや喜びを味わうことのできるスポーツである.

2●ダンスの内容

1）創作ダンス

多様なテーマから表したいイメージを捉え,動きに変化を付けて即興的に踊る.また,変化のあるひとまとまりの表現をする.

〈例1〉課題「スポーツいろいろ」

①いろいろなスポーツの動きの特徴を捉えて表現してみよう！

②①の中から題材を決め,フレーズ（良い動きの連続）を創ってみよう！

③②のフレーズを更に工夫してみよう！（リズム・隊形変化など）

④発表／鑑賞・評価

〈例2〉課題「オノマトペデッサン」

音の持つ質感を即興的に動きにし,ひとつの流れにつなげてみよう！

①「オノマトペ」とは？
- 擬態語（ドロドロ,フワフワ,ベタベタなど）
- 擬声語（パタパタ,キュッキュッ,ワンワン,

創作ダンス	フォークダンス	現代的なリズムのダンス
創作ダンスは,多様なテーマから表したいイメージをとらえ,動きに変化を付けて即興的に表現することや,変化のあるひとまとまりの表現ができるようにすることをねらいとしている.	フォークダンスは,踊り方の特徴を捉え,音楽に合わせて特徴的なステップや動きと組み方で踊ることができるようにすることをねらいとしている.	現代的なリズムのダンスはロックやヒップホップなどの現代的なリズムの曲で踊るダンスを示しており,リズムの特徴を捉え,変化のある動きを組み合わせて,リズムに乗って体幹部（重心部）を中心に全身で自由に弾んで踊ることをねらいとしている.
（福岡大学附属若葉高校）		

表1　学習指導要領に位置づけられているダンス

ニャーニャーなど）
② 思いつくオノマトペを口々にいう．
③ ペアで選んだオノマトペで動いてみよう！
④ 一番面白かったオノマトペから思いつくイメージをひとつの流れにしてみよう！
⑤ 見せ合う（他のペアをみる）．
⑥ グループになり他のオノマトペを2つ以上つないで，流れる（意味のある）動きを創作しよう！
⑦ 発表／鑑賞・評価

〈例3〉スポーツをいろいろ表現してみよう（図1）

① 野球　　② フェンシング　　③ ボクシング　　④ バレーボール

⑤ シンクロナイズドスイミング　　⑥ スキー　　⑦ サーフィン

図1　スポーツをいろいろ表現してみよう

2）フォークダンス

伝承されてきた日本の地域の踊りや外国の踊りの特徴を捉え，音楽に合わせて基本的なステップや動き，組み方で踊る．

① オクラホマ・ミクサー（アメリカ）

①　　②
左足前進，右足を左足に揃えるを2回行う（①）〔4呼間〕．右足も同様に前進（②）〔4呼間〕．

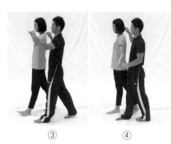

③　　④
左足（③），右足（④）の順で交互に2呼間に1歩でゆっくり4歩前進〔8呼間〕．

⑤　　⑥
左足の踵を斜め前に着く（⑤），左足のつま先を右足後ろわきに着く（⑥）〔4呼間〕．

⑦　　⑧
右手を離して向かい合い，右足の踵を斜め前に着く（⑦）．右足のつま先を後ろに着く（⑧）〔4呼間〕．

⑨
男子は右手を斜め前に，女子は右手を斜め後ろに出し，3歩でパートナーチェンジ（⑨）〔4呼間〕．

⑩
最初の組み方に戻る．

②マイムマイム（イスラエル）

　イスラエルで最も普及している踊りで我が国でも「オクラホマ・ミクサー」「コロブチカ」とならんで三種の神器と俗称され，多くの人に愛好されている．

右足を左足前へ円を描くように交差する(①)，左足を左横に置く(②)，右足を左足後ろに交差する(③)，左足でリープ[(1)](④)．①〜④を4回行う〔16呼間〕．

連手を徐々に上げながら右足から4歩前進して円心へ向かい(⑤)，4歩目に左足を右足に揃える(⑥)．連手を徐々に下げながら右足から4歩後退して元の位置に戻り(⑦)，4歩目に左足を右足に揃える(⑧)．⑤〜⑧を2回行う〔16呼間〕．

右足から軽いランニングステップ[(2)]で3歩進み，4歩目に円心を向く(⑨)〔4呼間〕．

(1)リープ：片足で踏み切って飛び，反対の足で着地する．マイムマイムの④の場合左足で軽く踏み切って飛び，右足を左足前に着く．
(2)ランニングステップ：軽く跳びながら，片足ずつ体重を移す．
(3)トー・ポイント：つま先で床をタッチする．

右足でポップしながら左足を右足前に交差してトー・ポイント[(3)](⑩)，右足でポップしながら左足を左横にトー・ポイント(⑪)．⑩〜⑪を4回行う〔8呼間〕．

連手を解き，左足でポップしながら右足を左足前に交差してトー・ポイント(⑫)，左足でポップしながら右足を右横にトー・ポイントすると同時に両手を左右に開き，隣の人と手のひらを合わせる．⑫〜⑬を4回行い〔8呼間〕，①へ戻る．

3) 現代的なリズムのダンス

ヒップホップやロックなどのリズムの特徴を捉え，動きに変化を付けたり，組み合わせたり，リズムにのって全身で自由に踊る．

① アップ・ダウン

ダウン：①→②
アップ：②→①

② ランニングマン

体を引き上げながら右足を上げ(③)，前に踏み込むと同時に左足を後ろにスライドさせ(④)，スライドした足を引き上げる(⑤)．※逆も行ってみよう！(⑥)

③ スライド

肘と膝を曲げて準備し(⑦)，左足を大きく横に踏み込み，右足をスライドさせ(⑧)，右足を着く(⑨)．左足を着くと同時に⑦に戻る．※逆も行ってみよう！

④ ビーズマーキー

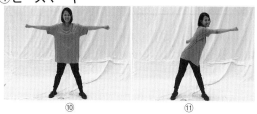

膝の屈伸をしながら，左に軽くジャンプする．その時，腕は左右に伸ばし(⑩)，次に，右腕を斜め前方にパンチ(⑪)．※逆も行ってみよう！

⑤ ブルックリン

両腕を前に伸ばし，膝を曲げて準備(⑫)．両足を開いて左膝を曲げ，重心は左(⑬)，真ん中に重心を戻す(⑫)．※逆も行ってみよう！(⑭)

⑥ クロスオーバーターン

右足を前に着いてクロスし，左肩を引くイメージで1回転する．
※逆も行ってみよう！

⑦ ポップコーン　アレンジVer.

右足を曲げて前にキックすると同時に左足を後ろにスライドさせる(⑮⑯)．逆も同じ(⑰⑱)．右足を曲げて斜め前にキックすると同時に左足を後ろにスライドさせる(⑲⑳)．右足を前に着き(㉑)，左足を後ろに着く(㉒)．※逆も行ってみよう！

⑧ クラブステップ

つま先を内側に入れて準備(㉓)．
左に開く時：右足→つま先，左足→踵(㉔)．
右に開く時：右足→踵，左足→つま先(㉕)．

---

column

■仲間を増やすダンスのすすめ

仲間とのコミュニケーションを豊かにすることを大切にするダンスは，人とのつながりが薄れつつある現代において，重要な運動と言えます．

2013年から「全日本小中学生ダンスコンクール」（朝日新聞社主催）が開催されており，そこでは，授業やクラブ活動・ダンススクールなどで練習したダンスパフォーマンスがステージで披露されています．

ダンスの特徴は，踊り手と観る側が一緒に楽しめることです．今後は老若男女を問わず，ダンスつながりの仲間を増やしていきたいものです．

18—キャンプ

第2章 スポーツをやってみよう

1●キャンプの歴史

今のようなキャンプが実施されたのは，アメリカにおいて1823年に学校で実施されたものが初めとされる．しかし，キャンプのような生活は，人が誕生して以来，日常生活として実施されていたことでもある．人類が定住生活をするようになり，産業革命の後，文明的な社会となった今日，人間本来の自然と共存するライフスタイルとして，キャンプ活動が生まれたものと考えられる．

我が国では，1911年に教育手段としてキャンプが実施され，その後，学校教育よりも社会教育の場で行われてきた．

2●キャンプの目的

高度文明化の進んだ現代社会では，24時間365日，我々は快適に「同じような生活」を送ることができる．暑くても室内でクーラーをつけながら，夜でも明かりの下で昼間と同じ作業を続けることができる．天候の影響もあまり気にせず，生活することができるようになり，季節に関係なく全国各地から取り寄せられた食材を食することができる．

また，人との関わりも実際に会って話をするよりもスマートフォンやパソコンなどインターネットを介し，いつでも関わりを持つことができる．そのようなつながり方がより日常化してしまっている状況にあるといえる．

このように便利な日常であるからこそ，「非日常としてのキャンプ」を経験することは，人間本来の「自然な姿」を思い起こすことにつながる．キャンプ活動を実施することは，日常から離れ，自分自身や仲間，そして自然のことを考える良い機会である．

3●キャンプの楽しみ方

1）キャンプ活動

①服装・装備

最近のアウトドアウェアは，機能性とファッション性の高さから，日常の中でも活用されている．まずは，身近にあるウェアを活用して，「初めてのキャンプ」を体験してみるとよい．

○服装

基本は「厚手の服より薄手の重ね着」が有効である．山でキャンプをする場合，山の気温の変化は，標高が100m上昇すると約0.7℃低下する．昼間は快適であっても，朝晩は予想以上の寒さになるため，長袖のシャツや薄手のジャンパー等重ね着で調節することが必要になる．また，天候も変わりやすいため，雨などに備えてレインウェア兼用になる上着などを準備しておくとよい．

一方で，ナイロン等の化学繊維は，火に弱く，野外炊飯などで火を扱う場合には，飛び火で服に穴が

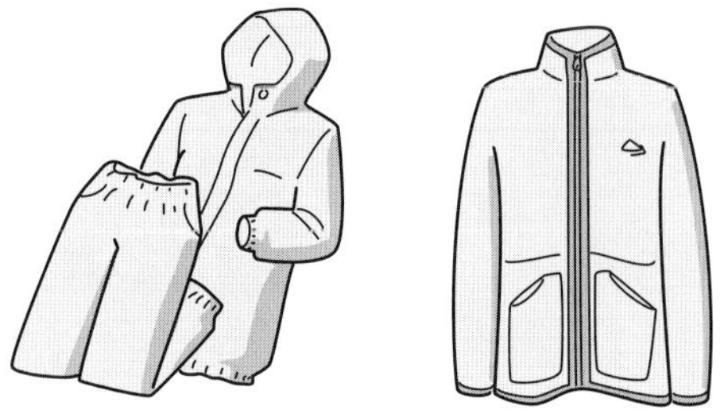

ローカットタイプ：
日帰り登山やハイキングに適している．

ハイカットタイプ：
高山や数日間の登山に適している．

・アンダー：吸湿速乾性のある素材．
・インナー：冷たい外気をさえぎり，体温を保持できるもの．
・アウター：雨や風に耐える素材．レインウェアでの代用も可能．

図1　服装

図2　靴

開くことがあるので注意が必要である．
○靴

　自然環境の中で過ごすには，靴は大変重要である．街中のようにアスファルトなど人工的に舗装された場所での活動ではないので，雨天時も滑りにくいよう，ソールの凹凸がしっかりとした靴を履く必要がある．山道を歩く場合でも，小石や枝などから足を守るためにも，しっかりとした靴で活動することが必要である．
○装備

　装備に関して，専門店でなくてもホームセンターなどで，テントや野外調理に必要な器具や食器等も販売されている．「初めてのキャンプ」の場合は，仲間と日常生活で使っているものを持ち寄って計画してみることから始めることもできる．あまり使わなくなった鍋や食器等を持ち寄ることで気楽にキャンプをスタートすることができる．このように準備段階においても工夫を伴うことは，大切な体験といえる．

②食事
○調理法の注意点

　キャンプでの食事は，バーベキューが人気である．全ての調理に関していえることであるが，「火をしっかり通すこと」が第一条件であり，肉などを焼く際には，特に注意しなければならない．

　そこで，定番であるカレーライスのような煮込む料理や，ホイル焼きなど蒸し料理メニューが奨められる．これらの料理は，素材を変えて様々なバリエーションも展開でき，調理法も簡単なため，キャンプ活動での食事に適している．
○事前に準備できるもの

　事前に準備して，持ち込むものとして「レトルト食品の活用」も可能である．例えば，ミートソースなどのレトルト系ソースは，ホイル焼きでもチーズを活用すると普段とは違った料理になることもある．多くの調味料を持ち込むことは難しいため，初めてのキャンプではこのような工夫も必要である．
○ご飯の炊き方

　お米を研いだ後は，夏場は30分，冬場は1時間程度お米を水に浸すと，芯まで吸水しお米がふっくらと炊き上がる．その後，しっかりと水を切ってから，炊く準備に入るとよい．

　鍋で炊く場合は，「米の表面に人差し指の第1関節まで」を目安に水加減を調節し火にかけ，沸騰後に火力を落として炊き続けることが大切である．その時に，一度沸騰したらかき混ぜるとおいしく炊き上がる．最後に，火から下して10分程度蒸らすことで，ご飯がふっくらと炊き上がる．電気炊飯器では，あまり味わうことができない鍋の底の「おこげ」は格別のうまさがある．
○食材の管理

　食材はできるだけキャンプ場の近くで調達することが望ましい．地産地消の観点からも，冷蔵を要する食材は，保管時間がより短い方が安全である．食材の管理には，十分に気を付ける必要がある．調理前に，食材を屋外に放置しておくとカラスなどに奪われることもあり，また食べ残しなどを夜間屋外に放置しておくと，イノシシ等の野生動物を呼び込むこともある．身の安全のためにも，食材・食品の管理は重要である．

③宿泊

　テントの設営は，平地の安定した場所に設置する．

　キャンプ場であっても，ロッジ等の宿泊施設を伴う場所もある．荒天時のことも考慮し，このような常設宿泊施設があるところを初めてのキャンプ地とするとよい．このような宿泊環境まで十分考慮し，場所を設定する必要がある．

2）キャンプ活動の安全管理

図3　テント

　キャンプ活動では，周囲の自然環境を十分理解し「無理のない活動」を事前にしっかり計画しなければならない．安易に，その場での思い付きでキャン

プを実施することは大きな事故をもたらすことにもなるので注意が必要になる．キャンプ活動を楽しく過ごすためには，下記のような安全に配慮することが大切である．

① 登山活動

近年，登山等の活動が人気であるが，同時に山の事故も多くなっている．

まずは，どんな軽登山でも水分は各自持参し，雨具や万が一に備えて懐中電灯の準備など装備の確認を怠ってはいけない．また，日没時間を確認し，それまでに余裕を持って目的地に到着できる計画を立てる必要がある．日没後の移動は，昼間に比べ歩行速度も著しく低下するため，精神的な不安も高まる．キャンプ活動では，装備の準備と同様に，行動計画をしっかりと立てておくことが重要である．最近では，スマートフォンなどの携帯端末にあるアプリケーションを活用して，天気や日没，地図や方角などを確認することができる．しかしながら，それぱかりに頼ってしまうと，充電が切れて使えなくなることもあり，まったくその役目を果たせなくなってしまうことも予想される．その場合の対策として，バッテリーの予備電池や，緊急連絡手段などをしっかりと準備しておくと安心である．

② 山の天気

山の天気は平地よりも変わりやすい．そのため，雨雲の様子や雷の音など，いつも気にかけておくことが必要となる．特に，落雷に関しては，近くに施設がある場合，そこに安全のために避難することが求められる．施設がない場合は，テントの中となるが，テントが木の幹から3m程度離れていることが重要であり，木に近い場合，落雷時に感電することもある．また，夕立のような集中豪雨は一時的なことが多いため，風の流れや雲の動きから，慌てず雨雲が過ぎるのを待つことが大切である．

③ 河川敷でのキャンプ

河川敷でのキャンプは，特に天候の影響を受けやすい．河原は，天気の良い時と悪い時の水量が異なるため，テント設営時に水量が増加しても陸地であるのかという確認をしっかり行う必要がある．浅瀬

天候の急変（低体温症）

鉄砲水

雷／霧（道迷い）

野生動物との遭遇

図4　野外活動にひそむ危険

の川にある「中洲」へは，決してテントを設営してはいけない．また，その場で雨が降っていなくても川の上流で雨が降ると，水かさが急激に増す．川に流れる水の色が土砂を含み「茶色」に濁り始めると危険信号となる．河原で活動している場合，一段高い場所に退避する必要がある．

④ 植物や動物への配慮

植物の中には肌のかぶれを引き起こすものもあり，野草やキノコは十分な知識のある人でないと，食することは避けるべきである．野生動物に遭遇しないためには，音を鳴らしながら移動するなど，存在を知らせると基本的には近づいてこないといわれる．しかし，食材等を放置しておくと，動物を呼び寄せることにつながるので食材管理をしっかりしておく．

4 ● 自然環境への配慮

キャンプとは自然の中での活動である．そのため，活動することは何らかの形で自然環境へ影響を与えることを気に留める必要がある．自由さや楽しさのために，自然環境への配慮がなくても良いというわけではない．

人間の存在自体が自然環境への影響を与え続けるものであるとの解釈も成り立つ．呼吸ですら，二酸化炭素の排出につながる．しかし，ここで必要なことは，自然の自己回復力である「環境許容量を超え

ない」影響を考えること，自然に対する影響を最小限に留める配慮や工夫をすることである．このような環境への影響「エコロジカル・インパクト」を最小限に留める工夫が，アメリカではLeave No Trace（LNT）として，以下の7項目に集約されている．

①事前に計画し，準備すること．
②影響の少ない場所を選んで活動やキャンプをすること．
③ゴミは適切に片付けること．
④自然の中で見つけたものは持ち帰らないこと．
⑤焚き火の影響を最小限にすること．
⑥野生生物を大切にすること．
⑦他の訪問者の事を思いやること．

以上のことは，自然環境への配慮のみでなく，キャンプの様々な場面や日常生活においても必要なことではないかと思われる．例えば，前述したとおり事前の計画や準備は，安全で楽しいキャンプを実施するために不可欠であるし，また，ゴミの適切な片づけは，日常の生活場面での環境資源の再利用を目的とした分別回収にもつながる．

自然の一部として私たちも生活している．そのため，キャンプの時こそ，自然を感じ思いやる気持ちを大切にする必要がある．

5●自然に帰ろう

19世紀に産業革命が起こり，その影響から私たちは運動不足となり生活習慣病が広がってしまった．そのため，健康増進のため生涯スポーツの必要性が高まり，意識的に運動することが求められ，多くの人々に実践されている．今，私たちは情報社会の中で様々な実体験を経由せずに，疑似体験や間接体験ができる社会に生きている．このことは，人も含めた自然環境との関わりから生まれる様々な体験の機会を消失させることにつながっている．

日常生活の中では自然環境の変化について，無関心になってしまい，当面の快適性や利便性を追求しがちである．しかし，自然の中では，空の変化や気温の変化，風の変化，そして一緒に過ごす人の変化にその過程も含めて関心を持たなければいけない状況になる．

21世紀を迎えた今，環境破壊型のライフスタイルから「持続可能な開発のための教育」が求められるよう変化した．今までの大量生産大量消費に代表される，より快適な生活環境を追求する「成長社会」から，各々の価値観の中での心地よさを求める「成熟社会」への変換が求められる．日常の「自然から隔離された利便追求型の社会」から，非日常である自然環境と密接な関わりを持つ「キャンプの社会」は，単に不便な生活に耐える場ではなく，その場を楽しみながら「成熟社会の在り方」を考える機会を提供してくれる．

日常では気にかけない，天候の変化や太陽の温かさと明るさ，木々の恵みや落ち葉の柔らかさなど，キャンプの最後には自然に対する畏敬の念を抱くことになる．自然の中で過ごすキャンプには，楽しみだけでなく多くの気づきの機会がある．

c o l u m n

■■日本のキャンプの原点!?

写真（中央）の頭の部分しか見えないお地蔵さんには，福岡大学のスキー実習地である山形県蔵王温泉スキー場の山頂ロープウェイ降り場で会えます．標高約1,660mの高地に鎮座する蔵王地蔵尊は，2月には雪ですっぽりと隠れてしまい，春になると高さ2.34mの坐像のお姿が現れます．1775年から37年をかけ造立されたのですが，ロープウェイもない時代，この巨大なお地蔵さんはどうやって作られたのでしょうか．おそらく，積雪のない季節に人力で山頂まで荷物を運び，野外宿泊を行いながら，天然石を削り完成に至ったものと考えられます．このように，我が国では太古から，自然に対する信仰心を伴う，「山岳信仰」なるものが存在しています．日本のキャンプの原点がここにあるのかもしれません．

19 — ダイビング

第2章 スポーツをやってみよう

1 ● ダイビングの歴史

ダイビングは，人類が水中の食料調達の手段として潜水していたことが始まりである．その後，海戦をはじめとする海中での業務的なダイビングとして，機材の開発が進められ，軍人などが海中作業で使用するものと認識されていた．そして，1943年にフランスの海洋学者クストーにより潜水用の呼吸装置が開発され，一般人も利用できる現在のレジャーダイビングへと発展してきた．

日本でのレジャーダイビングは，第二次世界大戦後にアメリカ兵がスクーバ潜水器を使って潜ったことから始まったとされている．現在は，ダイビングショップに足を運び，体験ダイビングであれば泳ぎに自信がない人でもインストラクター（ガイド）と共に，気軽に水中の世界を楽しむことができる．

2 ● ダイビングの特性

ダイビングには，水中の世界を無重力状態で味わうことができる魅力がある．一方，スノーケリングは，マスク，スノーケル，フィンの3点セット（図1）で水面を泳ぎ，手軽に海中の様子を楽しむことができる．スノーケルによって，常に呼吸を確保しながら海面を游泳し，海中の自然や生物をみて楽しむことができる．スキンダイビングは，いわゆる素潜りであるが，スノーケリングと異なり，ジャックナイフ（潜水法）や耳抜きといった潜水の基本技術が必要となる．また，スキンダイビングに競技性の要素が加わるフリーダイビングは，深度や距離，潜水時間を競うなど，競技スポーツとして扱われている．そして，3点セットに加えてタンクや水中呼吸装置といった重器材を装着して，海中で呼吸を確保しながら潜水游泳し，海中の自然や生物をみて楽しむスクーバダイビングがある．それぞれのダイビングは，場所や目的によって海洋環境の壮大な自然風景を体験することができ，幅広い年齢層で実施可能なスポーツである．しかし，自然を相手にするスポーツでもあるため，常に自己の安全を保つための能力（自己保全）が必要とされる．

3 ● ダイビングの基礎技術

スキンダイビングやスクーバダイビングを行う場合，ジャックナイフといった頭から水中へ素早く潜る方法（ヘッドファースト潜降）や，マスクに水が入った時のマスククリアという方法など，様々な基礎技術が必要である．特にスクーバダイビングは，呼吸が制限された環境で，重器材を使用して行われるスポーツであるため，事前の体調管理，器材の事前確認，海中での行動，トラブルへの対応を身につけなければならない．また，言葉でのコミュニケーションが取れないことから，2人組（バディシステム）を組んで，バディとともに行動し，お互いの状況を確認し合うことが大切である．

4 ● スクーバダイビングの準備と実践

スクーバダイビングには，次にあげる必要な機材とその準備を入念に行わなければならない．

まずは，顔にフィットしているマスク，スノーケル，破損のないフィン，そして，危険物や危険生物から身を守るために保護性能の高いグローブやブーツを着用する．

ダイビングで使用するタンクは，スチールもしくはアルミニウムでできており，10ℓ，12ℓ，14ℓと様々である．日本では，5年毎に水圧式テストに

図1　マスク，スノーケル，フィン

より耐圧検査を行ったタンクを使用している．水中での呼吸装置であるレギュレータは，タンク内の高圧空気を取り出し，ダイバーの潜っている水深圧力に合わせ減圧し，安全な呼吸を確保する器材である．ダイビング中に海中で空気がなくなった時のために，バックアップスクーバ（緊急用スクーバ）も装備する．

浮力コントロールシステムは，ダイバーが浮力をコントロールするための器材で，浮力調整具（BCジャケット），または浮力コントロール用具（Buoyancy Control Device ジャケット：BCD）と呼ばれている．また，海水は浮力性が高いため，ウエイト（重り）を着用する．さらに，どのような水温でも対応できるような保温性の高いウエットスーツを選択する必要がある．

潜る際には，水深，時間，方向，空気の残量などをチェックするダイビングゲージが必要である．空気残量をチェックするための残圧計，潜ることが可能な水深や，水温や潜水時間，そして方向を失わないためのコンパス等の計器も十分に理解した上で使用する．近年は，ダイバーが使用するダイブ・コンピュータがあり，「最大水深」「現在水深」「実際潜水時間」「残りの潜水可能時間」「水温」などが表示される機能が備えられている．しかし，優れたコンピュータでも，故障する恐れがあるため，事前講習などで海に関する知識や技能を身につけることが大切であり，そのことが自己保全にもつながる．

5●海の活動の注意
1）風
岸から沖へ向かって風が吹くと，表面の水は沖へ流れ，その時に沖へ向かって泳ぐと，流れに乗れて気持ちよく進む．しかし，岸へ戻る場合には，流れに逆行することになり思うように進まず，時間がかかってしまうこともある．岸へ戻る場合には，沖に出た時の2～3倍の時間と労力がかかるものと心得ておかなければならない．またビニール製の浮き輪やビーチボールなどは補助具と考えられるが，少しの風で流されやすいといった危険性もあるため，常に自分の位置や方向の確認，自身の体力を考えておかなければならない．

2）干潮・満潮
遠浅の砂浜の海では，岸付近が波によって浸食され，海底が急に深くなっていることがある．干潮の時は高低差がわかりにくいため，泳いでいるうちに潮が満ち，戻る時には足がつかない深さになっているなどの危険性が生じる．事前に潮の満ち引き時間を調べておくことが大切である．

3）潮流
海には，特有の潮流がある．いつの間にか沖へ流され，いくら泳いでも目的地へ着かないことがある．海で泳ぐ場合は，事前にどんな潮流があるか確かめておくとよい．また，波が岸に打ち寄せると，その水は海底の方を通って沖へ流れる．これは逆潜流と呼ばれており，遠浅の海岸では穏やかだが，急深の海岸では強い流れになるので，足をさらわれることがある．

海での活動を行う場合，自分の泳力をよく知り，自分の位置や方向を把握するために，頭を上げたままの平泳ぎや立ち泳ぎといった泳法を身に付け，常に位置確認ができるとよい．

20 — スキー

第2章 スポーツをやってみよう

1 ● スキーの歴史

スキーの起源は古く，その原型をノルウェー・ラダイ島の壁画（紀元前2500年頃）にみることができる．

本来，雪上の移動手段であったスキーは，その後，スポーツ種目として発展し，雪上を素早く移動する「ノルディク・スキー」と山の斜面を滑り降りる「アルペン・スキー」へと大きく分化した．

日本で一般に「スキー」といわれるのは後者のアルペン・スキー（以下，スキー）である．オーストリアに初のスキー学校を設立したハンネス・シュナイダーによって，体系化された滑走技術は，オーストリア陸軍少佐テオドール・エドレル・フォン・レルヒによって日本へと伝えられたとされている．

現在，スキー場では，スキーとともにスノーボードを楽しむ環境が整えられている．

2 ● スキーの特性と用具

スキーの大きな特徴は，スキーに特化した道具が必要であるという点である．また，これらの道具は使い方を誤ると大きなケガにつながるということも

図1 ラダイ島の壁画

忘れてはならない．

最近のカービングスキーでは「長いスキー＝上級者」ではない．多くの場合，身長よりも10cm程度短い板を選ぶべきである．特に初心者は，身長に関わらず短いスキーを選ぶことで滑走技術の習得を大いに早めることが期待できる（図2）．

帽子は，防寒と頭部の保護の役割を果たしているため必須アイテムであるが，近年ではより安全な専用のヘルメットの使用が急増しているのでそちらを推奨したい．

ゲレンデに到着したら安全かつできるだけ平らな

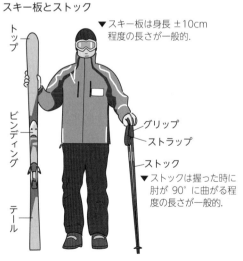
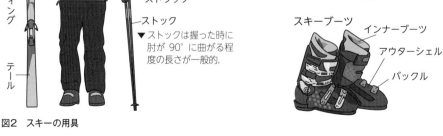

図2 スキーの用具

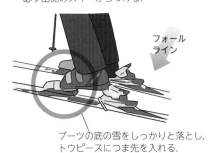

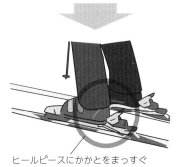

図3 スキーの履き方

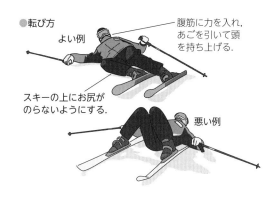

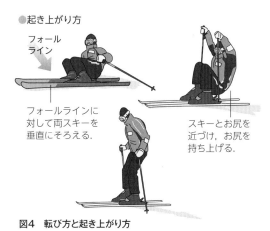

図4 転び方と起き上がり方

部分を見つけ，スキーを履く（図3）．

　ブーツの底に雪が付着している場合は，一連の作業がうまくできない．その場合は，ストックあるいはスキーのビンディングを利用してブーツの底に雪がない状態で行う．

　斜面の滑走間前にできるだけ平らな斜面で基本動作の確認を行う．まずは，スキーを装着した状態での移動方法と転倒した際の「転び方」と「起き上がり方」である．

　転倒後は，安全面も考えてできるだけ素早く起き上がる必要がある．転倒する際，特に女性によくみられるのは，両スキーの内側へ転んでしまうことである．膝関節への負荷が大きいこのような転倒は避けるべきで，スキーの外側へと転倒するようにするべきである（図4）．

3●基礎滑走技術

　現在のカービングスキーは，サイドカーブ（スキー側面の曲率）が大きく，スキーを傾けるだけでスキーがターンするような設計となっており，旧来のスキーのように進行方向に対して大きな迎え角を作る必要がない（図5）．

　このようなスキー形状の変化は，ターン動作自体を容易にするものの，サイドカーブを利用したターンのみでは，滑走中のスピードを十分にコントロールすることができない．したがって，実際の滑走中は，進行方向に対して迎え角を作るなどしてスキーを「ズレ」させる動作が必要であり，スキーの指導教程でもこの動作が見直されてきている．

　スキーのズレを伴うターンやスピードコントロールを学ぶには，スキーをハの字に開いた姿勢で行うプルークボーゲン姿勢からスピードコントロールやターンの練習を行う．スピードコントロールの練習

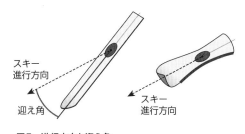

図5 進行方向と迎え角

では，踵を外側に押し出し，両スキーの内側で雪を削る動きが必要となる（図6）．

ひと通り，ターンの技術を学んだら，リフトを利用することによって滑走技術取得の効率を飛躍的に高めることができる．

初心者がリフトに乗る際に，必ず行うべきなのは，リフトの係員に「自分は初心者である」ことを伝えることである．乗り降りに慣れるまでは，係員の補助を利用することによって安全にリフトを利用することができる．

4● 連続滑走技術

プルークボーゲン姿勢から左右へのターンができるようになったら，そのターンを連続させる練習を行う．

ターン中にスキーヤーが荷重する足裏のポイントはターンの後半に向けて，より踵よりに荷重がかかるようになる．したがって，ターンの後半の姿勢のままでは斜面に対して身体がやや後傾しているため，次のターンを始めることができない．そのため，スキーヤーは自身の進行方向に立ち上がりながら，次のターンに向けて身体の斜面に対する角度をリセットする必要がある（図8）．

スキー指導でよくいわれる「身体を前に！」というアドバイスは，この時の動

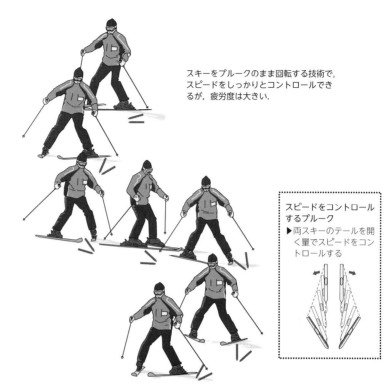

図6　プルークボーゲン

図7　プルークターン

図8 身体の角度のリセット

作を指す．進行方向に立ち上がるという動作は，斜面に対する恐怖感も相まって難しい動作となるが，連続ターンを行う際には要となる動作である．

5●滑走技術の洗練

プルークボーゲン姿勢での連続滑走ができるようになったら，両足を揃えて滑るパラレルターンの技術習得を目指す．この際，留意したいのが，プルークボーゲン姿勢のどの点を変え，どの点を変えないのかということである．

パラレルターンの取得に向けた最もシンプルな練習法は，外脚荷重の意識をより高めていくことで，ターン内側のスキーをハの字に維持する意識を弱めていくことである．つまり，両脚で斜面を削りながら滑る意識からターン外側のスキーのみでターン弧とスピードをコントロールする意識を高めていくことである（図7）．

6●難斜面へのアプローチ

急な斜面や凍った斜面を滑れない最も大きな要因は，オーバースピードによるものである．斜面が急になるほど斜面に対するスキーの角度を立てて（いわゆるエッジを立てて），滑走スピードをコントロールしようとしがちであるが，多くの場合，このアプローチは間違いである．

スキーはエッジを立てると，その立てたエッジの方向に進む特性が強く出る（前述したカービングスキーの曲がる原理はこれによる）．しかも，このような動作を行うとスキーがエッジの方向にどんどん加速する，いわゆるスキーが「走る」現象が起きる．

このような場合，上級者は意図的にスキーブーツの小指側を斜面に近づけることによってエッジを緩め（斜面とスキーとの角度を小さくして），スキーのズレ操作をうまく利用しながら滑走スピードのコントロールを行う．「ゲレンデの斜面にアイロンをかけるように」というアドバイスは一連の動作のイメージがわかないスキーヤーには有効なアドバイスである．

---

column

■深雪をいかに滑るか？

これまで紹介した通り，スキーではターンの外側のスキーに荷重をかけることが肝要です．基本的に外脚荷重といわれるこの動作の習得具合とスキー技術のレベルは一致しています．ところが，新雪が深く降り積もった斜面（深雪）にはこの原則が通用しません．

このような斜面で外脚荷重を行っても，その荷重を受け止める固い雪面がないためにスキーはターンを始めるどころか，どんどん柔らかい雪面に潜っていってしまい，その結果，外側のスキーだけが先走り，転倒してしまうことになります．スキー上級者の仲間入りをしたとうぬぼれていた著者も，この深雪の洗礼を受け，自身の技量のなさを嘆いたものでした．では，一体どうすればよいのでしょう？ 残念ながら具体的な方策が書いてある教科書を当時は見つけることができませんでした．

後年，講習会を通じて学んだのは，滑り方を根本から大きく変えることでした．具体的には外脚荷重をやめ，内側のスキーで全ての操作を行う「内脚荷重」で滑ることです（図9）．これを行うと不思議なことに深雪でも快適に滑ることができます．また，この滑走法はシーズン終わり間際の春の軟雪にも有効な滑り方です．柔軟な発想の転換が柔軟な雪には有効なのです．

図9 外脚荷重と内脚荷重

21―スケート

第2章 スポーツをやってみよう

1●スケートの歴史

スケートの起源は古く，ヨーロッパで旧石器時代の獣骨製スケートが発見されている．寒冷地の移動運搬具として発祥・発展したスケートは，中世以降，木製，次いで鉄製スケートが考案され，オランダやイギリスを中心とするヨーロッパで娯楽として行われるようになり，後にアメリカとカナダにも普及していった．1763年にはイギリスでスピードスケートの競技会が初めて開催され，また1772年に世界初のフィギュアスケートの技術書が出版されるなど，スケートの競技化が進んでいく．1882年にはウィーンでフィギュアスケートの最初の国際大会が開催され，1880年代にはカナダでアイスホッケーが誕生した．その後，1892年に国際スケート連盟が設立され，1924年開催の第1回冬季五輪シャモニー大会では，上記3つのスケート競技の全てが実施された．

日本にスケートが移入されたのは，アメリカ人教師ブルックスによって札幌農学校にスケート靴が持ち込まれた1877（明治10）年といわれる．1891（明治24）年に新渡戸稲造が留学先からアメリカ製のスケート靴を同校に持ち帰って以降，札幌は日本のスケートの中心地となっていった．しかし，1900年代初めになってその地位は長野県諏訪湖へと移っていくことになる．そして，1929年には日本スケート連盟が設立され，以後今日に至るまで日本のスケート競技は目覚ましい発展を遂げてきたといえる．

2●スケートの特性と用具（スケート靴）

スケートの特性は「滑る」という運動，とりわけ平らな氷面を自力で滑走するという点にある．その代表的競技としては，スピードスケート，フィギュアスケート，アイスホッケーがある．また，スケートは，競技で異なるスケート靴（図1）やスティックといった特殊な用具の操作が必要とされるスポーツでもある．

フィギュアスケート　アイスホッケー　スピードスケート

図1　競技用スケート靴の種類

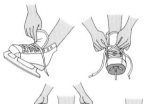
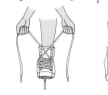

ブレードの後ろで床をたたきながらかかとをフィットさせる．つま先とかかとをフラットにしてひもを結ぶ．ひもは足首のところを強く結ぶ．

図2　スケート靴の履き方

3●基本姿勢と歩き，転び方と立ち方

つま先を広げ逆ハの字にしてブレードの真上に真っ直ぐ乗る．肩の力を抜いて手を開き正面を見る．

図3　基本姿勢

床面で足踏み，ジャンプ，屈伸運動等を行ってみる．

氷上でフェンスにつかまっての足踏み，氷上での足踏みを行ってみる．

図4　床面・氷上での足踏み

あごを引いて氷で後頭部を打たないよう座るように転ぶ.

四つ這いになり片足ずつゆっくり立ち上がる.

図5 転び方・立ち方

4 ● フォアスケーティング

1) 両足・片足・前進滑走

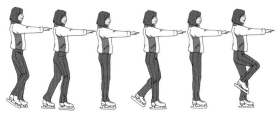

図6 両足滑走　　図7 片足滑走

ブレード全体で斜め後方に押す.膝や足首を曲げ,踏み出した足に体重を乗せる.後方に押した足を前方のかかとに引き付ける.前傾姿勢にならないように手を横に開き前を見る.慣れてきたらリズムを変えたり,片足に長く乗ったりする.

図8 前進滑走

2) ひょうたんフォア

インサイドエッジからかかとに体重を乗せ,両足均等に力を入れ,膝を曲げながら体の外側に押し出す.肩幅くらいに足を開いた後,膝を伸ばしながら内股にして両足を引き寄せる.

図9 ひょうたんフォア

3) カーブ滑り

手を前後に位置させ上体をひねり顔は内側に向ける.足はそのままフラットで回るか,前後にずらし内側の足をアウトエッジで前に,外側の足をインエッジで後ろにして回る.

図10 カーブ滑り

5 ● バックスケーティング

つま先をつけるようにしてかかとを開き,インサイドエッジで斜め前方に押す.膝や足首を曲げ,後足に体重を乗せる.前方に押した足を後方のつま先に引き付ける.前傾姿勢にならないように手を横に開き前を見る.

図11 バックスケーティング

6 ● ストップ(イの字・ハの字・Tの字・ニの字)

前足のインサイドエッジで氷を削るように前方に押し出す.体重を後足に乗せ膝を曲げて止まる.

図12 イの字ストップ

両足のインサイドエッジで氷の表面を削るようにかかとを外側に開いて止まる.

図13 ハの字ストップ

前足は進行方向に向け後ろ足の土踏まずあたりを前足のかかとに着けるようにT字を作る.引き寄せた後ろ足はフラットにして氷を削りながら両膝を曲げ体重を後ろに移して止まる.

図14 Tの字ストップ

上体は前向きのまま両足を平行にしてかかとを押し出すように下半身だけを回す.両膝を深く曲げ上体を逆方向にねじって止まる.

図15 ニの字ストップ

[第2章　引用参考文献]

■2-1
• 三木四郎他『器械運動の授業づくり』大修館書店，2006年
• 稲垣正浩編『とび箱ってだれが考えたの？』大修館書店，1991年

■2-2
• 大修館書店編集部編『アクティブスポーツ2016』大修館書店，2016年
• 大修館書店編集部編『ステップアップ高校スポーツ2016』大修館書店，2016年
• 成美堂出版編集部編『日本一わかりやすい陸上の教科書』成美堂出版，2007年
• 土江寛裕『陸上競技入門ブック　短距離・リレー』ベースボール・マガジン社，2011年
• 谷川聡『陸上競技入門ブック　ハードル』ベースボール・マガジン社，2012年

■2-3
• 大修館書店編集部編『アクティブスポーツ2016』大修館書店，2016年
• 大修館書店編集部編『イラストでみる最新スポーツルール2016』大修館書店，2006年
• 日本陸上競技連盟編『陸上競技指導教本アンダー16・19［上級編］レベルアップの陸上競技』大修館書店，2013年
• 日本陸上競技連盟編『陸上競技指導教本・種目別実技編』大修館書店，1988年

■2-4
• 日本水泳連盟編『水泳コーチ教本』大修館書店，2014年
• 日本水泳連盟編『水泳教師教本』大修館書店，2013年
• E．W．マグリシオ著，高橋繁浩他監訳『スイミング・ファステスト』ベースボール・マガジン社，2005年

■2-5
• 水谷豊『バスケットボール物語 誕生と発展の系譜』大修館書店，2011年
• 日本バスケットボール協会編『バスケットボール指導教本』大修館書店，2014年

■2-6
• 日本ハンドボール協会編『ハンドボール指導教本・新訂版』大修館書店，1996年
• 田中守「留学レポートVol. 7」スポーツイベントハンドボール，21（7），18-19，1999

■2-7
• 大修館書店編集部編『ステップアップ高校スポーツ2016』大修館書店，2016年

■2-8
• 小林深緑郎『世界ラグビー基礎知識』ベースボール・マガジン社，2003年
• 日比野弘『日比野弘の日本ラグビー全史』ベースボール・マガジン社，2011年
• 「わかりやすいラグビー」『ラグビーマガジン』ベースボール・マガジン社，2008年6月号別冊付録
• 「わかりやすいラグビー 2013」『ラグビーマガジン』ベースボール・マガジン社，2013年9月号別冊付録
• 日本ラグビーフットボール協会公式HP（https://www.rugby-japan.jp/）

■2-10
• 日本テニス協会編『新版テニス指導教本』大修館書店，2005年

■2-11
• 公益財団法人日本卓球協会編『卓球コーチング教本』大修館書店，2012年
• 公益財団法人日本卓球協会『日本卓球ルールブック』公益財団法人日本卓球協会，2015年

■2-12
• 蘭和真「バドミントンの初期の歴史に関する一考察」東海学院大学紀要4：11-17，2010年
• 文部科学省『高等学校学習指導要領解説　保健体育編・体育編』東山書房，2009年．
• 日高正博，後藤幸弘「バドミントンにおけるコート縮小によるハンディキャップ制導入の影響～大学生を対象として～」長崎大学教育学部紀要，教科教育学51：65-75，2011．

■2-13
• 杉山重利他『新指導要領による高等学校体育の授業 下巻』大修館書店，2001年
• 日本ソフトボール協会HP（http://www.softball.or.jp/）
• 大修館書店編集部編『ステップアップ高校スポーツ2016』大修館書店，2016年

■2-14
• 文部科学省『中学校学習指導要領解説保健体育編』東山書房，pp. 99-110，2008年．
• 松本芳三『柔道のコーチング』大修館書店，pp. 41-43，1975年
• 財団法人全日本柔道連盟『「柔道」授業づくり教本　中学校武道必修化のために』，pp. 22-44，2010年

■2-15
• 全日本剣道連盟『剣道指導要領』2008年
• 全日本剣道連盟『剣道試合・審判規則』『剣道試合・審判細則』2007年
• 中野八十二『剣道』旺文社，1974年
• 全国教育系大学剣道連盟『教育剣道の科学』大修館書店，2004年
• 佐藤成明『高めあう剣道』日本武道館，2012年
• 坪井三郎『現代剣道講座』百泉書房，1971年

■2-16
【引用文献】
• 福田富昭「ごあいさつ」『財団法人日本レスリング協会80年史』ユニ企画，pp. 4-5，2012年
• 八田一朗『わが道をゆく』ベースボール・マガジン社，1964年
• 八田一朗『勝負根性』実業之日本社，1965年
• 日本体育大学レスリング研究会『栄光へのレスリング』講談社，1984年
• 山本千春「日本レスリングの黎明」，日本アマチュアレスリング協会編『レスリング世紀の闘い』双葉書房，pp. 10-16，1952年
【参考文献及びURL】
• マイケル・R・ボール著，江夏健一監訳『プロレス社会学』同文館，1993年
• 佐藤満『レスリング入門』大日本印刷，2006年
• 財団法人日本レスリング協会「財団法人日本レスリング協会」『日本体育協会・日本オリンピック委員会100年史』2012年
• 国際レスリング連合HP（https://unitedworldwrestling.org/）

■2-18
• （公社）日本キャンプ協会　安全に関する情報 http://www.camping.or.jp/download/#down2
• 星野敏男・金子和正監修，自然体験活動研究会編『野外教育の理論と実践』杏林書院，2011年

■2-20
• A rock carving of a skier was found in Rodoy, Norway. http://www.freethepowder.com/pages/history-of-skiing
• Wikipedia. https://ja.wikipedia.org/wiki/ハンネス・シュナイダー
• 新井博『レルヒ 知られざる生涯 日本にスキーを伝えた将校』道和書院，2011年

■2-21
• 高橋幸一・野々宮徹編『雪と氷のスポーツ百科』大修館書店，1997年

第**3**章

生活を
整えよう

第3章 生活を整えよう

1─健康とは

健康とは何だろう?

1●健康の概念

1)「健康」の沿革

中国古代の医学書『難経（なんぎょう）』に「上工は未病を治し，中工は已病（いびょう）を治す」との一節がある．すでに発症した病気（已病）を治療するのはそれほど優れた医師ではなく，本当に優れた医師（上工）は，病気の予兆を早く知り，発病させないための手立てを尽くすという意味だ．この一節の中に，古人の病気や健康の捉え方が色濃く出ている．我が国で，初めて「健康」という言葉が使われたのは緒方洪庵の書においてであり，彼の著作『遠西原病約論』では，健康には全康と常康の2つがあるとしている．全康は完全な健康，常康は不完全な健康のことを指している．その後，洪庵の『病学通論』では，前者を「十全健康」，後者を「帯患健康」と表現している（北川，2000）．このことから健康と病気は必ずしも対立した概念ではなく，少し患っていても健康であるとみなしていたようだ．

2)健康の定義

我が国の「健康」という言葉の沿革から考えると「健康」とは病気との関わりの中で，その定義がなされてきた．しかしながら，第二次世界大戦後の1948年に設立されたWHO（世界保健機関）の憲章前文で示された「健康」の定義は，もっと広範囲な内容を包含している．現在では，「健康」の定義としては，この憲章の中で述べられている文章が引用される．原文を示すと以下のようである．

Health is a state of complete physical, mental and social well-being and not merely the absence of disease or infirmity.

日本WHO協会では，この文章を「健康とは，病気でないとか，弱っていないということではなく，肉体的にも，精神的にも，そして社会的にも，すべてが満たされた状態にあること」と翻訳している．

2●健康の保持・増進

1)狭義の「健康」からみた保持・増進

狭義の「健康」は主として個人の健康管理が主体となる概念であろう．現代社会では，病気のリスク要因となる生活習慣に注意を払い，健康の保持・増進を図ろうとしている．まず適切な量と質から成る食事が基本となる．次に，身体活動不足が大きなリスク要因となることから適切な量の運動が必要となる．また，こころの健康を保ち心身の疲労の回復も大変重要で，過度の飲酒も避けるべきことが説かれ，タバコと健康被害との因果関係も多数の報告で示されている．様々な人の新知見をもとに，健康の保持・増進を図るために，これら病気のリスク要因を出来るだけ少なくする努力がなされるようになってきた．

特に，からだを動かすことの効用が徐々に明らかになってきた．どのくらいの強さの運動をどのくらい行うと健康づくりに役立つかがわかるようになり，健康づくりのための運動の普及を加速した．現代社会においても未病を実現し健康の保持・増進を図るには自然治癒力を高める運動は欠かせないものとなっている．

驚くべきことに，これらについて，その重要性をすでに江戸時代に指摘していた学者がいる．福岡藩の儒学者・本草学者であった貝原益軒（1630-1714）は彼の著書『養生訓』で健康の保持・増進にとってライフスタイルがいかに重要かを説いている．「飲食」に多くを割いていることから，彼が食養生を重視していたと推測できる．「食こそが心身を養い，病を治すものであり，薬に勝る効用がある」と繰り返し説いている．さらには，「食後に庭を歩くことを欠かさない」ことの大切さを説き，「時々身を動かして気をめぐらし」とも指摘している．ただ単にからだを動かすのでなく，それに加えて気（古人が考えた生命エネルギーの一種）の流れを体中にめぐ

130──第3章│生活を整えよう

らすことの重要性を説いている．現代風に解釈すれば，生体に備わる自然治癒力を高めることにつながるからだの動きを実践しなさいということだろうか．

『養生訓』はこころの健康についても触れている．「気は，身体の内にあまねく行きわたるべし…七情の過ぎて滞るは病の生ずる基なり」とある．「七情」と病気との関係，例えば，怒は五臓の肝を傷め，喜は度が過ぎると，五臓の「心」の変調を起こし，憂いや思いは，消化器系，悲しみは呼吸器系を傷めるなど，心と体を切り離せないと指摘している．それに対処するためにどうすべきかについても述べている．また，疲労を回復するための睡眠の重要性も説き，特に横向きに寝ることを推奨している．これは現在，高齢者の睡眠時無呼吸症候群における舌根沈下に対する対処法の1つとなっており，江戸時代にすでに指摘していた慧眼に驚かされる．

飲酒については少量であればストレス発散や食欲増進につながり，酒を多く飲んで飯を少なく食べる人は，健康を損なうと忠告している．また，喫煙について，煙草はもともと毒であり，少しは益があるが，損失の方が多い．また，習慣化するとやめられなくなるので，最初から近づかない方が良いと指摘するなど，現代社会で病気のリスク要因となる生活習慣全てについて，あるべき姿を300年前に指摘しているのに驚かされる．

2）広義の「健康」からみた保持・増進

広義の「健康」の概念にはWHO憲章の健康の定義である「身体的にも精神的にも社会的にもすべてが満たされた状態」という考え方が基盤にある．そのため，広義の「健康」からみた保持・増進には個人の健康管理にとどまらず，健康教育やそれを実践する環境の整備，さらには健康寿命をのばすための社会的サポートも含まれている．WHO憲章を基軸として，その後のヘルスプロモーションに関する国際会議で，健康の保持・増進には個人の努力と社会環境の整備が必要であることが指摘され続けてきた．一方，我が国の健康づくりのための政策は，基本的には個人の生活習慣に重点をおいてきた．しかしながら，「健康日本21」（第二次）では社会環境へのアプローチの重要性も掲げ，遅ればせながら世界の趨勢に近づいてきた．

日本国憲法第25条には「すべて国民は，健康で文化的な最低限度の生活を営む権利を有する．国は，すべての生活部面について，社会福祉，社会保障及び公衆衛生の向上及び増進に努めなければならない」と規定され，健康保持・増進に対する国の責務が示されている．一方で，健康格差社会（近藤，2005）という言葉が示すように，「健康の不平等」という事態が現実として存在する．今後は個人の努力に加えて「健康日本21」（第二次）のような社会環境の整備や格差是正を推進することも重要となるであろう．

---

c o l u m n

■健康の定義，幻の新しい提案？

WHO憲章の健康の定義について1998年に，以下のような新しい提案がなされたことがあります．

Health is a dynamic state of complete physical, mental, spiritual and social well-being and not merely the absence of disease or infirmity.

従来の定義にdynamicとspiritualという2つの言葉が追加されました．dynamicは健康と病気は対立した概念でなく連続したものという意味を持っていますが，この考え方は我が国では一般的なものです．しかしながら，mentalとspiritualの違いは，日本人にはわかりにくいという印象があります．宗教に希薄な国民性のためかも知れません．この提案は，執行理事会で採択されましたが，現行の定義が十分に機能しており急ぐ必要はないとされ，まだ，総会での審議がなされていません．

第3章 生活を整えよう

2——メンタルヘルスと運動・スポーツ
運動が心の健康に及ぼす影響

1●はじめに

現代社会における高度産業化，情報化は我々の物質的な生活を豊かにした．この時代の流れの中で，我々の生活環境は大きく変化し，心身のストレスを緩和する機能を担ってきた家族や親族，地域などの伝統的な社会支援ネットワークは崩壊してしまった．このことから現代人は，対人関係における「気疲れ」が多くなってきている．その証拠に，うつ病を含む気分障害の患者数は，1998年から2008年にかけて2.4倍も増加した（平成20年度厚生労働省患者調査）．社会ではメンタルヘルス対策の重要性が叫ばれており，「仕事や職業生活に関して強い不安，悩み，ストレスがある」とする労働者の割合は，60.9%にも上る．運動・スポーツの実践は身体的機能の維持・向上とともに，メンタルヘルスの改善が期待されてきた．ここでは心理学的視点から，運動・スポーツの実践がメンタルヘルス改善にどのように役立つのか紹介していく．これまで，運動・スポーツ実践が不安，うつ，その他の気分，生活満足度の改善に役立つ可能性が，過去の膨大な数の研究によって示されている．

2●メンタルヘルスとは

メンタルヘルスは一般に，精神疲労，ストレス，うつ病など健常ではない，病気に近い状況として扱われてきた．WHO（世界保健機関）はメンタルヘルスを「心理的なウェルビーイングの程度．自分の能力を認識し，一般的な生活上のストレスに対処でき，生産的に仕事を遂行し，地域に貢献できる良好な状態」とより肯定的に捉えている．ここでのウェルビーイングとは，生活満足度で表すことができる．例えば「もう一度やり直せるとしても何も変えたいと思わない」「私の人生は非常に恵まれている」という質問に，「そう思う」と答えられる人はメンタルヘルスが良いと解釈できる．

3●運動・スポーツがメンタルヘルスに及ぼすプラス効果

運動・スポーツ実践は，うつ傾向の改善はもちろん，うつ病の改善にも効果的であることがわかっている．そして，その効果は運動プログラム終了時が最も大きく，半年以上経っても効果は維持される．また，抑うつの程度が重いほど，運動による軽減効果が大きい．運動・スポーツがこのような心理的効果を引き起こす理由は様々である．運動は日常の生活空間から移動して，広い場所や屋外で行われることが多い．つまり場面切り替え効果，気晴らし効果が含まれるのである．さらに今まで何回も挑戦して，できなかった動きができた，目標をクリアした，という喜びは格別である．この達成感は私たちを前向きな気持ちに駆り立てる．特に自分が最も価値をおいている活動であればなおさらであろう．他には，人とのつながりが生まれるという効果もある．私たちは，人との付き合いでストレスを抱えるが，反対に人との温かい交流から幸福を感じる生き物でもある．

これまでメンタルヘルスの指標として，不安，うつなどの消極的なものから，活気，幸福といった積極的な感情が用いられてきた．そして，①運動直後であっても，②運動実施前の肯定的感情が低い場合でも，③運動強度が低くても，④運動実施時間が短くても，運動実施による肯定的感情の変化は，一貫して生じることが報告されている．また運動の効果は一時的なものだけでなく，定期的な運動実践が，生活満足度の改善に役立つことが示されている．その効果は非常に大きいわけではないが，運動をまったくしないより，3倍も改善度が大きい．

有酸素運動と筋力トレーニングはともに，感情の変化に与える影響が示されており，その効果はほぼ同じである．また年齢の違いによって運動実施が，

感情変化に与える効果に違いがある．具体的には54〜64歳までの年齢層の方が，65歳以上より効果が大きくなっている．この現象のメカニズムは不明であるが，高齢になるほど社会的な役割の消失や身体的機能の衰えが顕著になり，かつ多様な要因がメンタルヘルス改善に関与してくることがその原因として考えられる．複数の研究で，運動に関する自信や達成感が，感情の変化を媒介する要因として重要な役割を果たすことが示唆されてきた．

　青年期のうつ傾向や不安の改善についても，運動・スポーツの実践は有効である．青年期は自我同一性（これこそが自分だ，という実感）を確立する時期であり，自分自身を肯定的に捉えることが重要な発達課題となる．この時期は身体的能力の高さや競技能力を周りから評価される機会も多い．単なる運動経験というよりも，そこで培われた身体に関する自信・自尊心の向上や，体力向上がメンタルヘルスに影響を与える．これまでの研究で，持久力が高い学生はうつ傾向が低いことや，運動量が多くなるほど，抑うつの程度が低くなることがわかっている．この傾向は，女子で顕著にみられる．興味深いのは，家庭内の軋轢が多いと抑うつ傾向は高くなるが，この場合でも運動量が多い集団は抑うつ傾向が低くなっている．つまり，どのような場合でも，運動・スポーツの実践が一定の有効性を持つといえる．

　最後に青少年期の不活動（座りがちな生活）も大きな問題である．テレビ・パソコン・ゲームなどに熱中し，自由時間に身体を動かす時間が少ないと，身体イメージが良好ではなく（特に女子），生活満足度も低くなることが最近の研究で報告されている．

4●運動・スポーツがメンタルヘルスに及ぼすマイナス効果

　ここまで主に運動・スポーツの実践が，メンタルヘルスに及ぼすプラスの面について述べてきた．しかし，運動嫌い・体育嫌いの人がいるように，運動・スポーツ実施が常にプラスになるわけではない．特に運動にのめり込みすぎることの弊害もある．毎日のように運動する熱心な実践者が，緊張感の増加や，いらいら，抑うつを感じる，「どうしても運動しなければ」というような義務感にさいなまれることがある．これは専門家の間では「運動依存」と呼ばれている．運動依存はランニング，水泳，サイクリングなどの有酸素運動をかなりの頻度で行っている人にも起こりやすいともいわれている．ストレス解消を運動のみに依存しているため，休暇やケガなどで運動ができない場合には，有効なストレス解消ができず，さらにその他の積極的・効果的対処がわからないため，ストレスが蓄積されていくと考えられる．健康によい運動・スポーツも，時としてマイナスをもたらすことを理解しておく必要がある．

表1　運動がメンタルヘルスに及ぼす効果

1) 不安・うつ傾向の改善に効果あり（低〜中程度）
2) 運動の不安軽減効果は運動後30分〜1時間で最大になる
3) 運動前の感情状態により効果が異なる
4) 青少年の自尊心改善に効果あり（低〜中程度，短期でみた場合）
5) 体力が高いとメンタルヘルスは良好

c o l u m n

■運の良い人

皆さんは運が良いですか？　ある実験で参加者に新聞を渡して読んでもらい，「新聞に何枚の写真があるか？」を答えさせました．すると自分を運が悪いと考えている人は平均2分でしたが，運がよいと考えている人は数秒で答えました．実はその新聞の2ページ目に「読むのを止めて！　この新聞には43枚の写真があります」というメッセージが大きな文字で書かれていたのです．自分は運がよいと考えている人は，すぐこのメッセージを見つけ，不運と考えている人は見落としたのです．良いことや悪いことに出会う確率は皆同じでも，それをどのように受け止めるか，自分の中にあるセンサーの感度と考え方が大きな違いを生み出すことになるのでしょう．

3 — 生活習慣と健康
生活習慣の改善は病気を防ぐ

第3章 生活を整えよう

1 ● 生活習慣病

我が国は，高齢者（65歳以上）人口が約3,300万人と4人に1人が高齢者という社会を迎えており，世界に類を見ないスピードで高齢化が進んでいる．今後は75歳以上の後期高齢者が占める割合がさらに高くなると推計されている．日本人の死因は，戦前では肺炎，肺結核等の感染性疾患が上位を占めていたが，近年は肺炎の他に悪性新生物や心疾患，脳血管疾患などの非感染性疾患（NCD; non communicable diseases）が死因の上位を占めるようになってきた（図1）．肺炎を除くこれら上位死因の疾患は加齢とともに増加し，また働き盛りの40～60歳代に特に多く，加齢以上に生活習慣が強く関与することから「生活習慣病」と呼ばれるようになってきた．

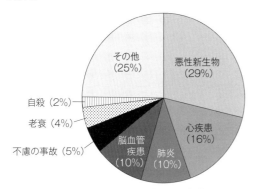

図1　日本における死因別死亡率（「平成23年人口動態統計月報年計の概況」厚生労働省，平成24年）

2 ● 生活習慣病と生活習慣

近年では，我が国の平均寿命は男女共に80歳を超えて世界トップクラスであるが，生活の質を考慮した「健康寿命」という指標が注目されている．健康寿命とは平均寿命のうちに寝たきりや認知症などの介護状態にある期間を差し引いた日常生活に制限のない自立した期間を示している．生活習慣病の発症を予防し，この健康寿命をのばすためには，若い頃からの日々の生活習慣の改善が重要である．エネルギー摂取とエネルギー消費は生活習慣を改善する大きな柱であるが，その他にもストレスや睡眠，飲酒，喫煙による健康被害も重要であり，これらの改善も大切になる．日本人の死因第1位は悪性新生物であるが，臓器別にみると肺がん，大腸がん，胃がんなど生活習慣と密接に関連しているがんが多い．また，近年では女性の乳がんの発症が増えており，アルコールや飽和脂肪酸の摂取との関連性が強く考えられている．

1）エネルギー摂取

食生活の改善つまり適切な量と質の高い食事は，生活習慣病の発症予防には重要である．最も大事なのは何といっても総摂取カロリーであるが，適正な蛋白質や糖質，脂質の摂取比率も重要であり，特に糖質，脂質の過剰な摂取は生活習慣病発症との関連性が高く，また塩分摂取も血圧上昇や循環器疾患リスクの増加と強く関連する．偏りのないバランスの良い食事と日々の体重コントロールが健康寿命の伸延には大切となる．食生活の詳細については次項を参照いただきたい．

2）エネルギー消費

「健康のためにはからだを動かしなさい」とよく言われるが，あながち間違ってはいない．事実，運動をよく行っている人や身体活動量の多い人は，活動量の少ない人と比べて循環器系疾患や特定のがんの発症リスクが低いことが示されている．身体活動はなにも運動やスポーツを行うことばかりではなく，普段の生活において行われる動作，例えば家事や通勤・通学また掃除や庭仕事などが全て含まれている（図2）．明治時代以前では歩行は移動の唯一の手段であったが今では車中心の社会へと変貌を遂げた．洗濯においては今では洗濯機が自動に行い，水は水道をひねるだけで当たり前に出るが，昔は洗濯板を

使ったり，井戸水を運んで使用してきていたことからも，現代社会では日常の生活における活動量は確実に減少していると言える．ところで，がんは日本人の死因第1位であるが，がんの中でも大腸がん（結腸がん）は身体活動によりその発症リスクが低下することが確実視されている．また，女性においては身体活動により子宮体がんや閉経後の乳がんの発症リスクが低下する可能性がある．

内臓脂肪（腹腔内脂肪）面積　必須	
ウエスト周囲径	男性≧85cm
	女性≧90cm
（内臓脂肪面積　男女とも≧100cm^{2}に相当）	
上記に加え以下のうち2項目以上	
高トリグリセライド血症	≧150mg/dl
かつ/または	
低HDLコレステロール血症	<40mg/dl
	（男女とも）
収縮期血圧	≧130mmHg
かつ/または	
拡張期血圧	≧85mmHg
空腹時高血糖	≧110mg/dl

図3　メタボリックシンドロームの診断基準（「日本内科学会雑誌」94（4），188，2005）

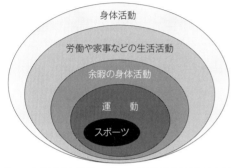

図2　身体活動と運動・スポーツ（内藤義彦「疫学から見た身体活動のとらえ方とその成果」，運動疫学研究．1：13-19,1999）

3● メタボリックシンドローム

生活習慣と最も関連性が高い疾患概念としてメタボリックシンドロームは有名である．我が国におけるメタボリックシンドローム診断基準を図3に示す．本疾患は耐糖能異常（高血糖），血圧高値（高血圧），脂質代謝異常（高中性脂肪血症，低HDLコレステロール血症）などの動脈硬化危険因子が重積した病態であるが，これは偶然これらの因子が重積したものではなく，必然的にこれらの異常が生じてきたとも考えられている．

その本態は糖質，脂質摂取過剰と運動不足による肝臓や骨格筋におけるインスリン抵抗性と脂肪（特に内臓脂肪）の蓄積によるものと考えられている．つまり内臓脂肪の蓄積はアディポサイトカインと呼ばれる様々なホルモンを脂肪細胞から分泌しており，それらとインスリン抵抗性から肥満，高血圧，脂質異常，耐糖能異常などの動脈硬化疾患リスクの上昇を来す．この病態の機序から考えると摂取カロリーの是正，糖質・脂質の過剰摂取の是正，活動量不足の改善をすることで，こうした危険因子を全般的に改善することが期待できる．

---

column

■■"お腹が一杯"は頭が感じている？

食事をするとお腹が一杯になりますが，これは胃の中にこれ以上入らなくなったためにお腹が一杯になったわけではありません．食事をすると頭が「お腹が一杯」と感じているだけなのです．レプチンという物質を知っていますか？　レプチンは脂肪組織から分泌されるホルモンで，食事をとると分泌され脳の満腹中枢に作用して「お腹が一杯」と感じさせるのです．動物や人において脂肪の量が多いほどレプチン濃度が高いという関係性が認められています．つまり太っている人のレプチン値は高いわけです．何か反対のような気がしますが，これはレプチン抵抗性と言われる現象で常に高レプチンに曝されているためにレプチンの効きが鈍ってしまっている状態なのです．短期間で急激なダイエットを行うと，レプチン抵抗性が改善しないうちにレプチン濃度のみが減少することから，食欲の歯止めがかからず，ダイエット失敗の一因になります．また，「早食いは健康に良くない」と言われるのもレプチンに関係しているかもしれません．食事をしてレプチン濃度が上昇するまで最低20分程度はかかると言われていますから，早食いをすると食事量が増えることにつながるでしょう．

4 — 食事と健康

健康的な食事とは？

1 ● 食事に含まれる栄養素

食事に含まれる栄養素には身体のエネルギー源となる糖質と脂質，身体づくりの材料となるたんぱく質，そして，身体のコンディションを整えるミネラル（無機質）やビタミンがあり，これらを五大栄養素と呼ぶ。この他，食物繊維も様々な生理機能が明らかとなり注目されている．これらの五大栄養素と食物繊維を食事から必要量摂取しなければならない．

2 ● 食事の質（何を食べればよいか？）

日本人の日々の食卓に並ぶ料理や食品は，糖質（炭水化物）が豊富な「主食」，たんぱく質が豊富な「主菜」，ビタミン・ミネラルや食物繊維が豊富な「副菜」に区分される．「主食」はご飯や麺類，パンなど，「主菜」は肉，魚介，卵，大豆製品など，「副菜」は野菜，海草，きのこなどである．

その他の区分としては，カルシウムとたんぱく質が豊富な「牛乳・乳製品」，ビタミン・ミネラルと食物繊維が豊富な「果物」がある（図1）．食事の質を整えるためには，朝食・昼食・夕食のそれぞれにおいて，主食（1品）・主菜（1品）・副菜（2品）を揃える工夫をするとよい．特に，主食・主菜・副菜の見た目の比率は3：1：2になるように摂取するのが望ましい（図2）．また，乳製品と果物も1日に最低1品はとるようにしたい．

このように5つの食品カテゴリー（主食，主菜，副菜，乳製品，果物）の揃った食事のことを栄養フルコース型の食事という（図1）．子どもから成人，中高齢者，さらにはスポーツ選手も含めて，栄養フルコース型の食事を心がけることで食事の質を整えることができる．

3 ● 食事の量（どれだけ食べればよいか？）

食事の量は重量（グラム数）ではなくてエネルギー量で表す．エネルギー量の単位は熱量（カロリー）であり，我々は1日に消費しているカロリーに相当

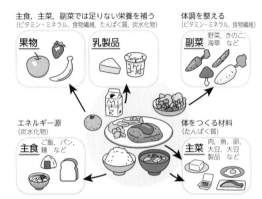

朝食・昼食・夕食のそれぞれにおいて，主食（1品）・主菜（1品）・副菜（2品）を揃える工夫をする．また，乳製品と果物も1日に最低1品は採るようにする．

図1 栄養フルコース型の食事（柳沢香絵・岡村浩嗣『親子で学ぶスポーツ栄養』八千代出版をもとに一部改変）

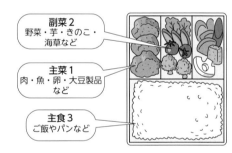

主食：主菜：副菜の比率を3：1：2にすると栄養素のバランスは良好になる．このバランスで弁当箱に食物を詰めると，弁当箱の容量（ml）と熱量（kcal）はほぼ同じ数字になる（岡村，2013）．

図2 主食3：主菜1：副菜2の弁当のエネルギー量

する量の食事を摂取する必要がある．

一般的には男性（体重65kg程度で普通の身体活動量の男性）では1日に約2800kcal，女性（体重55kg程度で普通の身体活動量の女性）では1日に約2000kcalのエネルギーを消費する．しかし，これはあくまで目安であり，人によって体格と身体活動量が異なるので，個人差が大きい．すなわち，必要な食事の量は個人によって異なる．

1日のエネルギー消費量の内訳は基礎代謝量（横になっているだけでも消費する，すなわち，生命維

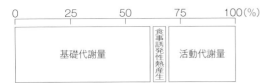

図3　1日のエネルギー消費量の構成要素の内訳

表1　基礎代謝量の計算式

> 基礎代謝量（kcal/日）
> ＝基礎代謝基準値（kcal/kg体重/日）×体重（kg）

基礎代謝基準値（kcal/kg体重/日）

年齢（歳）	男性	女性
1～2	61.0	59.7
3～5	54.8	52.2
6～7	44.3	41.9
8～9	40.8	38.3
10～11	37.4	34.8
12～14	31.0	29.6
15～17	27.0	25.3
18～29	24.0	22.1
30～49	22.3	21.7
50～69	21.5	20.7
70以上	21.5	20.7

（『日本人の食事摂取基準』2015年版）

表2　1日のエネルギー消費量の計算式

> 1日のエネルギー消費量（kcal/日）
> ＝基礎代謝量（kcal/日）×身体活動レベル

年代別の身体活動レベル

年齢（歳）	低い（Ⅰ）	ふつう（Ⅱ）	高い（Ⅲ）
1～2	—	1.40	—
3～5	—	1.50	—
6～7	—	1.60	—
8～9	—	1.70	1.90
10～11	—	1.70	1.90
12～14	1.50	1.70	1.90
15～17	1.50	1.75	2.00
18～29	1.50	1.75	2.00
30～49	1.50	1.75	2.00
50～69	1.50	1.75	2.00
70以上	1.30	1.50	1.70

（『日本人の食事摂取基準』2015年版）

○低い（Ⅰ）：生活の大部分が座位で不活動な生活を送っている場合
○ふつう（Ⅱ）：座位活動が中心ながらも，ある程度の移動や立位での作業等を行っている場合
○高い（Ⅲ）：運動クラブなどで活発な運動習慣をもっている場合，あるいは，移動や立位の多い仕事に従事している場合

持に必要とされる熱量），活動代謝量（身体活動によって消費する熱量），ならびに食事誘発性熱産生（食事摂取によって消費する熱量）であり，全体の60％近くは基礎代謝量が占める（図3）．基礎代謝量は表1に示した式によって簡単に推量できる．また，表2に示した式を用いると，基礎代謝量に基づいて1日のエネルギー消費量を推量できる．

主食・主菜・副菜を3：1：2の割合で弁当箱にぎっしり詰めれば（図2），弁当箱の容量（ml）はエネルギー量（kcal）を表す数字とほぼ同じになる（岡村，2013）．これを目安にして自分のエネルギー消費量に基づいた適切な食事量を把握できる．また，現代人は副菜の摂取が不足しがちであるが，平均的な日本人が1日に必要な野菜の量は350gといわれている．小鉢1つ分の調理野菜（生野菜であれば一皿分）は70gに相当するので，1日に小鉢5つ分の野菜を摂取することを心がけるとよい．

---

column

■効果的なダイエット

我々の身体は脂肪組織（皮下脂肪や内臓脂肪）と除脂肪組織（筋肉，骨，内臓など）に大きく分けられます．健康や美容のためにダイエット（減量）を行う際には，除脂肪重量を維持しつつ脂肪重量を減らすようにしたいものです．減量するためには，1日に食事から摂取するエネルギー量がエネルギー消費量を下回る必要があります．しかし，過度にエネルギー摂取量を制限すると除脂肪重量が減少することが知られています．1日あたりのエネルギー収支はマイナス250kcal程度にとどめるのが妥当です．250kcalといえば，菓子パンやハンバーガー1個分，あるいは板チョコ3分の2枚分のエネルギーに相当します．これらの間食を我慢する程度が妥当なダイエットです．

エネルギー摂取量を減らすことを考えるばかりでなく，運動によってエネルギー消費量を増やすことで健康的に減量できます．普通の速度で1時間程度歩くか，ゆっくりとした速度で30分程度ジョギングすることで120kcal以上のエネルギーを余分に消費することができます．食事制限と身体活動を上手に組み合わせることで，効果的な減量が可能となります．

5 — 喫煙・飲酒・薬物乱用

第3章 生活を整えよう

身体的影響と社会的影響

1 ● 喫煙

1) 我が国の現状

現在，我が国で習慣的に喫煙している者の割合は,19.6％(男性32.2％，女性8.5％)である．ここ10年間で喫煙率は男女ともに減少しているが，国民1人当たりの年間消費量は先進国の中で最多である．

2) 喫煙の健康影響

たばこの煙には，4,000種類以上の化学物質が含まれ，その中には発がん性のあるタールをはじめ，ニコチン，一酸化炭素，シアン化物など体に悪影響を与える有害物質も多く含まれる．喫煙の急性影響としては，咳，痰，息切れなどの症状や持久力低下がある．特に，一酸化炭素は赤血球中のヘモグロビンとの結合性が強いため，体内での酸素供給に悪影響をもたらし得る．また，慢性影響としては，がん，虚血性心疾患，胃・十二指腸潰瘍，慢性閉塞性肺疾患(COPD)など，様々な病気との関連性がわかっている．さらに，ニコチンには強い依存性があるため，習慣化された喫煙をやめることは難しい．体内のニコチンが切れることで，ホルモンである脳内ドーパミン不足を感じ取り，「イライラ感」などの離脱症状が生じる．ドーパミンによる爽快感を回復させるためにまたニコチンを欲するという悪循環である．日頃のストレスを喫煙が解消してくれるわけではない．

3) 周囲に与える健康影響

たばこの煙には，主流煙(喫煙者がたばこから直接吸い込む煙)と，副流煙(点火部分から立ち上る煙と喫煙者が吐き出す煙)があり，この副流煙を周囲の人が吸わされることを「受動喫煙」という．副流煙の有害物質の含有量は，主流煙に比べて圧倒的に多いため，喫煙による健康影響は周囲の人々にももたらされる．受動喫煙の急性影響としては，目や呼吸器系の症状や，循環器系の症状が現れる．慢性影響としては，肺がん，副鼻腔がん，虚血性心疾患，

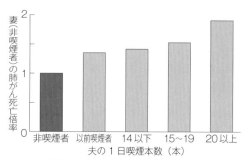

※非喫煙者の夫の場合を1とした場合の比

図1　夫の喫煙が妻の健康に及ぼす影響

気管支喘息の発病と悪化(小児)など，様々な病気の危険性がある．夫が喫煙者である場合，夫が非喫煙者である場合と比べると，妻の肺がん死亡率が高まる(図1)．また，妊婦による喫煙では，胎盤血液量が減少し，胎児に対する酸素や栄養の供給が阻害されるため，発達障害や知的障害，発育障害などの危険性が高まることが示されている．

2003年スタートの「健康増進法」では，学校や病院などの多数の人が利用する施設では，受動喫煙を防止する努力をするよう定められた．さらに，2009年米国で「サードハンド・スモーク」という概念が提唱され，喫煙した室内の残留物から有害物質が残り，その場が汚染されるとの考えが広まっている．もはや喫煙問題は，喫煙者だけにとどまらない社会的な問題へと拡がり，マナーからルールへと変わりつつある．

2 ● 飲酒

1) 飲酒の健康影響

アルコールは，化学物質として脳に影響を与える．体内に入ると胃や腸で吸収され，血液で全身に運ばれる．高次機能を司る大脳新皮質へと麻痺が進むことで，理性や知性の働きが抑制され，欲求や情動がコントロールできなくなる．また，運動機能や知覚の中枢である小脳へと麻痺が進むことで，平衡感覚などに影響を与え，直立歩行ができなくなり，交通

事故や転倒・転落事故などが起きやすくなる．また，飲酒量が過剰になると，呼吸機能を司る延髄が麻痺して死に至るケースもある．急性アルコール中毒とは，一気飲み等による短時間での大量のアルコール摂取によって意識レベルの低下が現れ，生命の危険を伴う状態にまで至ることである．

2) 長期飲酒の健康影響

過度の飲酒を長期間続けると，全身の組織や器官に悪影響が出てくる．特に，アルコール分解に働く肝臓に負担がかかり，脂肪肝，肝臓細胞の壊死，線維が増えて硬くなることで肝硬変となる．また，発育の途上にある青少年はアルコールの影響を受けやすく，極めて危険である．男性の性機能低下，女性の月経不全など生殖機能への影響や高血圧，糖尿病などの生活習慣病を起こす危険性が高くなる．さらに，大脳の萎縮によって記憶障害や認知症の早期発生の危険性を高めたりする（アルコール性認知症）．

長期的な飲酒の結果，摂取量や飲酒時間がコントロールできなくなり，アルコール依存症になる可能性がある．アルコールに身体・精神をコントロールされた状態になるため，就業を含む社会生活をはじめ，家庭生活に至るまで多大な影響を与えることとなる．

3) 妊娠の可能性のある人における危険

妊婦が飲酒をすると，胎盤を経由してアルコールが胎児の体をめぐり，脳神経系に影響し，発育障害や知的障害，心臓の奇形などの症状がみられることがある（胎児性アルコール症候群）．

3●薬物乱用

医薬品を医療目的以外で使用したり，医薬品でない薬物を不正に使用したりすることを，「薬物乱用」

という．薬物乱用の最大の怖さは，やはり依存性にある．薬物のほとんどは脳に作用するため，意識障害や錯乱状態などの中枢神経障害を引き起こし，再び薬物を使用することを求める（精神依存）．また，体内から薬物が切れると，不安，不眠，疲労などの不快感や手のふるえ，発熱，倦怠感，全身痛などの離脱症状（身体依存）が現れる．薬物乱用者は，この苦しみから逃れるために再び薬物を使う．

また，薬物に人生を支配される薬物依存の状態になると，社会的なルールや人間関係などを無視してまでも薬物を手に入れようとする探索行動に出る．薬物乱用者の身体と精神の健全な発育・発達を阻害するだけでなく，人格形成も阻害し，社会への適応能力や責任感の発達を妨げるため，怠学，暴力，性の逸脱行動，犯罪など，家庭，学校，地域社会にも深刻な影響を与える．さらに，注射による薬物乱用では，衛生上の問題により様々な感染症のリスクが高まる．特に，静脈注射はエイズの原因ウイルスであるHIV及びB型，C型肝炎ウイルスの最も危険な感染経路の1つである．

薬物依存の強さは強烈である．自分の意志でコントロールできる問題ではない．「いつでもやめられる」という軽率な考えや，好奇心，周囲の誘いから試してみるといったことは絶対にしてはならない．あなた自身や周りの人の，大切な人生を狂わせ，その影響は一生涯続くと言っても過言ではない．

Let's try!

・受動喫煙防止対策として，行政活動や民間活動ではどのような取り組みがあるだろうか．
・"COPD"と喫煙の関係について調べてみよう．

---

c　o　l　u　m　n

■飲酒運転撲滅に向けて

2006年8月25日，福岡市東区の海の中道大橋で飲酒運転の車に追突された車が海に転落し，幼い3人の命が奪われる事故が起こりました．この事故を契機に罰則が強化され，飲酒運転撲滅の機運も高まりました．しかし，2011年の福岡県内の飲酒運転事故件数は257件で全国ワースト2位，2014年の飲酒運転事故件数は153件で全国ワースト11位でした．アルコールは少量でも脳の機能を麻痺させるため，安全運転に必要な情報処理能力，注意力，判断力などが低下している状態になります．「少しだけだから」「お酒に強いから」「時間が経ったから」などという自己中心的な考えは，絶対にもってはならないのです．

私たちには，飲酒運転を「しない！　させない！　許さない！　見逃さない！」責任があります．

6 — 感染症の理解と予防法

第3章 生活を整えよう

病原性微生物による健康トラブルを予防しよう

1●感染症の発生と予防

地球が誕生して約40億年，目にも見えない小さな微生物から動植物は進化を遂げてきた．現在もなお無数に存在する微生物は，自然環境中における生態系の維持（有機物分解などの自然浄化）や人間の生体環境維持に対しても重要な役割を担っている．

1) 人と共生する微生物

人と微生物との関係性に着目してみると，いくつかのパターンに分けることができる．人にまったく無害な関係，人に病気をもたらす関係，人の体力・体調によって病気を引き起こしてしまう関係などがある．多くの微生物は人にとって無害である．一部の微生物は常在菌叢を形成して生体内に病原性のある微生物の侵入を阻止し，また乳酸菌などは消化管内における分解・合成などの腸内環境維持に役立っている．すなわち，数百兆個を超える微生物が人と共生（利益を与え合っている）しており，この関係性の理解はとても重要である．よって日常生活において，殺菌成分の強いボディソープなどで体を洗いすぎる，粘膜や傷を消毒しすぎてしまう，または抗生物質の長期服用などの「過剰な殺菌行為」は，時に生体と常在菌バランスを崩してしまうことがあるので注意したい．

2)「感染」と「感染症」

人に病気を引き起こす微生物を病原体と呼び，ウイルス，細菌，真菌，原生動物（寄生虫）などが存在する．人（宿主）に病原体が侵入し，増殖していくことを「感染」という．そして感染のために局所的に，または全身的に何らかの症状を呈する状態を「感染症」という．感染は必ずしも感染症発症を意味しない．それは，病原性・感染量など病原体側の問題や，免疫能・栄養状態など宿主側の問題との相互のパワーバランスによって決まる．自覚的にも他覚的にも何らかの症状を呈した状態を顕性感染とい

図1　顕性感染と不顕性感染

い，感染はしているが症状が見られないものを不顕性感染という．不顕性であっても体内に病原体を保有し，持続的な感染が起こっていることもある．

3) 感染の3大因子と感染予防

人に感染が起こる時は必ず，①病気の原因（感染源），②感染対象である人（宿主），③感染源と人をつなぐもの（感染経路），の3つの因子が関わる．感染成立にはこの3因子全てが必要であり，1つでも欠けると感染は起こらない．よって3因子それぞれに対して効果的な予防対策を実施することがあらゆる感染予防の基本といえる．

まず，感染源対策としては，患者の早期発見・早期治療，患者や保菌者の速やかな隔離などがあげられる．また，環境中の病原巣消毒なども感染源対策として実施される．

感染経路対策では，経路の消毒と媒介物の排除があげられる．学級閉鎖や臨時休業，身近な手洗いから大規模な交通遮断までもこれにあたる．

宿主対策としては，予防接種，免疫を高めるための健康的な生活習慣の確立，適度な運動，また流行を予測した行動などがあげられよう．

表1　感染成立のための3大因子

①感染源	・人（発症者・保菌者） ・動物（発症動物・保菌動物） ・無生物（環境中,食品中の繁殖菌など）
②感染経路	・水平的な感染（接触・性交,飛沫散布・空気,媒介物など） ・垂直的な感染（経胎盤・経産道・経母乳などの母子感染）
③宿　主	・抵抗力(免疫)

夏風邪，冬風邪，インフルエンザ，胃腸炎，性感染症など，そのほとんどは微生物による感染性の病気である．健康的な生活習慣で体調を整え，適度な運動，手洗い・うがい，身体を清潔に保つ，適切な予防接種の実施，などの日常的な対策を講じることで，感染症に罹りづらい体を作りたい．

4) 感染症法と流行予測

感染症法（感染症の予防及び感染症の患者に対する医療に関する法律）とは，国内における感染症の流行状況を的確に把握し，円滑な対応を行うことで感染症から国民の健康を組織的に守る法律である．重篤度の高い第1類感染症から比較的身近に流行する第5類感染症までを定義し，医師の届け出義務，健康診断，就業制限，入院，医療費の公費負担（一部）等について定めている．

近年は，交通手段の発展から1日足らずで世界中を移動できるようになった．人・動物・物資等を媒介して国内に新たな感染症が入ってくる可能性は高まっている．島国である日本では，検疫法によって海港や空港における新たな感染症の侵入を防ぎ，感染症法によって，医療機関・保健所・行政機関が連携しながら総合的感染症対策を講じている．国や都道府県では，法律に基づいた感染症サーベイランス（監視及び流行予測）において，いつ・どこで・どのような感染症が流行しているかを把握し，国民に情報提供している．

2● 食中毒の予防

病原性のある微生物，毒素，または有害な化学物質に汚染された飲食物を介して健康障害を起こしてしまうことを食中毒と呼ぶ．その事件数，患者数ともに病原微生物による中毒が圧倒的に多い．

1) 食中毒の特徴

食中毒についても，国と地方（保健所）が連携をとりながらその発生予防と原因究明に努めている．最近10年間では，事件数（931件，2013年）と患者数（20,802人，2013年）ともにやや減少傾向にある．死者数は毎年数人程度で，フグやキノコを食して発生している．2011年，牛肉の生食によって集団食中毒が発生，死者も出たことから，食品衛生法に基づく「規格基準」により表面加熱が義務付け

られたことは記憶に新しい．

2) 食中毒の分類と予防

細菌による食中毒は，広義の分類として感染型と毒素型に分けられる．感染型は主に消化管内で細菌が増殖し炎症をもたらす．加熱処理が有効で，抗菌薬による治療も行われる．鳥肉によるカンピロバクター，鳥肉・卵・乳製品によるサルモネラ，生魚介類による腸炎ビブリオなどがこれにあたる．また，近年，大量調理されたカレー，シチューの温め直しによる食中毒も散見され，発芽温度が高いウェルシュ菌が原因菌となることが多い．

一方，毒素型である黄色ブドウ球菌のエンテロトキシンは加熱無効である．食品中であらかじめ産生された耐熱毒を食することで中毒を起こす．食後2時間程度で症状が現れ，抗菌薬は無効である．

事件数，患者数ともに最も多いのは秋から春にかけて増加するノロウイルスによる食中毒である．カキなどの二枚貝で起こることが多いが，ノロウイルスに感染している人の排泄物等から感染が広がることも多く，1件の集団発生で多くの感染者を認める．

食中毒の予防には，①適切な食材管理，②適切な下ごしらえ，加熱調理，③適切な調理物保存，があげられる．体調がすぐれないもの（特に消化器症状のあるもの），手指にキズがあるものなどは食材の下ごしらえや調理に参加しない方がよい．また，包丁やまな板，食器類，包装容器などからも原因菌汚染が広がることもあるので注意したい．

表2 主な食中毒の原因物質

分　類		加熱有効	加熱無効
細菌	感染型	カンピロバクター・サルモネラ・腸炎ビブリオ・病原性大腸菌	△ウェルシュ菌（発育至適温度約50℃）
	毒素型	ボツリヌス菌	黄色ブドウ球菌・セレウス菌
ウイルス		ノロウイルス	
自然毒			フグ毒・キノコ毒
寄生虫		アニサキス・クリプトスポリジウム	

Let's try!

・各都道府県の感染症情報センターのホームページから現在流行している感染症を調べてみよう．

第3章 生活を整えよう

7—リラクセーション
筋肉疲労を改善して体調を整えよう

1●座学が多い学生におこる体調不良

1）不定愁訴

　まじめに授業に出席して，一日の残りの時間も座学に費やす学生はしばしば肩こりや頭重や疲労感や腰痛などの症状を有しているようだ．このような体調不良のあるケースを検査で詳しく調べても，通常，明らかな病気がみつからない．このような場合，訴えている症状をひとくくりにまとめて不定愁訴と表現する．

　不定愁訴の定義は以下のようになされている．

　「明白な器質的疾患が見られないのに，さまざまな自覚症状を訴える状態」（広辞苑）

　「特定の病気としてまとめられない漠然としたからだの不調の訴え．頭が重い，疲れやすい，食欲がないなど」（大辞泉）

　長時間の座学のどこが悪いのだろうか？

2）長時間の座学がもたらすもの

　学生は授業に出席すると少し窮屈な椅子に座らざるを得ない．90分の授業が何コマも続くこともある．椅子座位では，からだの重みが坐骨のみに集中するため，骨盤は不安定になり前方へ引き寄せられ，腰椎が過剰に前弯する．椅子にあたっている臀部と臀部に引っ張られる下肢の裏側が緊張してくる．その影響を少なくするために，頸椎と胸椎の弯曲が強くなる．それに対抗して頸の後ろから背中全体へかけて付着している僧帽筋が緊張する．この姿勢を長時間にわたり続けると下肢から骨盤・腰・背中・頸にかけて疲労が蓄積する．このように座位は長い時間になると一部の筋肉に疲労をもたらしてしまう．さらに，この状態で黒板や前方画面の文字などを見る時には頸を不規則に右や左に動かす．同時に手で筆記する．そのため，頸部や上肢の筋群にも疲労が溜まる．これをそのままに放置しておくと，若いといえども肩こり，頭重，疲労感，腰痛など様々な不

調を感じるようになってしまう．

3）どこに疲労が偏るか？

　我々の研究（Motoyama et al., 2016）によれば，大学生は長時間の座学でからだの一部に偏った筋肉疲労を引き起こしており，それが原因で肩こりや頭重などの症状が出現しているようだ．筋肉疲労の部位を見つけ出し疲労を軽減すると，これらの症状がただちに一斉に消えてしまうことからも確認できる．

　運動習慣のない学生を対象にからだのどの部分に偏った筋肉疲労が蓄積しているかを調べた．調べた方法はM-Testという方法で，30通りのからだの動きをやってもらうことで，どこに疲労があるかを見つけることができる（向野，2012）．この30通りの動きの中で，疲労が見出された動きを図1に示した．1つは，仰臥位で膝を伸ばしたまま下肢を上げる動作（以下，下肢伸展挙上）で一様につっぱり感や痛みを訴えた．他には，頸を横に倒して耳を肩に近づける動作や後ろを振り向く動きで程度の差はあるものの軽度の痛みを訴える者がほとんどであった．これらの動きには左右が存在するが，片側だけの場合と両側とも痛みやつっぱり感を訴える者もいた．この筋肉疲労をどのように改善すれば良いのであろうか？

2●偏った筋肉疲労へのアプローチ

1）鍼治療

　我々の研究（Motoyama et al., 2016）では鍼治療の効果を検討した．鍼の長さわずか0.6mmのテープ付の円皮鍼を下腿後面の腓腹筋のところの経穴（ツボ）に刺したところ，下肢伸展挙上に伴って誘発されていた痛みやつっぱり感は軽快した．同時に頸部の動きに伴う痛みやつっぱりもほとんど消え，すっかりリラックスした状態になった．これを裏付ける現象として副交感神経系が亢進し，交感神経系が抑制されていることも観察できた．つまり，鍼に

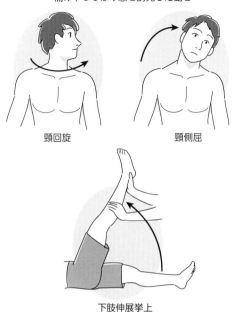

図1　運動習慣のない学生にみつかる動きの異常

図2　下肢伸展挙上を改善するストレッチング

よる下肢伸展挙上の改善が長時間の座学による筋疲労の偏りを改善し，からだを動かしやすくなったと同時に自律神経系のアンバランスの改善にもつながったと考えられる．

2) 運動

授業には毎日きちんと出席し長時間の座学を余儀なくされる学生でも，常日頃，適度な運動を実践している場合，不定愁訴を訴えることはほとんどない．これらの学生には前の項で述べたからだの一部に偏った筋肉疲労は生じていない．運動でからだ全体を動かすため，偏った疲労を改善しバランスを回復させることを日々実践しているからであろう．運動習慣のない生活は偏った筋肉疲労を日々蓄積する恐れがあるようだ．

3) ストレッチング

運動する時間もないほど忙しい，あるいは短時間で辛い不定愁訴を改善したい人にはストレッチングがお勧めである．座学の多い学生にお勧めの静的ストレッチングを図2に示した．反動をつけずにゆっくり筋や腱を伸張していき，下肢を伸張した最終姿勢をしばらく維持する．30秒から1分くらい，このままの姿勢を続けるのでストレッチ＆ホールド技法ともいう．柔軟性の改善に最も有効な方法で，筋肉痛を起こすことはなく，負荷が生理的な限界を超えていないので安全である．伸ばすコツは痛みが出ない程度の最終姿勢とすることだ．効果の持続も長い．

3 ● 筋肉疲労の改善がもたらすもの

偏った筋肉疲労を改善すると長時間の座学で引き起こされた様々な症状が改善する．日々，ストレッチングなどで下肢伸展挙上の動きを改善しておくと自然に座位の時に背筋伸ばし姿勢をとるようになる．一方，日々蓄積した筋肉疲労の偏りを放置したままだと座位の際に知らず知らずのうちに前傾姿勢になってしまう．先行研究によると，同じ椅子座位でも背筋伸ばし姿勢が前傾姿勢よりも快適度が高いことが知られている（鈴木・春木，1989）．また，同じ音楽を聴いても，あるいは同じ映画をみても背筋伸ばし姿勢と前傾姿勢とでは感じ方が異なるという（鈴木，1996；柴田，2001）．これらの点を考慮すると，偏った筋肉疲労は授業に参加するときの意欲などに影響を与えるかもしれない．日々，ストレッチングなどで偏った筋肉疲労を改善しておくことが快適な学生生活を送ることにつながるであろう．

第3章 生活を 整えよう	**8— 自転車と健康**
	楽しく自転車に乗って健康づくり

1● 都市における自転車利用

　自転車や徒歩での移動はアクティブ・コミューティング（Active Commuting）と呼ばれている．日本は世界的にみても自転車の交通分担率（全移動に占める特定交通手段の使用割合）の高い都市が多く（10～15％程度），大阪市にいたっては，25％と世界でも上位に位置する．しかし日本の場合，1日あたりの自転車による移動距離はわずか0.4kmであり，自転車先進国のオランダ（3km）やデンマーク（1.9km）と比べると圧倒的に短い．また都市圏において6km未満の移動を自動車に頼る人の割合は50～60％と高い状態にある．都市部5km未満の近距離移動において自転車は最も早く目的地に到着できる移動手段であり，かつ環境負荷も低く，多方面においてメリットのある移動手段である．英国・米国は，肥満者の減少を目指し自転車の利用促進を国策として取り組んでいる．米国の自転車交通分担率は7％程度と低いが，連邦政府は自転車単独で500億円以上の予算を使用している．この金額は1990年比で約88倍であり，米国が自転車政策に多大な力を入れていることがわかる（古倉，2010）．

2● 自転車の効用

　健康づくりで重要なことは継続することであるが，移動手段としての自転車利用は一度定着すれば長続きしやすい．自転車に乗ることは典型的な有酸素運動であり，時速20km前後で一定時間走行するだけで体脂肪燃焼効果が得られ，生活習慣病予防の改善に役立つ．世界各国の研究をまとめてみると，全死因でみた死亡率は自転車に乗る人の方が，乗らない人より3割程度低いことがわかっている（表1）．またサドルに腰かけるので，膝に負担がかかりにくい運動でもある．さらにペダルを踏み込んで足を引き上げる動作が必要なため，背骨と腰の骨，太ももの骨をつなぐ腸腰筋が鍛えられる可能性がある．この

表1　自転車利用者と非利用者の全死因死亡率比較（ITF，2012）

国　　名	相対リスク*	研究者
デンマーク	0.72	Anderson et al., 2000
中　　国	0.79	Matthews et al., 2007
中　　国 （高レベル）	0.66	Matthews et al., 2007
フィンランド	0.78	Hu et al., 2004
フィンランド （高レベル）	0.69	Hu et al., 2004

*非利用者を1とした場合．

表2　自転車利用促進の主体別メリット

	個　　人	企　　業	自　治　体
経済	移動経費削減，医療費削減	移動経費削減，組織の医療費削減	医療費，道路整備費用，公害対策費用の削減
環境	公害加害者の回避	企業イメージ改善，通勤・営業活動による環境負荷の削減	安全な地域環境，車公害減少，魅力的な街なみ
健康	生活習慣病予防・改善，体力維持，メンタルヘルス維持・向上	欠勤率低下，生産性の向上	医療費の削減，交通事故減少
時間	移動時間軽減，運動時間の確保，自由時間の拡大	企業活動の円滑化，労働時間の有効活用	仕事の効率化，近距離移動時間の短縮，災害緊急時対応の改善

（古倉，2011年，p. 43表を改変）

筋肉は転倒防止に関係すると言われている．

　これまでの研究でアクティブ・コミューティングを行っている人は，行っていない人に比べ，BMIが低く，腰回りが細く，高血圧症および糖尿病のリスクが低いことも報告されている．個人の健康問題改善以外にも，自転車の利用促進は自治体や企業にとって医療費削減，環境負荷（CO_2排出削減等）軽減につながる可能性が高い（表2）．さらに米国ニューヨーク市にみられるように，中心部の道路を一方通行に制限し，空いた空間を自転車レーン整備や，人々が集う空間に作り変え魅力的な街づくりを推し進める戦略としても自転車は活用できる．

3● 楽しく自転車に乗るには

自転車に乗るコツをつかむとより楽しく活用できる．まず，長い距離を楽に走るためには，ギアを重くしてスピードを上げようとする必要はない．逆にギアを軽くして回転数を上げ，たくさんペダルを漕ぐ方がよい．サドルの高さも要注意である．両方の足裏が地面につくようにすれば確かに安定感がある．しかし，健康づくりの運動として自転車を考えた場合，サドルに座って，片足が一番下にきた状態で軽く膝が曲がるくらいが望ましい．やはりサドルは高い方が長い距離を漕ぎやすいといえる．ペダルは土踏まずではなく，親指の付け根あたりを意識して足を踏み込むことで効率よく力が伝わる．そしてガニ股にならないよう，膝を狭めて垂直に足を下に踏み込んでいくことを意識するべきである．このようにすると長距離を楽に走ることができる．

利用する自転車は様々なタイプのものが販売されている．ロードレーサータイプ（タイヤが細くドロップハンドルのもの）の自転車は車体が軽く（重量8kg程度）スピードが楽に出せる．しかし，街中で移動手段として利用するには問題が多い．タイヤが細いためパンクしやすく，荷台がないため物がほとんど積めないからである．一方，クロスバイク（重量12kg程度）と呼ばれるタイプは，少しタイヤが太く，一般的なママチャリ（重量18kg程度）よりは軽いので快適に使用できる．健康づくりや実用的な移動手段として自転車を考える場合，いわゆるママチャリやクロスバイクで十分である．自転車先進国であるオランダやドイツでは，カゴや荷台が付いている普通の自転車が主流となっている．その方が荷物も運びやすいし，買い物や通勤・通学に便利であろう．

4● 自転車の走行ルール

最近の自転車ブームもあって，自転車利用者は増えているが，歩行者と自転車の事故も急増している．自転車は軽車両である．当然，信号無視・二人乗り・走行時のスマートフォン利用・傘差し運転・無灯火・逆走などは処罰の対象となる．自転車が歩道を走るのは当然と考えられているが，本来，歩道を走れるのは「自歩道」と呼ばれる青い背景に人と自転車が

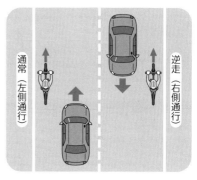

自転車安全利用五則
① 自転車は車道が原則，歩道は例外
② 車道は左側を走行
③ 歩道は歩行者優先，車道寄りを徐行
④ 安全ルールを守る
⑤ 子供はヘルメット着用

安全走行チェックリスト
□ 自動車や歩行者から見えやすいよう工夫している
□ 自動車のドアに気をつけている
□ 排水溝・マンホール・段差に気をつけている
□ 交差点は特に気をつけている

図1　自転車安全利用五則と安全走行チェックリスト

描かれた標識のある場合のみである．自歩道は歩道全体の4割程度しかない．そしてこの場合でも，歩行者優先で自転車は徐行運転（すぐに止まれるスピード）をしなければならない．道路交通法では，自転車は車道の左側走行が原則である．車道は危ない，という理由から歩道でスピードを出して乗っている人が多くいる．このような行為は，歩行者優先である歩道においては，歩行者を危険にさらしている．実際に事故の発生確率を見ると，自転車は歩道走行するより，車道走行の方が安全なのである．自転車事故のほとんどは交差点で発生している．自動車から見えにくい歩道から，急に交差点に飛び出して事故に遭うケースが多いのである．最後にどんな場合でも逆走せず，車の進行方向と同じ向きに走るよう，左側走行をすべきである（図1）．

5● 最後に

自転車に乗ることは健康づくりや環境問題の改善に役立つだけでなく，車や電車移動ではわからなかった，街の様々な風景や匂いを発見するであろう．自転車のあるライフスタイルは，様々な仕組みが機械化・自動化された社会にあって，一考に値するものではないだろうか．

c o l u m n

■摂食障害について

10～30代の若年女性の場合，実際の体格が「普通」や「やせ」であるにも関わらず，「太っている」と自己評価する人が多く，その多くが減量（いわゆるダイエット）を試みています．減量方法は，実施初期には「間食をしない」「よく運動する」などが多いのですが，やがて「欠食」や「減食」「特定の食品のみを摂取する」「炭水化物を制限する」などの極端な減量方法を選択する場合が多くなります．無理な減量は摂食障害に発展する危険性があります．

摂食障害は神経性食欲不振症（拒食症），神経性過食症（過食症），そのどちらにもあてはまらない摂食障害に分類されます．摂食障害にともなって月経不順，貧血，無月経，卵巣機能不全，不妊，妊娠トラブル，分娩異常，低骨密度などの症状が出現します．著明なやせに不適切な代償行為（嘔吐，下剤の乱用など）が加わると，症状はより重篤となり，場合によっては死に到るケースもみられます．また，社会的には普通の生活を営むことが困難になるケースが多いようです．摂食障害であることを意識していない人も多く，特に，過食症の場合は本人も周囲も障害であることに気付いていないケースが多いのが特徴です．

次のような症状に1つでもあてはまる場合は摂食障害の可能性を疑ってみてください．①自分の体重（kg）を身長（m）で2回除した値であるBMIが18未満，②むちゃ食いをする（ある時間内に通常よりも明らかにたくさんの食物を食べる），また，それを制御できない，③体重増加を防ぐために過度の運動や自浄行為（嘔吐，下剤や利尿剤の使用）を行う，④「もっと痩せたい」「太るのが怖い」と考えがち，⑤月経がない．

摂食障害が疑われる場合は，早めに精神科や心療内科で専門医に相談してください．福岡大学ヒューマンディベロップメントセンター（学生相談室）で相談するのもよいでしょう．

[第3章　引用参考文献]

■3-1
- 小曽戸丈夫，浜田善利『意釈八十一難経』築地書館，1974年
- 北川一利『「健康」の日本史』平凡社，2000年
- 日本WHO協会「世界保健機関（WHO）憲章」http://www.japan-who.or.jp/
- 貝原益軒著，杉靖三郎編『養生訓』徳間書店，1968年
- 厚生労働省「健康日本21（第二次）国民の健康の増進の総合的な推進を図るための基本的方針」http://www.mhlw.go.jp/bunya/kenkou/kenkounippon21.html
- 近藤克則『健康格差社会』医学書院，2005年

■3-2
- 山口幸生「運動・スポーツのメンタルヘルス維持改善効果―心理的視点から」永松俊哉編『運動とメンタルヘルス』杏林書院，pp. 30-36，2012年

■3-4
- 岡村浩嗣『ジムに通う人の栄養学』講談社ブルーバックス，講談社，2013年

■3-5
- 厚生労働省『平成26年「国民健康・栄養調査」』2014年
- 厚生労働省『厚生白書』1997年

■3-6
- 厚生労働統計協会編『国民衛生の動向』2015年
- 鈴木庄亮監修，小山洋・辻一郎編『シンプル衛生公衆衛生学』

南山堂，2016年
- 平松啓一監修，中込治・神谷茂編『標準微生物学』医学書院，2012年

■3-7
- Hiroie Motoyama, Yoshito Mukaino, Hirohisa Isogai. Relaxing effect of lower leg acupuncture in sedentary university students with regard to physical movement and autonomic nerve activity: Randomized controlled trial. Traditional and Kampo Medicine 2016; Vol・Iss・(2016) 1-7.
- 向野義人監修『図解 M Test』医歯薬出版，2012年
- 鈴木晶夫，春木豊「姿勢の研究―姿勢と音楽が意識性に及ぼす影響―」『早稲田大学人間科学研究2（1）』，pp. 75-81，1989年
- 鈴木晶夫「姿勢の研究 身体各部位の自己評価，うつ傾向，健康感，自尊感情との関係」『健康心理学研究9（1）』，pp. 1-8，1996年
- 柴田利男「姿勢による感情経験および感情表出の変化」『北星学園大学社会福祉学部北星論集38』，39-46，2001年

■3-8
- 山口幸生「健康づくりにおける自転車利用促進の試み」『体育の科学64（12）』：852-857，2014年
- 古倉宗治『成功する自転車まちづくり』学芸出版社，pp. 8-43，2010年

第4章

スポーツを
知ろう

1—スポーツとは

第4章
スポーツを
知ろう

スポーツの本質を知ろう

1●「スポーツ＝体育」という誤解

我が国には1964年の東京オリンピックを記念して設けられた「体育の日」という国民の祝日がある（現在は10月の第2月曜日）．オリンピックは世界のスポーツの祭典であるが，そのスポーツの記念日を日本では「体育の日」と名付けたため，「スポーツ＝体育」と誤解している人が多いと考えられる．また，「運動」も「スポーツ」と同じ意味で用いられるが，「スポーツ」が競争を中心とした独自の特徴を持ったものであることを考えると，「体育」や「運動」の意味は「スポーツ」とは異なることを理解しておく必要がある．日本語としての「運動」は，①物体が時間の経過につれて，その空間的位置を変える物理的運動や，②「選挙運動」や「市民運動」のように目的を達するために活動することを意味する場合が多い．これらの運動は英語の "motion" や "movement" によって表される．また，体育は文字通り「身体教育」という意味で，英語では "physical education" と表し，そこで用いられる「運動」は「身体活動」と同じ意味で，英語の "physical exercise" で表される（佐藤・友添，2011）．つまり，「スポーツ」は，「体育」と「運動」とはまったく異なる概念である．

2●スポーツの語源

スポーツの語源は，ラテン語の "deportare"（デポルターレ）という言葉である．接頭語の "de" はawayを意味し，"portare" はcarryを意味する．つまるところ，この言葉の意味するところは "carry away" であり「（何物かを）運び去る」というのが原義なのである．したがって，「日常生活から離れた遊びの時空間」というのがスポーツの本来の意味で，そこには，冗談，気晴らし，戯れといった意味も含まれる．スポーツは，17〜18世紀になると，野外での自由な活動や狩猟を主に意味するようにな

る．しかし，狩猟を意味するスポーツは18世紀中頃から19世紀に盛んになった組織的ゲームである運動競技を意味する用語に変化していく．さらに，19世紀後半にはアメリカで，バスケットボールやバレーボールなどの新しいスポーツが生まれる頃にはほとんどの場合，競技の意味で用いられるようになった．このように，狭義には，スポーツとは18世紀中頃から19世紀までの時期に，最初はイギリスで，その後引き続いてアメリカで生まれた，競争や機会の平等という独特の形式を持った文化ということができる．一方，スポーツが日常生活で重要な位置を占めるようになった現在では，広義には，スポーツは健康や楽しみのために行われる身体活動の総称となり，武道やダンス，野外活動や体つくり運動，健康体操なども含んでいる．

3●学校体育におけるスポーツの位置づけ

学校教育における体育の内容は「運動」と「知識」に分けられ，さらに，「運動」は，体つくり運動，スポーツ，ダンスに分類される．運動を3つに分類する考え方は，1960年代の学習指導要領改訂時から引き継がれているものであり，半世紀以上にわたって体育の内容を理解してゆくための基本的な考え方となっており，現行の学習指導要領にも受け継がれている．中でも「II スポーツ」は，表1のように「B 器械運動」から「F 武道」の各運動領域に分類されている．加えて，「C 陸上運動・競技」は，小学校低学年の「走・跳の運動遊び」から，中学年では「走・跳の運動」，高学年では「陸上運動」と変化し，中学校からは「陸上競技」という名称が使われ，各運動領域は発達段階に応じて名称が検討されている．また，「武道」は中学校以降で取り扱うこととしている．一方，「知識」に関する領域については，基礎的な知識を確実に定着させることが求められることから，発達の段階を踏まえて指導内容

表1　新学習指導要領における「体育の内容」の分類と各発達段階での名称(池田,2011,p16)

体育の内容	運動の基本的な分類	運動の領域	領域名称			中学校	高等学校
			小学校				
			低学年	中学年	高学年		
運動	Ⅰ　体つくり運動	A　体つくり運動	体つくり運動			体つくり運動	
	Ⅱ　スポーツ	B　器械運動	器械・器具を使っての運動遊び	器械運動		器械運動	
		C　陸上運動・競技	走・跳の運動遊び	走・跳の運動	陸上運動	陸上競技	
		D　水泳	水遊び	浮く・泳ぐ運動	水泳	水泳	
		E　ボール運動・球技	ゲーム		ボール運動	球技	
		F　武道				武道	
	Ⅲ　ダンス	G　表現運動・ダンス	表現リズム遊び	表現運動		ダンス	
知識						体育理論	

を明確に示し，取り扱う時間数の目安が示されている．具体的には，中学校の「体育理論」は，授業時数を各学年で3単位時間以上を配当すること，高等学校の「体育理論」では，授業時数を各年次で6単位時間以上を配当することとしている．すなわち，体育の内容は「運動」と「知識」に分類され，「スポーツ」は「運動」に関する領域の一部として位置づけられている．また，「知識」に関する領域は，中学校・高等学校の「体育理論」において，運動やスポーツの合理的な実践や生涯にわたる豊かなスポーツライフを送る上で必要となる科学的知識を，中学校から高等学校への接続を考慮して単元が構成されている．

4 ● スポーツを「問う」意義

スポーツは，体を動かすという人間の本源的な欲求にこたえるとともに，爽快感，達成感，他者との連帯感等の精神的充足や楽しさ，喜びをもたらし，さらには，体力の向上や，精神的なストレスの発散，生活習慣病の予防など，心身の両面における健康の保持増進に資するものである．特に，高齢化の急激な進展や，生活が便利になること等による体を動か

す機会の減少が予想される21世紀の社会において，生涯にわたりスポーツに親しむことができる豊かな「スポーツライフ」を送ることは大きな意義がある．また，スポーツは，人間の可能性の極限を追求する営みという意義を有しており，競技スポーツに打ち込む競技者のひたむきな姿は，国民のスポーツへの関心を高め，国民に夢や感動を与えるなど，活力ある健全な社会の形成にも貢献するものである．さらに，スポーツは，青少年の健全育成，地域における連帯感の醸成，国民経済への寄与，国際的な友好と親善といった社会的意義も有している．

スポーツをより有用な文化としていくためには，それを単に「する」だけの学習でも，「知る」だけの学習でも実現できない．その根本的課題は，人間とスポーツとの関係，すなわち人間はなぜスポーツに魅力を感じ，それに意味づけられ，社会における重要な価値を形成するものとしてスポーツと関わってきたのかを「問う」ことにある．すなわち，「スポーツ＝体育」という誤解を解き，豊かなスポーツという文化に対する理解を深めることが大切である．

c o l u m n

■■体育の日の始まり

「体育の日」が10月第2月曜日となったのは，2000（平成12）年にハッピーマンデー制度が導入されてからです．それ以前は，10月10日が「体育の日」でした．1964（昭和39）年の東京オリンピックの開会式が行われた10月10日を，1966（昭和41）年から国民の祝日としました．東京オリンピックの開催日は，夏季オリンピックとしては異例に遅い10月10日だったのですが，そこには，秋雨前線が去った後の東京地方の「晴れの特異日（実際には10月15日に次ぐ2番目）」と「土曜日」で人々の注目を集めやすいという2つの大きな理由がありました．その趣旨は，「スポーツに親しみ，健康な心身を培う」となっています．

第4章 スポーツを知ろう
2──生涯スポーツとは
広がるスポーツとの関わり

1●スポーツは文化であり権利である

2011年6月に制定されたスポーツ基本法の前文は,「スポーツは, 世界共通の人類の文化である」と始まる. 高等学校では体育祭と文化祭が別に開催されるなど, スポーツと文化は対極の関係にあるようにも感じられるが, 文化を「人類の世代を超えて引き継がれるもの」と広義に解釈すれば, スポーツもまた文化として捉えることができるだろう. そして, この前文は「スポーツを通じて豊かな生活を営むことは, 全ての人々の権利」であると続き, 日常的にスポーツを行い, 楽しみ, 支えるという機会が確保されなければならないという.

またここでは, スポーツが「心身ともに健康で文化的な生活の営み」「青少年の心身の健全な成長」「地域での人間関係の構築」などの実現に貢献すると述べられ, 最後には, 国際大会でのスポーツ選手の活躍が, 日本国民に夢や感動を与え, 社会の活力を創出し, さらには経済を発展させるまでになるという.

これらの記述からは, 2020年に開催される東京オリンピック・パラリンピックに向け, スポーツの可能性が一層の広がりを見せていることが読み取れる.

2●限定はないが自主性が必要な生涯スポーツ

スポーツ基本法でも示される通り, スポーツと私たちの関わりは多様化している. その多様なスポーツとの関わりで, 共通していることは「各々の自主性」が必要であり, 決して「強制されるものではない」という点である.

スポーツを大別すると一般的には, 勝つことを重視する「競技スポーツ」と, 健康増進等を目的とする「生涯スポーツ」に分けられる. 人の体力を含む身体能力は20歳代にピークを迎えるといわれるため, 技能を高めることは可能でも, 生涯にわたり身体能力を高め続けることは不可能である. 学校の運動部でも全員がレギュラーになれないように, 世間には多様なスポーツ種目が存在するものの, ある種目の競技人口が増加すると選手として活躍できる人が限定されてしまう. したがって, 競技スポーツは「時期」と「人」が限られるということになる.

生涯スポーツにはこうした「限定」が存在しない一方で, 競技スポーツのように特定のグループに帰属させる強制力も生じにくい. つまり, 新たにスポーツに関わることやそれを継続することは, まったくその人個人の自主性に依拠することになるのである.

3●学校体育の目的の変化

学校教育における「体育」という表現は, 第2次世界大戦後に学校給食とともに導入された. 敗戦を迎え, 新しい日本国を形作っていくにあたり, 次の世代を担う子どもたちを強く育てる必要があったため,「身体教育」と「身体育成」という2つの意味を包含する「体育」科目が設置され, 同時に栄養摂取の必要性より学校給食制度が確立された.

1989 (平成元) 年3月に制定された学習指導要領高等学校保健体育では,「健康・安全や運動についての理解と運動の合理的な実践を通して, 計画的に運動をする習慣を育てるとともに, 健康の増進と体力の向上を図り, 明るく豊かで活力のある生活を営む態度を育てる」という目標が掲げられた. そして, 2009 (平成21) 年制定の現行の学習指導要領では, そうした目標が踏襲されながらも, 生涯にわたるスポーツ実践を可能にするような資質や能力の育成がとりわけ強調されているようにみえる.

つまり, このことは, 現在の学校教育における体育が, 明確に生涯スポーツという考えをその中心に据えていることの証左といえよう.

4●言葉としての生涯スポーツの広がり

1947年の平均寿命は男性50.06歳, 女性53.96歳であったが, 1970年には男性65.32歳, 女性70.12

歳へとのびている．この間の平均寿命ののびは，衛生環境の改善等が要因とされる．乳幼児の死亡率の低下によるものと考えられる．また，1950年の死亡原因は1位結核，2位脳血管疾患，3位肺炎・気管支炎であり，栄養状態の悪さによる免疫力低下がその背景にあるといわれている．これらのことと関連して，スポーツが必要な時期が発育期に限られてきたため，長きにわたり学校体育にその役割が課されてきたという側面がある

しかし，その後の平均寿命は経済成長と医療技術の発達に呼応するようにのび続け，2015年には男性80.79歳，女性87.05歳となっている．また，今日の死亡原因は1位悪性新生物（がん），2位心疾患，4位脳血管疾患となっており（3位は肺炎），以前はこれらの疾病は成人によくみられたため「成人病」と呼ばれていたが，近年では個人の生活習慣に起因するとして「生活習慣病」と表現されている．

また，男女ともに寿命が80歳を超える現在，一般的に学校機関での学習機会は，大学まで進学したとしても22歳までと，人生の最初の約4分の1に集約されることになる．一方，そこまでに得た知識だけで，高度文明化社会における残り4分の3の人生を過ごすことは困難でもある．こうした状況を受けて，1970年代から「生涯教育」という考え方が広がり始め，1988年には当時の文部省が「社会教育局」を機構整備し「生涯学習局」を発足させるに至っている．

一方，学校での「学校体育」とは別に，地域や企業で行われる「社会体育」という用語が用いられてきたが，前述した1988年の生涯学習局の設置に伴って，体育局のスポーツ課が「競技スポーツ課」と「生涯スポーツ課」に再編されることになった．その後，2015年10月1日に設置されたスポーツ庁では，「健康スポーツ課」において生涯スポーツが推進されている．

5●多様なスポーツ文化の創造を目指して

2015年12月に日本銀行調査統計局は，2020年東京オリンピック・パラリンピックの経済効果を，訪日観光需要の増加，及び関連する建設投資の増加要因に絞った上で，最大30兆円に上ると試算している．このように，スポーツイベントと経済活動には非常に大きな関わりがある．

テレビ放映に目を移してみても，以前は大相撲やプロ野球の中継がそのほとんどを占めていたが，今ではサッカーを含めた多様なスポーツ種目が放映されるようになっており，またドラマやドキュメンタリーの題材としてもスポーツが頻繁に取り上げられている．

さらに，生活場面をみても，スポーツをすることはなくともスポーツシューズを普段から履くことは珍しくはなく，カジュアルな服装としてのスポーツウェアも定着しているなど，スポーツグッズはもはや私たちの日常の一部になっている．スポーツグッズは他のファッショングッズとは異なり，機能性が求められることが特徴でもあり，そこには機能美を求める消費者ニーズの存在が垣間見られる．

以上のように，私たちがスポーツと関わる機会は，今後一層多様化していくものと思われる．本項のように「生涯スポーツ」という用語を通じてスポーツを考えてみることも，これからのスポーツとの関わり方の1つとして位置づけられうるのかもしれない．

c o l u m n

■■障がい者スポーツを知ろう

当初「障がい者スポーツ」は，身体に障害を負った人のリハビリテーションとして生じてきたのですが，今では「障害の有無に関わらず一緒にできるスポーツ」として実施されています．また，オリンピック後には，「パラレル・オリンピック」の意味でパラリンピックが開催されています．

このパラリンピックで活躍する選手の障害の多くは，先天的な理由ではなく，病気や事故による後天的な理由によるものといわれています．このことは，障害のない人も障がい者スポーツを知ることの価値を示すものといえます．生涯スポーツの一部として障がい者スポーツを知ることの意味も是非理解して欲しいと思います．

3 — スポーツを「行う」
我が国の運動・スポーツ実施の状況

第4章 スポーツを知ろう

1 ●「スポーツを行う」ことの捉え方

近年スポーツとの関わり方が多様化してきているとはいえ，やはりその中心は「スポーツを行う」ということになろう．本項では，笹川スポーツ財団による2014年の調査の結果に基づき，現在，我が国の人々がどのように運動やスポーツを行っているのかを，実施率・種目などの観点から述べていきたい．

2 ● 運動・スポーツの実施率

図1は，調査対象者の過去1年間の運動・スポーツ実施状況を，その実施レベル（表1）に分類して示している．それによれば，全体の26.4％がまったく運動・スポーツを実施していない（「レベル0」）が，習慣的な運動・スポーツ実施となる「レベル2」（「週2回以上」）以上の合計値は47.5％に，また「1回30分以上」という条件がつき，より積極的な実施がうかがえる「レベル3」以上は37.5％に達している．

運動・スポーツ実施率を性別で分析してみると，「レベル0」の割合は男性（23.2％）よりも女性（29.5％）の方が高い．また，全体で18.7％となっている「レベル4」の「アクティブ・スポーツ人口」は，男性20.9％に対して女性16.5％となっている．ただし，この「レベル4」に「レベル3」を合算して比較すると，女性が男性を上回る（男性37.1％，女性37.8％）．さらに「レベル2」を加えた場合も，やはり女性（48.7％）の方が男性（46.2％）よりも高い．以上のことから，女性は，男性と比較して，まったく運動・スポーツを実施しない層と週2回以上習慣的にそれを実施する層との二極化の傾向が強くなっているように思われる．

次に，運動・スポーツ実施率を年代別でみてみると，60歳代及び70歳代以上の高齢者層の積極的な運動・スポーツへの参加状況が特筆される．「レベル3」以上の合計値は，前者で51.9％，後者で47.5％と他の年代と比較して突出して高い．ただし，

表1　運動・スポーツ実施レベルの設定

実施レベル	定　　義
レベル0	過去1年間に全く運動・スポーツを実施しなかった
レベル1	年1回以上，週2回未満（1～103回/年）
レベル2	週2回以上（104回/年以上）
レベル3	週2回以上，1回30分以上
レベル4（アクティブ・スポーツ人口）	週2回以上，1回30分以上，運動強度「ややきつい」以上

（笹川スポーツ財団, 2014, p. 66）

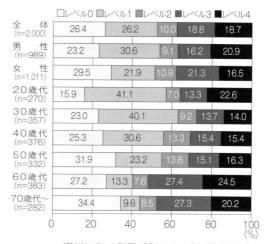

（笹川スポーツ財団, 2014, pp. 66-67より作成）

図1　運動・スポーツ実施率

その一方で，「レベル0」の割合も相対的にかなり大きく，非実施者と積極的な実施者との二極化もみられる．20歳代は，全年代で「レベル0」が最も少なく，「レベル4」が60歳代の次に多い．30～50歳代では，徐々に「レベル0」の割合が増えていくが，「レベル3」以上は30％前後であまり変化がなく，「年1回以上，週2回未満（1～103回/年）」という「レベル1」の割合が減少していく．

3 ● 実施種目と実施施設

では，過去1年間でどのような種目が実施されていたのであろうか．表2が示すとおり，全体，男性，女性の実施率全てで，1位「散歩」，2位「ウォーキング」となっている．3～5位についても，「体操」と「筋力トレーニング」が共通してランクインして

いる．こうした傾向は，20歳代で「体操」が，また70歳代以上で「筋力トレーニング」がやや下位に位置づけられている以外，全ての年代で共通している．これら4種目の特徴としては，比較的手軽に，一人でも実施でき，健康増進的な目的で行われることが多いという点であろう．一方，技術や勝敗を競うような，いわゆる「スポーツ種目」の実施率はあまり高くない．

こうした実施種目の傾向は，施設の利用状況を規定することにもなる．例えば，全体で55.3％の者が，過去1年間によく実践したとする種目の実施施設として「道路」をあげているが，その圧倒的多数が，そこで「散歩」（42.9％）と「ウォーキング」（33.3％）を行ったとしている．2番目に多くあげられていた「自宅」（24.4％）では，「体操」（42.7％）と「筋力トレーニング」（27.5％）が，第3位の「公園」（17.5％）では，「散歩」（28.5％）と「ウォーキング」（20.4％）がよく実施されている．すなわち，実施頻度が高かった種目の実践に適した身近な場所が，利用施設の上位を占めている．一方で，第4位の「体育館」（14.5％）では，「卓球」「バドミントン」「バレーボール」「バスケットボール」といったスポーツ種目の利用が多い．

4●スポーツクラブへの加入率

こうした実施種目及び利用施設についての調査結果は，スポーツクラブ・同好会・チーム（以下スポーツクラブ）への加入状況と合致する部分が少なくない．スポーツクラブへの現在の「加入者」は全体で

20.0％であり，習慣的な運動・スポーツ実施者でみても，「レベル2」で19.0％，「レベル3」で24.0％の加入率にとどまる．一方，現在スポーツクラブに加入していない80.0％の内訳は，かつての「加入経験者」が23.5％，「未加入者」は56.5％となっており，そのうちの80.4％が今後も「加入したいと思わない」としている．つまり，現在のスポーツクラブでの運動・スポーツ実施は限定的であるといえ，今後も大きく改善するとは考えにくい．ただし，「レベル4」では加入率が40.4％に達しており，スポーツクラブは，最も積極的に運動・スポーツを実施する層の大きな受け入れ先となっている側面もある．

5●運動・スポーツ実施のこれから

今後の我が国では，ここまで述べてきたとおり，手軽にできる種目を身近な場所で実施する傾向が続くように思われる．まずは，そうした傾向を踏まえて，約半数以上の割合を占める「レベル0」及び「レベル1」の層を，習慣的な運動・スポーツ実施者へと変容させていくことが望まれよう．

表2　種目別運動・スポーツ実施率

	全体（n=2,000）		男性（n=989）		女性（n=1,011）	
順位	実施種目	実施率(%)	実施種目	実施率(%)	実施種目	実施率(%)
1	散歩（ぶらぶら歩き）	33.0	散歩（ぶらぶら歩き）	28.6	散歩（ぶらぶら歩き）	37.2
2	ウォーキング	25.7	ウォーキング	23.5	ウォーキング	27.9
3	体操（軽い体操，ラジオ体操など）	18.5	筋力トレーニング	17.1	体操（軽い体操，ラジオ体操など）	23.3
4	筋力トレーニング	13.0	ゴルフ（コース）	13.9	筋力トレーニング	9.0
5	ボウリング	10.0	体操（軽い体操，ラジオ体操など）	13.5	ボウリング	8.0

（笹川スポーツ財団，2014，p.70より作成）

c o l u m n

■■これからの日本にスポーツクラブは必要？

上述の調査によれば，我が国の「週1回以上」及び「週2回以上」の運動・スポーツ実施率は，1992年と2014年の比較において，前者が23.7％から57.2％に，後者は16.1％から47.5％に大きく上昇しており，ここ20年ほどで多くの人々の日常生活に運動・スポーツが取り入れられてきたことがわかります．一方，スポーツクラブへの加入率は，同期間でほとんど変化がありません（1992年19.7％，2014年20.0％）．このことから，スポーツクラブは習慣的な運動・スポーツ実施の普及にあまり貢献してこなかったようにもみえます．手軽に一人でも行える運動・スポーツが好まれている現状を考えれば，スポーツクラブという集団に加入して運動・スポーツを行う必要性を感じにくいのは無理もないことなのかもしれません．とはいえ，無縁化が進むといわれる現代社会の中で，スポーツ場面はもちろんのこと，それ以外でも仲間との触れ合いが期待できるスポーツクラブの存在はやはり重要だといえます．集団に依存しないという，現在の運動・スポーツ実施の傾向を踏まえた上で，スポーツクラブはいかに集団としての特性を発揮できるかが問われるといえそうです．

4—スポーツを「観る」

スポーツ観戦の変遷と現状

1●スポーツ観戦の種類

スポーツ観戦は，体育館やスタジアムまで出向いて観戦する「直接観戦」とテレビを通じた「間接観戦」に大別することができる．

近年では，インターネットの普及に伴い，インターネットを通じたスポーツ観戦という新たなスポーツ観戦の形態が一般的となっており，観戦者がスポーツの行われている時間に合わせて観戦するという従来の観戦形態をオンデマンド（観戦者が観たい時間・都合の良い時間に随時観戦する）なものへと変えつつある．

2●どんなスポーツを直接観るのか？

笹川スポーツ財団（2014）によると，体育館やスタジアムに出かけ，直接スポーツを観戦する人の割合は31.6％であり，ほぼ3人に1人が過去1年間に一度はスポーツを直接観戦したことになる．

観戦したスポーツの種目別のランキングは，「プロ野球」「Jリーグ」「高校野球」「マラソン」・「サッカー（アマチュア）」（両者は同率）と，日本における2大プロスポーツが順当に上位を占めている．

ここで注目すべき点は，他のスポーツ種目に比べJリーグの歴史が浅い（1992年発足）点である．実際に年代別に分けたランキングをみてみるとJリーグ観戦を2位にしている年代は20〜40歳代までで，50歳代では3位，60歳代では4位，70歳代以上では5位と低下傾向にある．特に60歳代以上では直接観戦したスポーツ種目の上位2つが「プロ野球」と「高校野球」になっており，Jリーグ発足以前の日本人のスポーツ観戦傾向が「野球」中心であったことが読み取れる．また，近年の「プロサッカー」の発足によって40歳代までの比較的若い年代のスポーツ観戦傾向に大きな変化が加えられたことがうかがえる．

男女の性別による傾向を上位10位以内に入った

スポーツ種目からみてみると，男性は「ボクシング」や「総合格闘技」などのいわゆる「格闘技」が8位に入っているのに対して，女性は，男性では圏外のスポーツ種目「マラソン・駅伝」（2位），「バレーボール」（8位），「フィギュアスケート」「大相撲」（ともに10位）を好んで観戦する傾向がみられる．

3●テレビ観戦の歴史

その昔，テレビ一台の値段がサラリーマンの年収に匹敵した頃，多くの人は，街頭で無料鑑賞できるテレビを通じてスポーツ（プロレス，大相撲，野球など）を観戦していた．我が国ではこれがテレビによるスポーツ観戦の「はしり」だと考えられる．

その後，テレビ（白黒）の普及率は，東京オリンピック（1964年）に向けて飛躍的なのびをみせた．また，その映像を全世界に発信すべく通信衛星を使用した史上初の衛星生中継が実現したのが東京オリンピックであった．このようにテレビの普及と技術革新の歴史において，スポーツ観戦の果たした役割は大きかったと考えられる．

東京オリンピック以後もテレビの普及は進み，1970年代後半にはすでにほぼ100％となっている．

4●どんなスポーツをテレビで観るのか？

同じく笹川スポーツ財団（2014）によれば，過去1年間にテレビによるスポーツ観戦を行った割合は，90.9％とほぼテレビの普及率に一致する．つまり，自宅にテレビのある人のほとんどが何らかのスポーツ種目をテレビで間接観戦したことになる．

スポーツの種目別の傾向では，「プロ野球」が直接観戦と同じく1位となっているものの，2位（女性のみのランキングでは1位）に「フィギュアスケート」が入るなど，その観戦傾向に大きな違いがあるようである．特にこの調査は，冬季オリンピック（ソチ2014）が行われた直後にまとめられたことから，冬季オリンピックの人気種目である「フィギュアス

ケート」の観戦傾向が一時的に助長されたと考えることができる．同時に行われた好きなスポーツ選手の調査においても「浅田真央選手（フィギュアスケート）」が1位となっている．

さらに，直接観戦との違いは，当然のことながらテレビ番組としての放映頻度と無関係ではない．直接観戦で2位の「Jリーグ」は，現在，地上波での放映がほとんどない状態を反映して10位と大きくランキングを下げたのに対して，ほぼ全ての試合を地上波がカバーする「サッカー日本代表」は3位につけている．またNHKが定期的に放送している「大相撲」は，直接観戦の12位から9位へとランキングを上げている．

前述したとおり，テレビはインターネット配信を含めて多チャンネル化，オンデマンド化しているにもかかわらず，テレビ観戦者の傾向が，いわゆる地上波と呼ばれるキー局の番組放映編成を未だに色濃く反映している点は興味深い．

5●テレビがもたらすお金とその弊害

近年，特にスポーツとテレビは，巨額のビジネスと結びつくようになってきている．例えば，オリンピック開会式のチケットは，スタジアムが収容できる人員によって決められているのに対して，それを

テレビ観戦する人の数は，それとは比較にならないほど多い．

この点に目をつけて，今やスポーツ界最大のビジネスとなっているのが「放映権料」である．先日もNHKと民放で構成される放送機構「ジャパンコンソーシアム」が，2018～2024年に開かれるオリンピック4大会の放映権を約1,100億円で取得することで国際オリンピック委員会（IOC）と合意したことからもわかる通り，今や大きなスポーツイベントの放映権料は天文学的な数字となっており，IOCの収益の半分強はこの放映権料だとされている．

この傾向は他のプロスポーツでも同様で，英国サッカーのプレミアリーグの放映権料は，2016年～2019年の3年間で約1.3兆円とされている．もはやプロスポーツを支えているのはスタジアムに直接足を運ぶ観客ではなく，テレビ観戦に関わるビジネス，つまり放映権料なのである．

一方で，放映権料による弊害も出ている．例えば，試合開始の時間を最も高い放映権料を払っている国のゴールデンタイムに合わせることなどである．気温の高い夏の日中にこのような理由で試合が行われることは，スポーツそのものの価値を大きく阻害してしまう危険性をはらんでいる．

column

■■古くて新しいスポーツ観戦方法

その昔，大勢の人が街頭テレビを通じてスポーツを観戦していました．その後，各家庭にテレビが普及すると街角に集まっていた人だかりは徐々になくなり，最近では，重要なスポーツの試合のある日は，街に人が少ないという現象まで起きています．

一方，これとは逆に「折角の大きなスポーツイベントなのだから大勢で楽しむべきだ」という考え方もあります．ヨーロッパでは，大きなスポーツイベント（例えば，サッカーW杯）にチケットを持たずにやってくる人が大勢います（もちろんチケットは高額で，数には限りがあるからです）．チケットがなくてもパブリック・ビューイングに参加することでスポーツイベントを大いに楽しむことができるのです．

有料だったり，無料だったりとパブリック・ビューイングの形態は様々ですが，大きなスクリーンに映し出される試合を声援も歓声もスタジアムと変わらないような雰囲気で味わうことができます．これは，形を変えた街頭テレビだということもできるでしょう．パブリック・ビューイングは古くて新しいスポーツ観戦の方法なのです．

第4章 スポーツを知ろう

5──スポーツを「支える」
「スポーツボランティア」について

1●スポーツボランティアとは

スポーツには「行う」あるいは「観る」だけでなく，それらを「支える」という関わり方も重要になる．この「スポーツを支える」代表的な活動としては，「スポーツボランティア」があげられる．スポーツボランティアとは「報酬を目的とせずに自分の労力，技術，時間を提供して地域社会や個人・団体のスポーツ推進のために行う活動」（笹川スポーツ財団，2014, p. 10）と定義され[*1]，その種類と役割は表1のように分類される．その中でも日常的な「クラブ・団体ボランティア」，及び地域スポーツ大会や国際・全国スポーツ大会における非日常的な「イベントボランティア」が，スポーツボランティアの中心を占めている．前者は「ボランティア指導者」と「運営ボランティア」に，また後者は「専門ボラ

ンティア」と「一般ボランティア」に区分される．

2●スポーツボランティアの現状

以下，笹川スポーツ財団による2014年の調査結果に基づき，我が国のスポーツボランティアの現状を述べていきたい．同調査によれば，回答者の7.7%が過去1年間にスポーツボランティアを実施している．スポーツボランティア実施率を性別で比較すると，男性（9.6%）が女性（5.6%）よりも割合が高い．年代別にみると，40歳代（13.6%），30歳代（8.1%），50歳代（7.5%）がその中心であることがわかる．この傾向は男女でほぼ共通しているが，20歳代（男性8.8%，女性3.0%）と70歳代以上（男性8.7%，女性3.2%）における男女差が目につく．また，男女ともに60歳代の実施率が最も低くなっている（男性6.4%，女性2.6%）．

次に，7.7%のスポーツボランティア実施者の実際の活動内容について「日常的な活動」「地域のスポーツイベント」「全国・国際的スポーツイベント」に大別してみてみる（表2）．それによれば，1人あたり平均1.9種類の活動を行っており，その実施率は地域のスポーツイベントにおける「大会・イベントの運営や世話」（53.2%）が最も多く，3つの日常的な活動がそれに続く．上位を占める2つの「運営や世話」については，女性の方が男性よりも実施率が高い一方で，日常的な「スポーツの指導」や「スポーツの審判」では圧倒的に男性の実施率が高い．また，最も低い7.8%にとどまった，全国・国際的スポーツイベントの「大会・イベントの運営や世話」では，前述の2つの「運営や世話」とは対照的に，女性の実施率の低さが際立つ（男性11.6%，女性1.7%）．

年間の活動回数は，4つの日常的な活動が上位を占め，特に「スポーツ指導」（年間平均

表1 スポーツボランティアの種類と役割

クラブ・団体ボランティア（クラブ・スポーツ団体）	・ボランティア指導者（監督・コーチ,指導アシスタント） ・運営ボランティア（クラブ役員・幹事,世話係,運搬・運転,広報・データ処理,競技団体役員等）
イベントボランティア（地域スポーツ大会,国際・全国スポーツ大会）	・専門ボランティア（審判員,通訳,医療救護,大会役員,情報処理等） ・一般ボランティア（給水・給食,案内・受付,記録・掲示,交通整理,運搬・運転,ホストファミリー等）
アスリートボランティア	・プロ・スポーツ選手,トップアスリート（スポーツクラブ・福祉施設訪問,イベント・スクール参加等）

（山口，2012, p. 116）

表2 スポーツボランティアの実施・希望内容（複数回答）

スポーツボランティアの内容		実施率 （%） n=154	実施回数 （回/年） n=154	実施希望率 （%） n=290	実施希望率 －実施率
日常的な活動	スポーツの指導	31.2	36.7	25.5	-5.7
	スポーツの審判	27.9	10.7	16.2	-11.7
	団体・クラブの運営や世話	34.4	35.0	27.6	-6.8
	スポーツ施設の管理の手伝い	9.1	19.2	17.2	8.1
地域のスポーツイベント	スポーツの審判	22.1	5.6	10.0	-12.1
	大会・イベントの運営や世話	53.2	4.5	51.0	-2.2
全国・国際的スポーツイベント	スポーツの審判	2.6	2.8	3.8	1.2
	大会・イベントの運営や世話	7.8	1.8	21.0	13.2

（笹川スポーツ財団，2014, p. 98）

36.7回）及び「団体・クラブの運営や世話」（同35.0回）の回数が多い．一方で，最も実施率の高い地域のスポーツイベントにおける「大会・イベントの運営や世話」ついては，同4.5回にとどまっている．

3●スポーツボランティアの潜在人口

同調査によれば（表2），14.5％が今後スポーツボランティアを「行いたい」と回答している（実施希望率）．実施率が7.7％であるため，潜在需要の割合（実施希望率−実施率）は6.8ポイントということになる．この潜在需要の割合を男女で比較すると，実施率が高い男性の方が，女性よりも大きい（男性7.9ポイント，女性5.8ポイント）．年代別で最高の実施希望率を示すのが，18.1％の20歳代であり，潜在需要の割合も12.2ポイントと最も高い．この背景には特に，20歳代の女性の潜在需要の割合が際立って高いことがある（15.7ポイント）．また，2番目に潜在需要の割合の高い50歳代男性（11.5ポイント）とともに，60歳代，70歳代以上という高齢層の男性におけるその割合の高さも目につく（8.6及び8.8ポイント）．女性の30歳代も，9.3ポイントとかなり高い数値を示している．

この14.5％の回答者の実施希望内容についてみてみると，「全国・国際的スポーツイベントの大会・イベントの運営や世話」の実施率に対する実施希望率の高さ（7.8％に対して21.0％）が特筆されよう．特にこうした「大会・イベントの運営や世話」に対する女性の実施希望率が26.5％を示しており，1.7％という実施率と比較して大幅に上昇している．

4●スポーツボランティアのこれから

同調査で7.7％であったスポーツボランティア実施率は，過去20年間ほぼ横ばいの状況にあるが，今後のスポーツボランティアの活性化には，前述したその潜在人口の活用が不可欠であろう．それにはまず，ここまで述べてきたような性別や年代に細分化したスポーツボランティアの実施内容と実施希望内容の特徴の把握が必要であり，それらを考慮した新規スポーツボランティアの掘り起こしが求められよう．例えば，先に言及した潜在需要の割合の高い20・30歳代の女性，及び50〜70歳代以上の男性を，それぞれの適性や希望に応じて，新たにスポーツボランティアとして取り込む施策の展開である．

また，こうしたスポーツボランティアの量的な拡充とともに，例えば，講習会・研修会の開催，資格の付与，様々な情報の提供などを通して，その質的な向上を図ることも重要であろう．ただし，これらの量的・質的観点での施策の展開の基盤として，ボランティアそのものの意義や価値の社会的理解を進め，ボランティア休暇などその実施を促す社会的制度を整備していくことが不可欠である．

＊1　ただし，そうした活動を行う「人」とする定義もあり，本項では「活動」と「人」とを状況に応じて使い分けている．

c　o　l　u　m　n

■■■2020年東京オリンピック・パラリンピックのスポーツボランティア

1985年のユニバシアード神戸大会以後，我が国で開催されてきた国際スポーツ大会では，多くのスポーツボランティアが活躍してきました．2020年東京オリンピック・パラリンピックでも，8万人のスポーツボランティアの募集が予定されています．2018年夏の募集開始に先立ち，素案ながら大会組織委員会からは既に次のような具体的なボランティア像が発表されています．「コミュニケーション能力がある」「日本語に加え，外国語が話せる」「1日8時間，10日間以上できる」「採用面接や3段階の研修を受けられる」「2020年4月1日時点で18歳以上」「競技の知識があるか，観戦経験がある」「ボランティア経験がある」という7点を備えた人材です．また，期間中は無償であり，宿泊や東京までの移動手段も自分で手配しなければなりません（朝日新聞朝刊2016年7月22日付）．決して手軽に志願できる条件ではないようにも思われますが，その条件設定の参考にしたとされる2016年ロンドンオリンピック・パラリンピックでは，約7万人のスポーツボランティアが募集され，応募者は24万人に達したそうです．どの程度の応募があるかは未知数ですが，これまで我が国で開催されてきた多くの国際スポーツ大会と同様に，2020年の東京オリンピック・パラリンピックでも，スポーツボランティアの活躍によってその普及や社会的認知が大きく進むことを期待したいと思います．

6 ── スポーツを「調べる」
スポーツパフォーマンスのバイオメカニクス

第4章 スポーツを知ろう

1 ● 一流のパフォーマンスを調べる

一流スポーツ選手の見せる大胆かつ繊細なパフォーマンスは，一見，魔訶不思議で，あたかも物理の法則を無視しているかのように我々の目に映る．しかしながら，実はこのような優れたパフォーマンスこそ物理法則を巧みに操った結果なのである．

スポーツ選手の動作や使用する用具の力学を分析するスポーツ科学領域「スポーツ・バイオメカニクス」は，これらの優れたスポーツパフォーマンスの仕組みを解明する手がかりを与えてくれる．

本項では，スポーツ・バイオメカニクスを手掛かりに，スポーツにみられる一見，魔訶不思議な現象の仕組みに迫ってみたい．

2 ● 見えないもの（空気の流れ）を調べる

野球，サッカー，卓球，テニスなどのボールゲームでは，ボールの軌道を意図的に変化させる技術が多用される．最も一般的な方法は，ボールに対して意図的な回転（スピン）を与えることでその軌道を変化させるものである．

ボールゲームに親しんだ経験があれば，どのようなスピンをかければ，おおよそどのようにボールの軌道が変化するかは経験的に知ることができるものの，その仕組みを知ることは難しい．なぜならばこのような変化球は，目に見えない空気の流れによって生み出されているからである．

この現象は，発見者であるドイツの科学者ハインリヒ・グスタフ・マグヌスにちなんで「マグヌス効果」と呼ばれている．図1を参考にその仕組みを説明する．ボールが進行方向（右側）へ飛んでいく場合，その移動によって進行方向とは反対向きの風を受ける（←矢印）．一方，時計回りにスピンがかかったボールは，ボールの表面の空気がボールのスピンと同方向に回転をする（➡矢印）．この2つの空気の流れが，ボールの上面と下面で不均一な空気の流れを生み出す．この例では，ボールの上面では空気の圧力が増し，下面では圧力が減ることになる．この圧力差によってボールの進行方向に対して垂直な揚力（この場合は下方向）が働きボールが曲がるのである．

スポーツに使われる全てのボールに対して同じ現象が働いているが，一般に卓球ボールの変化は，野球のそれよりも急激にみえる．これは，マグヌス効果によって生み出される揚力の大きさとボールの質量との関係がスポーツ競技によって異なるためであり，一般的に軽いボールは揚力の影響が強くでる傾向にある．

3 ● 不規則な変化を調べる

前述したボールにスピンをかけることによって生み出される変化球に対して，意図的にボールに回転をかけないことで予測不可能なボールの軌道を生み出す技術が野球，サッカー，バレーボール，卓球などでみられるようになってきた．

無回転で飛翔するボールでは，ボールの後ろに発生する流れ（後流）が急激にくずれることで急激な変化を生むとされている．流体である空気には粘性があり，この空気の「粘り気」は特に高速で移動する物体に対しては無視できない影響を与えることが知られている．一般に回転のかかったボールでは，回転の影響からボールの表面の空気はスムーズにボールから剥がれていくのに対して，無回転のボールではこれが突発的かつ不規則に起こるため，ボールの後流が不規則に乱れ，不安定な弾道になると考えられている．

サッカーではこの無回転シュートが起こりやすいボールがあることがよく知られている．ある研究に

図1　野球のボールに働くマグヌス効果

よれば，W杯南アフリカ大会の公式球は，他のボールに比べ明らかに流れに対して垂直方向に生じる力（サイドフォース）が大きいことが示されている（Hong and Asai, 2014）．同大会で日本代表チームが本田選手の無回転フリーキックによって決勝トーナメント進出を決めたが，大会公式球の特性がそのゴールを生み出す一要因であった可能性は高い．

また，野球ではメジャーリーグのボールの方が，縫い目が高いため，ナックルボールの変化が強く出やすいと考えられている．

4 ● 特殊な技術を調べる

無回転FKのスペシャリストとして知られる現サッカー日本代表選手の本田選手の実際のデータを基に，無回転FKを蹴り出すための特殊な技術に迫りたい．

サッカーでよく用いられるインステップキックを使ってボールを蹴る場合，比較的柔らかい足部末端部に選手の意図しない変形が生じ，この変形が2つの作用からボールに回転を与える．1つ目は，足部がボールに与える力の方向の変化であり，もう1つは，ボールインパクト中に足部とボールが強く押し付けられることによって足部の回転が噛み合うギアのようにボールへと伝わるギア効果である．これら2つの作用によって選手のキックがボールの中心を捉えたとしてもボールには通常わずかなバックスピンがかかる．これによってシュートには上向きのマグヌス力が働き，重力の作用を打ち消しながら真っ

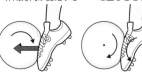

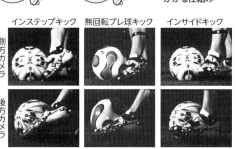

図2 サッカーのキックでボールに回転がかかる仕組み

図3 本田選手の様々なキックにおけるボールインパクト

直ぐに飛んでいくような弾道となる．

本田選手は，この意図しない足部の変形を抑えるため特殊な蹴り方を実践している．側方からの映像で分かるとおり，足部の姿勢はインステップキックとインサイドキックとの中間の姿勢といってよい．さらに後方からの映像でみると，無回転FKでは，変形が起き易い足部の末端部からではなく，より硬い足首に近い部位をボールの中心にインパクトするような蹴り方となっている．

つまり，本田選手の無回転FKの蹴り方は，ボールインパクトによる足部の変形を抑えることによってボールに意図しない回転がかかるのを制限するという極めて理にかなったものであった．この技術によって無回転FKを生み出す確率を高めているのである．

---

column

■■ゴルフボールはなぜ飛ぶのか？

数あるボールゲームの中でも，最も遠くまでボールを飛ばせるものにゴルフをあげることができるでしょう．ボールの飛距離は，サッカーでは最大で50～60m程度，野球でも最大で150m程度であるのに対して，ゴルフでは一流のプロゴルファーが300yard（273m）もの飛距離を稼ぐことが珍しくありません．これは表面に加工された凸凹（ディンプル）の効果によるものであることがわかっています．

本来，ゴルフボールはこのようなディンプル加工された形状ではなく，その表面は動物の皮で覆われ比較的滑らかな形状であったとされています．しかしながら，使い古しのゴルフボールの方が，新しいものに比べて飛距離が大きいことが知られるようになります．古いゴルフボールの表面についた多くの傷が，飛距離アップの秘密だったのです．この表面の傷をあらかじめ人工的につけたのがディンプルであるといえます．

現在では，その効果は科学的に証明されていて，ゴルフボールのディンプル加工は，飛翔する際の空気抵抗を大きく減少させる効果があり，この効果によって他のスポーツに比べ抜きんでた飛距離を稼ぐことができるのです．

第4章 スポーツを知ろう
7─オリンピック
古代から現代へ

1●オリンピックの力

「トーキョウ！」. 2013年9月7日, ブエノスアイレスにおいて開かれた国際オリンピック委員会（IOC）の総会で第32回大会の開催が, 東京に決定した. 1964年の開催以来, 56年振りにオリンピックが日本へやってくる. 2020年大会開催決定後, 国内では既に, 産・官・学の連携により, オリンピックレガシーの創生をもたらすべく様々な施策がとられている. 例えば, 国立競技場の建設の着手, スポーツ庁の設置, 国費による強化費の増大, オリンピック教育プログラムの作成, 等である.

オリンピックを背景にしたスポーツの盛況には, 枚挙にいとまがない. オリンピックにはそれだけの力があるのだ. ここでは, 古代オリンピックと近代におけるオリンピックの復興, また, 我が国のオリンピックに着目し, 解説していきたい.

2●古代のオリンピック

1) 古代のオリンピアにおける競技祭

古代のギリシャでは, ポリスと呼ばれる大小様々な都市国家群により文明が形成されていた. 統一国家をつくることはなかったが, デルフォイにおけるアポロン神の神託やオリンピアにおける競技祭等を通じた同一民族としての意識の醸成, また, 言語（ギリシャ語）を共有していたことから, 共通の文化をもった. 古代ギリシャのペロポネソス半島の西部にあった都市, オリンピアで行われた祭典競技こそが, 古代のオリンピックである.

古代の競技祭の中でも四大祭典競技として知られているのが, オリンピア競技祭の他に, 次のようなものがある. イストモス地方のイストミアン・ゲームズ, ネメア地方のネメアン・ゲームズ, デルフォイ地方のピシアン・ゲームズである. これら全ては神聖競技会であり, 勝者には, 葉冠が授与された.

2) 「聖なる休戦（エケケイリア）」という思想

古代のオリンピアにおける祭典競技にはギリシャ全土から競技者や観客が参加した. 当時のギリシャではしばしば, ポリス同士が戦いを繰り広げ, また, 処罰には死刑が執行された. 宗教的に大きな意味のあったオリンピアの祭典には, 戦争を中断してでも参加しなければならず, また, 死刑も禁じられた. これを, 「聖なる休戦（エケケイリア）」と呼称した.

エケケイリアは実際, 「限定的で, しばしば破られた」（真田, 2001, p.16）と, 軽視されたとの分析もあるが, 現代のオリンピックにおいてもIOC会長が休戦のメッセージを発信している（朝日新聞朝刊2003年8月6日付ほか）ことから, オリンピックにまつわる普遍的な融和精神であるといえるだろう.

3) 古代のオリンピックの終焉

それまでギリシャ人以外の参加が認められていなかったが, 紀元前146年, ローマ帝国がギリシャを支配するようになると, 地中海全域から競技者が参加するようになった. さらに392年, ローマのテオドシウス帝がキリスト教をローマ帝国の国教と定めたことにより, オリンピア信仰（ゼウス神の信仰）の維持が困難となった. 最後の古代オリンピックの開催は, 393年の第293回である. 戦乱を乗り越え, 1169年間も受け継がれた伝統は, 終焉の時を迎えた.

3●近代のオリンピックの誕生と展開

近代オリンピックは, 古代ギリシャの時代への関心の高まる中, 1896年, ピエール・ド・クーベルタン（Pierre de Coubertin, 1863-1937）によって復興されたものである. 古代のオリンピックを復活させようとした試みは, クーベルタンが実行する以前から, いくつかの国で行われてきた. では, クーベルタンによって創始されたオリンピックだけが, 今日に至るまで継続的かつ国際的イベントとして行われているのは, なぜか. この問いに答えるべく以

下，彼の生涯と思想性について分析していきたい．

4●クーベルタンによるオリンピック思想の醸成

クーベルタンは1863年，パリに生まれた．古い貴族の家系に生まれたことにより，高潔で輝かしい規範となる行動と報酬や実利を求めない奉仕の精神を世に示す，という教えを受けながら育っていった．

若きクーベルタンは，普仏戦争（1870～1871年）の敗北から疲弊の極みにあった祖国フランスを立て直す切り札として，富める国，イギリスのエリート（ジェントルマン）教育，特にスポーツ教育に関心を抱いた．渡英したクーベルタンは，イギリスの現状を紹介した『イギリス・ノート』を読み，パブリック・スクールの教育システムとスポーツがイギリスの重要な教育の手段として位置づけられていることに着目した．同時に『トム・ブラウンの学校生活』における自己統治という教育システムの重要性を認識していった．

これらを通じて，スポーツによる青年の国際交流が世界平和に貢献すること，また，国際的な競技会がスポーツの大衆化をもたらすと考えていった．さらに，鍛え上げられた肉体を賛美し，知を愛し，芸術を愛す，というヘレニズム思想の影響を受けることで遂に近代オリンピックを復興させた．

このようなことから，クーベルタンによるオリンピック復興とそれにまつわる思想の醸成が，現代のオリンピックにおける国際的イベントとしての地位確立の一要因となったといえるのではないだろうか．

5●政治や戦争に翻弄されたオリンピック

我が国のオリンピックへの参加は，第5回大会であるストックホルム大会（1912年）からである．参加にあたり，1911年，講道館柔道の創始者である嘉納治五郎（1860-1938）らが中心となり，大日本体育協会を創設し，スポーツの組織化を図った．その後，同協会は日本体育協会と改称し，今日に至るまで関連団体と連携しながら我が国の体育・スポーツの統括・運営を中心的に担い，その普及・発展に大きく貢献してきた．

ところで，我が国における初のオリンピック招致の成功は，ベルリンオリンピック開催前夜，1936年7月31日に開かれたIOC総会における，第12回大会（1940年）の決定である．しかし，日中戦争開戦によってその開催権を返上し，幻のオリンピックとなった．念願の初開催は，終戦後の第18回大会（1964年）である．また，冷戦下においてモスクワで開催された第22回大会（1980年）へは，西側諸国がボイコットし，足並みをそろえる形で日本も参加を見合わせ，多くの選手が犠牲となった．

このように，我が国のオリンピック史を概観すると，政治や戦争に翻弄されてきたことがわかるだろう．現代のオリンピックは，こういった問題以外にもドーピング問題や環境問題等々，克服すべき多くの難題を抱えている．オリンピックの永続的な開催を目指すために具体的な問題について真剣に考える必要があるだろう．

c　o　l　u　m　n

■「朽ちない冠」の探求

日本オリンピック委員会（JOC）は，2016年のリオデジャネイロオリンピックより，報奨金として金・銀・銅メダル獲得選手にそれぞれ500万円，200万円，100万円の授与を決定しました．現代のスポーツにおいて勝者は，人々から称賛されるだけでなく，莫大なカネや名声，社会的地位さえ獲得します．スポーツに内在する価値を越え，圧倒的に，スポーツへの参加の結果により見出される価値，すなわち外在（手段）的な価値に重きが置かれているといえるでしょう．その反面，ドーピングといった不正や体罰，暴力等，未解決の難題が山積しています．これらは，選手のスポーツ観や身体観，さらに宗教観や人生観に関連しているものであり，容易に克服できるものではありません．しかし，今日に至るまで多くの人に読まれてきた聖書には，これらを解決しうるヒントが記述されています．これは，特定の信仰に関係なく，よきスポーツ文化の創造という観点から有益な教えといえるでしょう．

「私たちは朽ちない冠をうけるためにそうするのです．」（コリント人への手紙Ⅰ，9章，25節より）
我々は皆，カネや名声，社会的地位でさえ，いつか消え朽ちていくことを知っています．あなたにとって「朽ちない冠」とは何なのでしょうか．さあ，読者のみなさん，真剣に考えてみましょう．

第4章 スポーツを知ろう

8──ドーピング

現状と課題，そしてこれから

1●ドーピングとは

　ドーピングとは，一般に，競技者が世界アンチ・ドーピング規定や国際競技連盟（以下，IF）等の規定によって定められている禁止薬物・方法で競技力を高めることである．また，それらの行為を企てること，関与・隠蔽すること，さらに，競技者としての責務を果たさないことである．この問題は，現代のスポーツが商業主義や勝利至上主義といった価値と強く結びつき，拡大の一途を辿ってきた中で表出したものであると考えられる．すなわち，近代スポーツが「より速く・より高く・より強く」という進歩主義，上昇志向を追求し，現代スポーツに継承されたという特徴をもつ．また，この背後には，身体とは何か，スポーツとは何かといった哲学的な問いがあり，複雑な要素が絡み合っている．

　このような中で，ドーピングに関連したスポーツ団体の取り組みを確認すると，1999年の世界アンチ・ドーピング機構（以下，WADA）の設立，2003年の世界アンチ・ドーピング規程の採択やドーピング摘発への警察の介入等がある．また，ドーピング方法の高度化に伴い，その検査方法も厳格化している．1997年には従来の尿検査に加え，血液検査が新たに導入された．世界における検体数と陽性率の推移を確認すると，1999–2013年の期間，1～2％の陽性率を継続的に示している．規定違反は無くなる気配をみせない．

　ところで，2016年に開催されたリオデジャネイロオリンピクでは，国家主導によるドーピングの関与からロシア選手団389人の内，118人の選手の参加が認められなかった．また，国際パラリンピック委員会（以下，IPC）はリオデジャネイロパラリンピックにおいて，ロシア人選手の全ての参加を認めないと発表した．どれほど検査を厳しくし，規程違反者に制裁を科しても，ドーピングの問題は解決さ

れないのである．さらに，今後，ドーピングをする側と規制する側の「いたちごっこ」が激化していくことも予想される．

　このような状況にあって，ドーピング問題の解決の糸口を探るべくここでは，これまでスポーツ哲学の領域において検討されてきた内容を参考にしつつ，アンチ・ドーピング活動の現状と課題，そしてこれからについて述べていきたい．

2●ドーピングに手を染めるアスリート

　スポーツに参加する理由は，人により様々である．出会いを求めたり，健康であったり，あるいは，ストレス発散であったりもする．特に，競技者は，同等の技能を持つ相手と試し合うためという目的からスポーツに参加していると考えられる．その際，次の2つのいずれかが目標となるだろう．自身の能力向上，あるいは，試合に勝つことである．競技者の目標が能力向上である場合，通常，明らかに低いレベルの相手とは，プレイしない．他方，試合の目標を勝利におく競技者は，自分より強そうな相手との戦いを避けるだろうし，挑戦したとしても，ルールを破って，状況を有利にしようとするかもしれない．

　以上のように，競技者のスポーツへの参加理由が，試合に勝つことのみになった時，ドーピングという不正が行われていくのであろう．

3●妥当性の低い？禁止理由

　現在，WADAや国際オリンピック委員会（以下，IOC）は，医学的理由，アンフェアであるため，社会悪であるため，という3つの観点からドーピングを禁止している．

　まず，医学的理由での禁止において，特にステロイドの使用に伴う健康上のリスクについては，確実な判断が困難であるという考えがある．選手のステロイド摂取量に関する調査が存在しないことから，健康を害するという主張は成立しないという立場で

ある．さらに，これを理由にドーピング解禁論を主張する哲学者もいる．また，異なる視点から疑義が問われている．その論拠となっているのは，J. S. ミルの『自由論』の中にみられる個人の選択の自由である．すなわち，ドーピングにより選手が健康を損ねたとしても，それが当該選手の選択によるものであるならば，周囲の者はその選択に干渉すべきではないということである．次に，アンフェアであるという禁止理由に対しては，そもそも選手を取り巻く環境に平等性を担保することは不可能であることから，妥当性が低いと考えられる．しかし，筆者の管見の限り，社会悪であるという理由に対しての疑義はみられない．また，「選手は社会から道徳規範を遵守する存在として期待され，同時に公的存在者としての役割期待が課せられている」（近藤，1990，pp. 7-8）とも捉えることができよう．

このように，選手を公的な側面からみた時のみにドーピング禁止の妥当性が見出されていることから，今後は，ドーピング違反を社会的問題として捉えていく必要があると考えられる．

4●考慮されるべき選手の人権

また同時に，選手のプライバシー保全についても考えていかなければならない．ドーピングに関する規定の変遷を確認すればわかるように，また今後，WADAやIOC，IPC，IFといった取り締まる側の体制強化が容易に予想できることからも，選手のプライバシーが侵害される恐れがある．巧妙に行われるドーピングを防止するために，現在，選手に義務付けられている抜き打ち検査のための居場所情報提供や，

監視の下での尿検査などは必要といえるかもしれないが，選手のプライバシーや人権を考えれば，今後，改善していく余地は十分にあるといえるだろう．

さらに，取り締まる側の健全性についても言及しなければならない．先述のロシア人選手に対する参加不認定の理由として，国家主導による組織的なドーピングの隠蔽があげられた．これに加え，WADAの報告書によれば「尿をすり替えるために隠し持っていた容器が見つかり，買収を持ちかけた選手もいた」（読売新聞夕刊2016年6月16日付）という．今回の件が「氷山の一角」だとすれば，違反した選手たちや隠蔽をはかった組織は，これまで検査をすり抜けてきた方法を知っていて，それを実行したとも考えられる．

そもそも，経験者であればわかるはずだが，検査員の監視のもと実施される尿検査において，いくら精工な器具を用いたとしても，尿のすり替えは難しい．ドーピング検査における検査員の買収が横行しているのではないかとの疑念を持たざるを得ない．

5●アンチ・ドーピングのこれから

ここでは，ドーピングについて過去から現在まで概観することでいくつかの課題が浮き彫りになった．これらの克服のためにドーピングの問題を選手やスポーツの関係者といった特定の対象だけではなく，社会全体の問題として認識されるよう努め，同時に，アンチ・ドーピング教育を推進させていくことが重要であると考えられる．また，これらを通じスポーツのインテグリティ（完全性・高潔性）や倫理的価値の保護・発展を果たしていく必要があるだろう．

column

━横行する検査員の不正？

筆者は，これまで複数回，国際大会においてドーピング検査（尿検査）を受けた経験があります．ある検査でトイレに入ると突然，担当検査員は「見たくない．勝手にやってくれ」といわんばかりに身振り手振りをし，遂に検体採取の確認をしませんでした．当然，検査員に対し確認するよう促しましたが，検査員は終始，眼を閉じたままでした．検査終了後，大きな問題になりかねないと考え，直ぐにコーチやチームドクター，日本アンチ・ドーピング機構のスタッフに報告しました．さらに，チームメイトと合流しこの情報を共有したところ，他の選手でも同様の検査が行われていたことがわかりました．このような経験を持つ中で，リオデジャネイロのオリンピック・パラリンピックにおけるロシア人のドーピング問題関連の報道のうち，「検査員の買収」という言葉を確認した時，「やはりそうだったのか」と嘆きに沈みました．ドーピング問題の闇は，我々の想像を超えて，深刻なのかもしれません．早急な対応が必要といえるでしょう．

c　o　l　u　m　n

■競技スポーツの科学的なサポート

1964年の東京オリンピック以降は競技スポーツのサポートに関する国からの支援も減り，強化現場と科学の協力関係もほとんど見られず，日本のスポーツは国際舞台での長期低迷傾向に陥りました．変化が起き始めたのは1989年あたりからで，日本オリンピック委員会を中心に，大学などでスポーツ選手として活動した研究者と，体育系学部などでスポーツ科学を学び，海外遠征などで世界のトップの強化の現場などを見てきている競技者が，相互理解をしながら競技力向上のための研究を行いました．具体的には，運動生理学的な観点からのマラソンの疲労についての研究や，スキージャンプにおける飛行姿勢のバイオメカニクス的な研究，各種競技の高地トレーニングの実施など，パフォーマンスを向上させる研究に取り組まれました．

最近では，テクノロジーを駆使し，選手やコーチがイメージを共有し，パフォーマンスを具体的に評価することなどにも科学的な取り組みがなされています．例えば，練習や試合の映像を分析することが一般的になってきていますが，映像の質（選手が見ておかなければならないものや，コーチが見せておきたいものなど）を区別し，共有できる編集ソフトが開発されています．そして，映像などの視覚的なフィードバックでは即時性が求められるので，スマートフォン等で簡単に見ることができるような環境づくりが試合会場でもなされています．また，ボールゲームでは，監督やコーチがタブレット機器を覗いたり，インカムなどを装着したりしている姿を見かけます．試合会場には，対戦相手を分析するカメラが並び，近くにはPCを操作しているスタッフがいて，常に試合中の現象を分析し，戦術を組み立てるための情報として共有しています．競技スポーツと科学的なサポートの関係性について，「情報の共有」という視点があります．組織づくりにしても，情報が錯綜し，混乱をきたして集団の力を発揮できないということがないように，これからの競技スポーツでは，科学的サポートから得られる情報の質を高め，その情報を早く正確に共有することが重要になりそうです．

【参考文献】Sports Science Magazine 2015 Vol. 1「スポーツ科学の最先端」ベースボール・マガジン社，pp. 20-25

［第4章　引用参考文献］

■4-1
【引用文献】
- 池田延行「第4講 体育の内容」，杉山重利・高橋健夫・園山和夫編『保健体育科教育法』大修館書店，pp. 16-19，2011年
【参考文献及びURL】
- 松井良明『近代スポーツの誕生』講談社現代新書，講談社，pp. 24-27，2000年
- 文部科学省『スポーツ振興基本計画』，1総論（http://www.mext.go.jp/a_menu/sports/plan/06031014/001.htm），2001年
- 文部科学省『中学校学習指導要領解説保健体育編』東山書房，pp. 134-140，2008年
- 文部科学省『高等学校学習指導要領解説保健体育編・体育編』東山書房，pp. 96-101，2009年
- 佐藤豊・友添秀則編『楽しい体育理論の授業をつくろう』大修館書店，pp. 26-29，2011年

■4-2
- 厨義弘監修，大谷善博・三本松正敏編『生涯スポーツの社会学』学術図書出版社，1997年

■4-3
- 笹川スポーツ財団『スポーツライフデータ2014』2014年

■4-4
- 笹川スポーツ財団『スポーツライフデータ2014』2014年

■4-5
【引用文献】
- 笹川スポーツ財団『スポーツライフデータ2014』p. 10，2014年
- 山口泰雄「スポーツボランティア」井上俊・菊幸一編著『よくわかるスポーツ文化論』ミネルヴァ書房，pp. 116-117，2012年
【参考文献】
- 笹川スポーツ財団『スポーツライフデータ2014』2014年

- 池田勝編著『生涯スポーツの社会経済学』杏林書院，2002年

■4-6
- 大西久光『ゴルフボール──その飛びの秘密』日本工業新聞社，1986年
- Hong, S and Asai, T. Effect of panel shape of soccer ball on its flight characteristic. Scientific Reports 4, doi: 10.1038/srep05068, 2014.
- 新海宏成，布目寛幸「無回転ブレ球キックのボールインパクト（特集 スポーツと空力）」バイオメカニクス研究 12(4)，252-258，2008年

■4-7
【引用文献】
- 真田久「古代の体育・スポーツ」木村吉次編著『体育・スポーツ史概論』市村出版，p. 16，2001年
【参考文献】
- 田原淳子「近代スポーツの発達と近代オリンピックの創始」木村吉次編著『体育・スポーツ史概論』市村出版，2001年
- 公益財団法人日本オリンピック委員会HP http://www.joc.or.jp/

■4-8
【引用文献】
- 沂藤良享「薬物ドーピング禁止規定に関する一考察」『スポーツ教育学研究10巻1号』pp. 1-11，1990年
【参考文献及びURL】
- 中村敏雄・高橋健夫他編『21世紀スポーツ大事典』大修館書店，2015年
- シュリル・ベルクマン・ドゥルー著，川谷茂樹訳『スポーツ哲学の入門──スポーツの本質と倫理的諸問題─』ナカニシヤ出版，2012年
- 日本アンチ・ドーピング機構HP（http://www.playtruejapan.org/）
- LSIメディエンス株式会社HP（http://www.medience.co.jp/index.html）

受講記録

体力テスト実施項目

◎種目と測定方法

1. 握　力	左右2回ずつ行い、左右各々の良い方の記録を平均し、キログラム未満は四捨五入する。
2. 上体起こし	30秒間行う。両肘と両大腿部がついた回数を記録するが、仰臥姿勢に戻した時に、背中がマットにつかない場合は、回数としない。
3. 長座体前屈	2回行い、センチメートル未満は切り捨てる。
4. 反復横跳び	20秒間行う。それぞれのラインを通過するごとに1点を与えるが、外側のラインを踏まなかったり、越えなかった、中央ラインをまたがなかった場合は点数としない。
5. 立ち幅跳び	2回行い、センチメートル未満は切り捨てる。着地した際に最も踏み切り線に近い位置を記録とする。
6. ヘルスフィットネステスト	4段階のペースで走りながら、脈拍数を測る。脈拍数の測り方は下記に表示。

（参考：文部科学省「新体力テスト実施要項」）

◎種目と体力評価

握　力	筋　力	反復横跳び	敏捷性
上体起こし	筋　力　筋持久力	立ち幅跳び	筋パワー
長座体前屈	柔軟性	ヘルスフィットネステスト	全身持久力

心拍計の使い方

①心拍計を装着する（図1）。
　※裏の金属部分が肌にしっかり触れるようにすること。
②測る際に"ハート"のボタンを長押しする（図2）。
　※指は軽く触れるだけでOK。5〜8秒ほど長押しすること。
　　反応しない場合は、裏の金属部分を湿らせると反応する場合がある。
③表示された数値を記入する（図3）。

図1

図2

◎測定中止の基準
・運動中に身体の異常を感じた場合は、中止すること。
・心拍数が150拍を超えた場合は、指導員に相談をすること。
・主観的運動強度が「17」を超えた場合は、指導員に相談をすること。

図3

◎脈拍数の測り方（心拍計が反応しなかった場合）
・心拍計が反応しなかった場合は、触診で脈拍数を数えること。
・人差し指、中指、薬指の3本を親指の付け根付近の動脈に軽くそえて15秒間
　測り、4倍して10をたす。

図4

得点換算・総合評価表

性別	得点	1.握力	2.上体起こし	3.長座体前屈	4.反復横跳び	5.立ち幅跳び	6.ヘルスフィットネステスト	総合評価	
男子	20	54以上	40以上	63以上	66以上	261以上	33以上	96以上	A
	19	51-53	38-39	59-62	64-65	253-260	31-32	89-95	
	18	49-50	36-37	57-58	63	251-252	30	84-88	
	17	48	35	55-56	62	246-250	28-29	81-83	
	16	47	-	54	61	241-245	27	77-80	B
	15	46	34	52-53	60	238-240	26	73-76	
	14	45	33	51	59	236-237	25	70-72	
	13	44	32	50	58	233-235	-	67-69	
	12	43	31	48-49	57	231-232	24	64-66	C
	11	42	-	47	-	228-230	23	62-63	
	10	41	30	46	56	226-227	22	59-61	
	9	-	-	45	55	221-225	-	56-58	
	8	40	29	43-44	54	219-220	21	53-55	D
	7	39	28	42	53	217-218	20	49-52	
	6	38	-	40-41	52	212-216	-	46-48	
	5	37	27	38-39	51	211	19	43-45	
	4	36	26	36-37	49-50	206-210	18	39-42	E
	3	35	24-25	33-35	46-48	201-205	16-17	34-38	
	2	33-34	23	29-32	41-45	200	13-15	27-33	
	1	32以下	20以下	28以下	40以下	190以下	12以下	26以下	
女子	20	34以上	31以上	61以上	54以上	199以上	29以上	97以上	A
	19	32-33	29-30	58-60	53	191-198	26-28	90-96	
	18	31	28	56-57	51-52	186-190	25	85-89	
	17	30	27	54-55	50	181-185	24	80-84	
	16	29	26	52-53	49	179-180	23	76-79	B
	15	28	25	51	48	176-178	22	72-75	
	14	27	24	50	47	171-175	21	69-71	
	13	-	23	49	-	169-170	20	66-68	
	12	26	22	47-48	46	167-168	-	63-65	C
	11	25	-	46	45	165-166	19	61-62	
	10	-	21	45	-	161-164	-	58-60	
	9	24	20	44	44	158-160	18	55-57	
	8	-	-	43	43	156-157	-	52-54	D
	7	23	19	42	-	153-155	17	49-51	
	6	-	18	40-41	42	151-152	16	46-48	
	5	22	17	38-39	41	148-150	15	43-45	
	4	21	16	36-37	40	143-147	14	39-42	E
	3	-	15	33-35	38-39	139-142	13	35-38	
	2	19-20	13-14	29-32	34-37	131-138	11-12	28-34	
	1	18以下	12以下	28以下	33以下	130以下	10以下	27以下	

体力テスト　解答用紙　（学生保管用）

測定日　平成　　　年　　　月　　　日

氏　　名		性　別	男　・　女	
		年　齢		歳
身体の調子	良い　・　やや悪い　・　悪い	安静時　心拍数		拍/分

ヘルスフィットネステストの記録

100mに要する時間	心拍数（bpm）	主観的運動強度		
			20	
			19	← 非常にきつい
			18	
			17	← かなりきつい
			16	
			15	← きつい
			14	
			13	← ややきつい
《備考》			12	
			11	← 楽である
			10	
			9	← かなり楽である
			8	
			7	← 非常に楽である

			1回目	2回目		1回目	2回目				
1. 握　力	右				左			左右の良い記録の平均を記入 ⇨		kg	点
2. 上体起こし	30秒間									回	点
3. 長座体前屈		1回目	2回目			良い記録を記入⇨				cm	点
4. 反復横跳び	20秒間									回	点
5. 立ち幅跳び		1回目	2回目			良い記録を記入⇨				cm	点
6. ヘルスフィットネステスト			推定酸素摂取量（50%$\dot{V}O_2max$）⇨							ml/kg/分	点

総合得点	総合評価

小数点以下は切り捨ててください。
　例　握力　32.5kg　→　32kg

ヘルスフィットネステスト

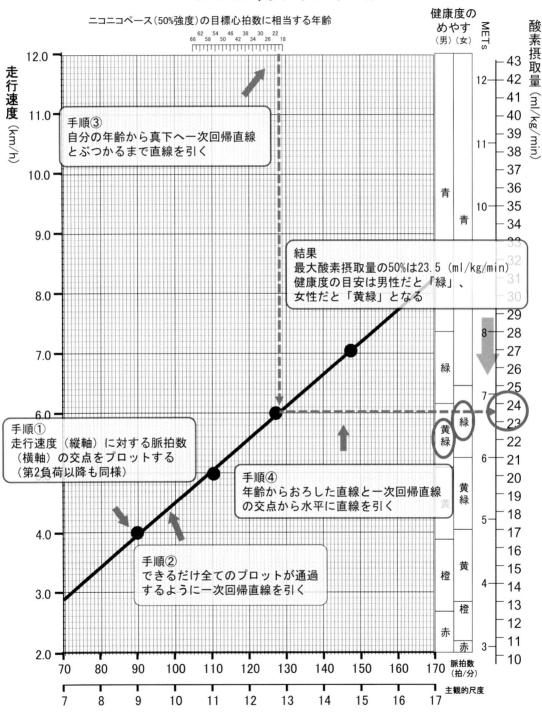

運動・スポーツ・食習慣と授業に関するアンケート

[調査ご協力のお願い] 本調査は，皆様の運動・スポーツ習慣と体育授業に関しての基礎資料を得ようとするものです．お答えいただいた内容は統計処理にのみ使用しますので，成績に影響を及ぼすようなことは絶対にありません．どうかありのままにお答えいただき，調査にご協力くださいますことを心よりお願い申し上げます．

学籍番号：＿＿＿＿＿＿＿＿　　氏名：＿＿＿＿＿＿＿＿＿＿＿＿＿

〈該当する番号に○をつけてください〉

問1 ● 現在の健康状態について.

①大いに健康　②まあ健康　③あまり健康でない

問2 ● 現在の体力について.

①自信がある　②普通である　③不安がある

問3 ● 現在のスポーツクラブ（運動部，学内外サークルを含む）への所属状況.

①運動部に所属している　②運動系サークルに所属している　③所属していない

問4 ● 運動・スポーツの実施状況について.

①ほとんど毎日（週3～4日以上）　②ときどき（週1～2日程度）　③ときたま（月1～3日程度）

④していない

問5 ● 1回当たりの運動・スポーツ実施時間について.

①30分未満　②30分～1時間　③1～2時間　④2時間以上

問6 ● 朝食の摂取状況について.

①毎日食べる　②時々欠かす　③まったく食べない

問7 ● 一日の睡眠時間について.

①6時間未満　②6時間以上8時間未満　③8時間以上

問8 ● 過去のスポーツクラブ（運動部，学内外サークルを含む）活動の経験.

①中学校のみ　②高校のみ　③大学のみ　④中学校・高校　⑤高校・大学　⑥中学校・大学

⑦中学校・高校・大学　⑧経験なし

問9 ● 大学の体育では何を望んでいますか（複数回答可）.

①単位をとる　②友達を作る　③運動・スポーツに関する知識　④健康に関する知識　⑤気晴らし

⑥運動量の増加　⑦授業での楽しさ　⑧技術の向上

問10 ● 大学でも体育の授業は必要であると思いますか.

①そう思う　　②どちらともいえない　③そう思わない

問11 ● 大学で体育の授業が必修ではない場合，履修しますか.

①履修する　②履修しない　③わからない

問12 ● 体育の授業を履修するにあたり，シラバスを読み内容を理解して授業を履修しましたか.

①大変よく理解していた　②まあ理解していた　③あまり理解していなかった　④全く理解していなかった

問13～15 ● これまで，各学校期の「体育」についてどの程度満足感を得ていましたか.

▷ 問13 ● 小学校体育（　　）　問14 ● 中学校体育（　　）　問15 ● 高校体育（　　）

①全く満足していなかった　②あまり満足していなかった　③どちらともいえない

④まあ満足していた　　⑤大変満足していた

問16 ● 「高校期」の運動・スポーツ活動（体育授業以外）の頻度について.

①週3回以上　②週1～2回　③月に1～2回　④3ヶ月に1～2回　⑤半年に1～2回　⑥年に1～2回

問17●問16の運動・スポーツ実施について，全体的にどの程度満足していましたか．

　　①全く満足していなかった　②あまり満足していなかった　③どちらともいえない

　　④まあ満足していた　⑤大変満足していた

問18●体育の授業が終了したのち，大学内の施設でどの程度運動・スポーツを実施したいですか．

　　①今のところ運動・スポーツをする気はない

　　②学内の施設ではなく，学外の施設でなら運動・スポーツをしてもよい

　　③気が向いたときに，学内の施設で運動・スポーツを実施したい

　　④できるだけ毎日，学内の施設で運動・スポーツを実施したい

問19●現在の運動の実施状況について，最も当てはまるものを選択してください．また「定期的」とは，
　　週2回以上，1回30分以上とします．

　　①現在，運動をしていないし6ヶ月以内に始めるつもりもない

　　②現在，運動をしていないが6ヶ月以内に始めようと思っている

　　③現在，運動をしているが定期的ではない

　　④現在，定期的に運動をしているが始めてから6ヶ月以内である

　　⑤現在，定期的に運動をしており6ヶ月以上継続している

問20●あなたは，日頃，自分の健康や体力の維持増進のために，何か心掛けていることがありますか．
　　あるとすればどのようなことですか．（複数回答可）

　　①食生活に気をつける　②睡眠や休養をよくとる　③運動やスポーツをする

　　④日常生活の中で，できるだけ身体活動の機会を増やす（車を利用せず歩く，など）

　　⑤規則正しい生活をする　⑥その他　⑦心掛けていることはない

問21●あなたは，健康に関する情報をどのようなものから得ていますか．（複数回答可）

　　①保健体育の授業　②ＴＶ　③インターネット（パソコン利用）　④携帯電話のサイト　⑤電子メール
　　（メールマガジン）　⑥新聞　⑦書籍（専門書）　⑧雑誌　⑨その他　⑩健康に関する情報は得ていない

問22●外食（レストラン，食堂（学食含む），ファーストフード等）の頻度はどれくらいですか？

　　①行かない　②ほとんど行かない　③月に数回　④週に2〜3回　⑤週に4〜5回　⑥ほぼ毎日

問23●コンビニエンスストアや弁当屋でお弁当やおにぎり，サンドイッチなどを購入する頻度はどれく
　　らいですか．

　　①行かない　②ほとんど行かない　③月に数回　④週に2〜3回　⑤週に4〜5回　⑥ほぼ毎日

問24●清涼飲料水（糖分の入った炭酸，ジュース，缶コーヒー，スポーツ飲料など）を飲みますか．（無
　　糖のお茶，運動時の水分補給用のスポーツドリンクは含みません）

　　①飲まない　②ほとんど飲まない　③月に数回　④週に2〜3回　⑤週に4〜5回　⑥ほぼ毎日

問25●チョコレートやスナック菓子などのお菓子をどれくらいの頻度で食べますか．

　　①食べない　②ほとんど食べない　③月に数回　④週に2〜3回　⑤週に4〜5回　⑥ほぼ毎日

問26●この1年間にサプリメントや健康食品をとりましたか．

　　①はい　②いいえ

問27●忙しすぎて何かを犠牲にしなければならない場合，あなたは何を一番先に犠牲にしますか．

　　①勉強　②部活動・サークル　③アルバイト　④睡眠　⑤食事　⑥運動　⑦趣味　⑧恋愛　⑨その他

問28●現在悩んでいること，困っていること．（複数回答可）

　　①太っている　②痩せている　③肌荒れ　④便秘がち　⑤疲れがぬけにくい　⑥貧血がある

　　⑦生理不順　⑧その他

問29●現在の住環境を教えてください．

　　①一人暮らし　②寮　③実家　④その他

レポート作成要領

1 体力プロフィールの作成
(1)各自の測定値を各項目の得点表から探し，得点にする．
(2)各得点をレーダーチャート（同心円）上にプロットして，実線で結ぶ．
(3)各得点の平均値を計算し，左上の枠内に記入する．
(4)平均値をレーダーチャートにプロットし，点線で結ぶ．

2 自分の体力の評価
(1)実線で結んだ六角形の面積が大きければ（平均値が大きければ）総合的な体力は高いことになり，面積が小さければ（平均値が小さければ）総合的な体力は低い．
(2)点線で結ばれた正六角形から大きくずれて，ギザギザ状の形状になればなるほど，得手不得手のあるバランスの悪い体力ということになる．点線で結ばれた正六角形に近ければ近いほど，得手不得手のないバランスのとれた体力であるといえる．

3 今後，どのような運動やスポーツをすべきか考える
自分の体力の評価を踏まえて，今後どのような体力向上のための運動やスポーツをすべきか，どのようなライフスタイルにしたらよいかを各自で考え，レポート用紙（174ページ）に記述してください．

総合評価が高い例
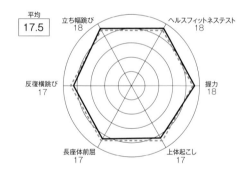

総合評価が低い例
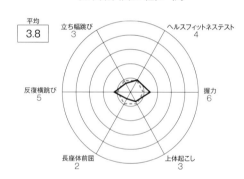

得手不得手が著しい例
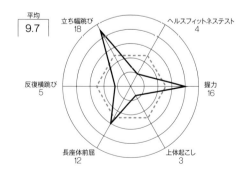

バランスがよい例
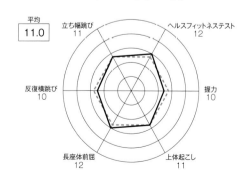

体力プロフィール

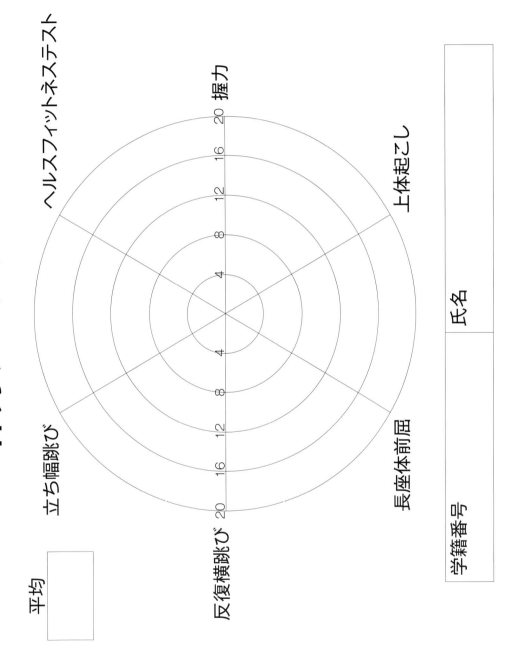

●●● 提出用② ●●●

■自分の体力を評価し,体力向上のために今後どのような運動やスポーツをすべきか,どのようなライフスタイルにしたらよいか,まとめなさい.

体力プロフィール記入例

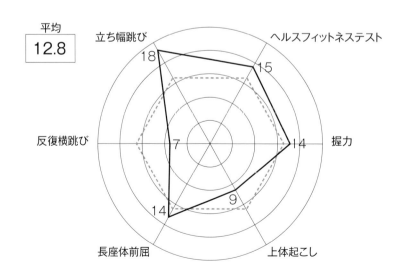

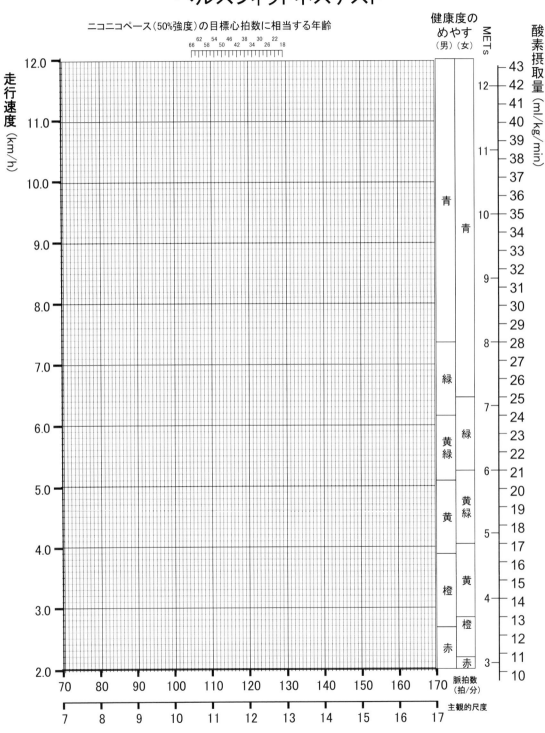

体力テスト　回答用紙（提出用）

実施日　　年　　月　　日　　　　　　　　　　　　　　　　　福岡大学　スポーツ科学部

学籍番号	
氏　名	
性　別	男　・　女
年　齢	歳

身　長		cm
体　重		kg
BMI	.	

※もれなく記入してください

BMI＝体重(kg)÷(身長m)²

1. 握　力	右	1回目	2回目	左	1回目	2回目	左右各々の良い記録の平均を記入⇨		kg
2. 上体起こし									回
3. 長座体前屈		1回目	2回目				良い方の記録を記入⇨		cm
4. 反復横跳び									回
5. 立ち幅跳び		1回目	2回目				良い方の記録を記入⇨		cm
6. ヘルスフィットネステスト	推定酸素摂取量 (50%V̇O₂max)	ジョギング速度(km/h)	心拍数(bpm)	主観的運動強度					ml/kg/分

《運動・スポーツ・食習慣と授業に関するアンケート》

1	1	2	3	4	5	6	7	8	9	10	21	1	2	3	4	5	6	7	8	9	10
2	1	2	3	4	5	6	7	8	9	10	22	1	2	3	4	5	6	7	8	9	10
3	1	2	3	4	5	6	7	8	9	10	23	1	2	3	4	5	6	7	8	9	10
4	1	2	3	4	5	6	7	8	9	10	24	1	2	3	4	5	6	7	8	9	10
5	1	2	3	4	5	6	7	8	9	10	25	1	2	3	4	5	6	7	8	9	10
6	1	2	3	4	5	6	7	8	9	10	26	1	2	3	4	5	6	7	8	9	10
7	1	2	3	4	5	6	7	8	9	10	27	1	2	3	4	5	6	7	8	9	10
8	1	2	3	4	5	6	7	8	9	10	28	1	2	3	4	5	6	7	8	9	10
9	1	2	3	4	5	6	7	8	9	10	29	1	2	3	4	5	6	7	8	9	10
10	1	2	3	4	5	6	7	8	9	10	30	1	2	3	4	5	6	7	8	9	10
11	1	2	3	4	5	6	7	8	9	10	31	1	2	3	4	5	6	7	8	9	10
12	1	2	3	4	5	6	7	8	9	10	32	1	2	3	4	5	6	7	8	9	10
13	1	2	3	4	5	6	7	8	9	10	33	1	2	3	4	5	6	7	8	9	10
14	1	2	3	4	5	6	7	8	9	10	34	1	2	3	4	5	6	7	8	9	10
15	1	2	3	4	5	6	7	8	9	10	35	1	2	3	4	5	6	7	8	9	10
16	1	2	3	4	5	6	7	8	9	10	36	1	2	3	4	5	6	7	8	9	10
17	1	2	3	4	5	6	7	8	9	10	37	1	2	3	4	5	6	7	8	9	10
18	1	2	3	4	5	6	7	8	9	10	38	1	2	3	4	5	6	7	8	9	10
19	1	2	3	4	5	6	7	8	9	10	39	1	2	3	4	5	6	7	8	9	10
20	1	2	3	4	5	6	7	8	9	10	40	1	2	3	4	5	6	7	8	9	10

大学生のスポーツと健康生活
©福岡大学スポーツ科学部, 2017　　　　　　　　　　　　　　NDC377/ 176p / 26cm

初版第1刷————2017年3月31日
　第2刷————2018年3月31日

編　者————福岡大学スポーツ科学部
発行者————鈴木一行
発行所————株式会社 大修館書店
　　　　　　　〒113-8541　東京都文京区湯島2-1-1
　　　　　　　電話 03-3868-2651（販売部）　03-3868-2297（編集部）
　　　　　　　振替 00190-7-40504
　　　　　　　[出版情報] https://www.taishukan.co.jp

装丁・本文デザイン——石山智博
イラスト————イラストレーターズモコ，ERC，高橋雅博
組　版————加藤　智
印　刷————横山印刷
製　本————牧製本

ISBN978-4-469-26817-1　　　　　　Printed in Japan
Ⓡ本書のコピー，スキャン，デジタル化等の無断複製は著作権法上での例外を除き禁じられています．本書を代行業者等の第三者に依頼してスキャンやデジタル化することは，たとえ個人や家庭内での利用であっても著作権法上認められておりません．

Let's enjoy